Wanderungen in der Toskana

Helmut Dumler

Wanderungen in der Toskana

Städte – Inseln – Berge

Mit 91 Farbfotos,
37 Kartenskizzen und
einer Übersichtskarte

Bruckmann

Einband/Vorderseite:
Charakteristische Hügellandschaft bei Volterra

Innenklappe oben:
Stadtansicht von Siena

Innenklappe unten:
Apennin im Frühling, nördlich von Pistoia

Einband/Rückseite oben:
Rapsfeld und Zypressenreihe in der südlichen Toskana

Einband/Rückseite unten:
Der alte Hafen von Portoferraio auf der Insel Elba

Seite 2/3:
In den Crete Senesi ist die vom Menschen geschaffene Kulturlandschaft eine glückliche Verbindung mit der tonigen Erde eingegangen.

Die Deutsche Bibliothek – CIP-Einheitsaufnahme

Dumler, Helmut:
Wanderungen in der Toskana: Städte – Inseln – Berge / Helmut Dumler. – 2., durchges. und aktualisierte Aufl. – München : Bruckmann 1992
ISBN 3-7654-2239-8
NE: HST

2., durchgesehene und aktualisierte Auflage 1992

Herstellung: Bruckmann München
Printed in Germany
ISBN 3-7654-2239-8

Inhaltsverzeichnis

Frühling im Chiantigebiet

Entdecken Sie die Toskana neu!

Darunter verstehe ich beileibe nicht Pauschal- und Studienreisen im Pulk zum namhaften Dreieck Florenz–Siena–Pisa, sondern ganz persönliches Entdecken, abseits der Allerweltsplätze. Und das ist angesichts der unglaublich vielseitigen Gesamtheit dieser Region nur zu Fuß möglich. Wer kennt die hundert Seelen der Toskana? Brechen wir auf, ihr wirkliches Gesicht zu ergründen! Schritt für Schritt, im Glanz des Oleanders, unter riesigen Schirmpinien, entlang blühender Hekken, durch Macchia und Garigue, im Schatten von Zypressen, die wie mit dem Kohlestift gezeichnet vor blauem Seidenhimmel stehen.

Eigentümliche festliche Stimmungsmomente. Unnachahmliche Grandezza der Architektur. Kunstzentren, wo der Genius zum absoluten Höhenflug startete. Im Gebirge, das die Weite scheitelt. An tyrrhenischen Gestaden. Auf den Eilanden im Meer. Gipfelglück im Apennin und in den Apuanischen Alpen. Der Naturpark Maremmen. Die bitteren Colline Metallifere. Fließende Wellen des Chianti. Cucina casalinga. In den Totenstädten der Etrusker blicken dich zweieinhalbtausend Jahre geheimnisvolle Geschichte an, Wanderer! Römerspuren. Schlachtfelder der Antike. Atmosphärisches Mittelalter. Gucklöcher in die Vergangenheit. Schritt für Schritt – ähnlich dem Kommen und Gehen von Völkern, Herrschergestalten, Ideologien. Demokratie, Absolutismus, Monarchie, Faschismus und wieder Demokratie mit Kommunismus und Democrazia Cristiana.

Kann der Vorrat an Enthusiasmus überhaupt verbraucht werden? Wir durchstreifen die Inseln Capraia, Giglio, Giannutri, Elba. Stets weckt die Toskana neue Gefühle, immer wieder und überall. Ich pflichte dem Schriftsteller Maurice Barrès (1862–1923) bei, der sagte, die größte Freude, die ein Ort einem Menschen geben kann, liege nicht darin, ihn zu sehen, sondern ihn wiederzusehen.

Herzstück der Toskana ist die Zona del Chianti, wo der weltberühmte Wein heranreift.

Die Toskana nimmt eine Oberfläche von 23 000 km^2 ein, das ist etwas mehr als das Land Hessen. Sie entspricht 7,8 Prozent der Gesamtfläche Italiens. In den neun Provinzen der Region leben rund dreieinhalb Millionen Menschen: 6,4 Prozent des Landes. Ungefähr 360 000 Fremdenbetten für jährlich drei Millionen Gäste stehen zur Verfügung.

Wer kennt die hundert Seelen der Toskana? Eine Jalousie klappert im Wind. Vor der Bar spielen alte Männer Karten, auf plastiküberspannten Rohrstühlen sitzend, »Nazionale« und »MS« rauchend, fremd anmutende Gesichter. Nachbarn plaudern von Fenster zu Fenster. Eine Frau zieht ihre Wäscheleine über verrostete, quietschende Umlenkrollen ein. Irgendwo hupt jemand wie verrückt. Fischgeruch: Körbe und Bottiche mit glitschigem, schleimigem Meeresgetier, Dutzende von Muscheln, Krebsen und Langusten auf Eisfeldern, die rasch dahinschmelzen unterm Zeltvordach, schwarz und silbern glänzende Fische mit weißem, honigfarbenem, rosafarbenem, rotem Fleisch, starre kalte Augen, finger- und fast armdicke Aale. Zum Abend hin füllt sich die Piazza – betörend und bedrängend. Brechen wir auf, das wirkliche Antlitz der Toskana zu entdecken. Rationalität paart sich mit vertraulicher Sanftheit. Ist das gar vermenschlichte Natur? Entgegen oberflächlicher Klischees herrscht kein Mangel an dramatischen Effekten, die man aber erst hinter der Anmut findet. Schönheit und Strenge und Härte, aus Berechnung und Phantasie und Begeisterung. Mir klingt der Gefangenenchor aus Verdis »Nabucco« im Sinn: »Va, pensiero, sull' ali dorate...« – Steig, Gedanke, auf goldenen Schwingen...

Was in der Oper die Hoffnungen der Juden aus babylonischer Gefangenschaft ausdrückt, was der Patriot Verdi als Wunsch nach Befreiung und Einigung Italiens in Musik setzte, empfinde ich im übertragenen Sinne als unstillbare Sehnsucht.

Helmut Dumler

1 Im Pratenser Apennin: Zum Monte Castiglioni

Unschwierige Rundwanderung.
Auf dem Rückweg Gegenanstieg (220 Höhenmeter).
Reine Gehzeit: 3¾ bis 4 Stunden.
Beste Jahreszeit: Frühsommer bis Spätherbst.

Der Appennino Pratese bildet einen Teil des insgesamt 1400 Kilometer langen Gebirgssystems, das die italienische Halbinsel durchzieht und das im Gran Sasso (2914 m) gipfelt. Hier, im nördlichen Apennin, westlich der Autobahn, etwa 15 Kilometer ausgreifend, zwischen der rastlosen »Lumpensammlerstadt« Prato im Süden und der Sommerfrische Castiglione dei Pepoli im Norden, durchreißen Hunderte von Tälern und Schluchten die stark bewaldeten Kulissen einer Landschaft von mittelgebirgsähnlichem Charakter. Sie kennt außer Wochenendausflüglern kaum Tourismus. Hauptverkehrsader ist das Tal des Bisenzio. Dort verläuft ein uralter Apenninübergang, bewacht von der Rocca Cerbaia, einer Burgruine oberhalb des gleichnamigen Ortes. Werktags rollt auf der Staatsstraße 325 stinkender Lasterverkehr von und nach Prato, einer Textilmetropole Europas.

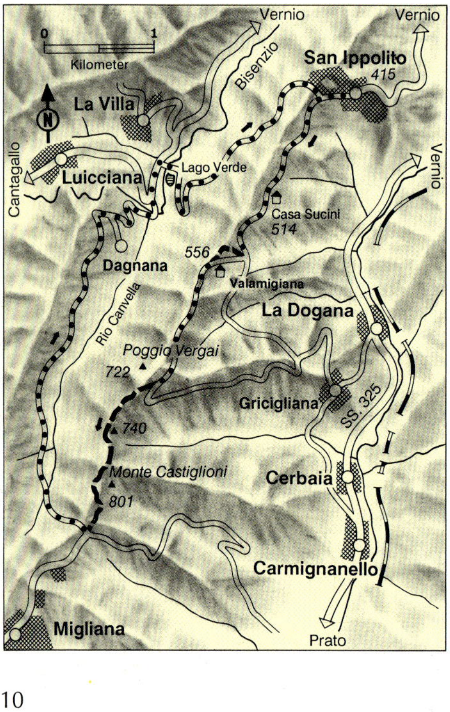

Im letzten Krieg war das Tal ein Fluchtweg deutscher Truppen. Sie igelten sich in hoffnungsloser Verzweiflung auf den Höhen ein, überall bedrängt von italienischen Widerstandskämpfern, verfolgt von alliierten Heeresverbänden, schließlich zurückgeschlagen in die oberitalienische Tiefebene.

Auf sonniger Terrasse oberhalb der Bisenzioschleife liegt die kleine Ortschaft San Ippolito. Flachgedeckte Häuser, Wiesen, ein wenig Wein. Als Patron wacht der hl. Hippolytus. Die Kirche stammt aus romanischer Zeit, wurde aber leider 1787 klassizistisch umgebaut.

Vom Ort steigt ein gewölbter, waldbestandener Rücken zwischen der Bisenzioschleife und dem Zufluß Rio Canvella schwach südwestlich zur Kuppe des Monte Castiglioni an.

Der Wegverlauf

Vom Kirchplatz dem Sträßchen westwärts bergan folgen. Nach 500 Metern, gegenüber einer Bar, links und weiter auf asphaltiertem Fahrweg. Bald aufwärts, zwischen Häusern durch und links halten, mit herrlichen Ausblicken über das Tal des Bisenzio zum nördlichen Teil des Calvanakammes. Etwa ¼ Stunde nach dem Kirchplatz geht es an der Gabelung halblinks auf dem unteren Weg, oberhalb von Weingärten. Am gegenüberliegenden Talhang schält sich die Rodungsinsel von Ligliano aus dem Wäldermeer. Beim kleinen Sportplatz, 10 Minuten nach der Wegegabel, läuft man geradeaus, abwärts und wieder aufwärts zu einer Kuppe. Links ein »trockengelegtes« Schiff sowie die *Casa Sucini* (514 m). Vom Kirchplatz ½ Stunde.

Der Fahrweg senkt sich (5 Minuten). Anschließend hinauf zu einem Querweg. Mit ihm rechts, vorbei an einem Ferienhaus zum Kammrücken. Vom Kirchplatz ¾ Stunden.

Blick von Westen über San Ippolito und das Bisenziotal zum Apennin. Im Ort der Turm der Kirche San Ippolito.

Links, nun stellenweise mit den weiß-roten Farbzeichen der CAI-Sektion »Emilio Bertini« aus Prato, in deren Arbeitsgebiet wir uns befinden (die auf der Karte eingezeichnete markierte Route Nr. 16 bis hierher kann, da sie durch Privatgrundstücke führt, nicht begangen werden!).

Gut 5 Minuten später nicht links (Bauernhof Valamigiana, 556 m), sondern rechts auf breitem Weg zum Punkt 626 auf dem Kamm. Eine Bucht des Weges erlaubt Ausblicke über das Bisenziotal. Im Vorblick erscheint die Kuppe des Poggio Vergai (722 m). Der Kamm schnürt sich zusammen, wird ziemlich schmal. In der Folge aufwärts in die Ostflanke des Poggio Vergai zu einer Ginsterwiese. Eben zu einer Wegeteilung. Links steht ein 1776 erbautes Haus, das langsam verfällt. Wir müssen geradeaus, bergan zu einem freien Plätzchen auf der Südseite des Poggio Vergai. Von dort links mit den Farbzeichen durch Laubwald und rechts um die Kuppe (Punkt 740) herum. Im Westen sieht man den Monte Bucciana, die höchste Erhebung des Pratenser Apennin.

Der *Monte Castiglioni* (801 m) wird in seiner Westflanke umgangen, stellenweise über Plattenfels, ehe man seine Südhänge erreicht. Mit einem Schlag taucht südöstlich im Bisenziotal der Ort Vaiano auf, südwestlich spitzt der Kirchturm von Migliana hervor. Jetzt geht es vorerst endgültig abwärts, streckenweise etwas felsig, zu einem Holzlagerplatz und zur Asphaltstraße bei einem kleinen Marienbildstock. Vom Kirchplatz 2¼ Stunden.

Rechts, zunächst noch ¼ Stunde auf Asphalt, dann auf einer Naturstraße durch das verschwiegene Waldtal des Rio Canvella, einem Quellfluß des Bisenzio. Nach einer Weile treten links der Friedhof und die Häuser von Luicciana ins Blickfeld. Hinunter zur Brücke *(Ponte)* über den Bisenzio und in 10 Minuten zur Autostraße. Rechts etwa 300 Meter, dann abermals über den Bisenzio zum *Lago Verde*, einem herrlich gelegenen Waldsee für Angler, in der weitverstreuten Gemeinde Cantagallo. Vom Kirchplatz 3¼ Stunden.

Abschließend bringt uns das wenig befahrene Asphaltsträßchen in knapp ¾ Stunden wieder zur Kammhöhe. Im Norden wirkt das Bergdörfchen Cavarzano anziehend. Auf der Kammhöhe gleich rechts, steil abwärts ins Häusergewinkel und auf dem bekannten Weg zurück.

Touristische Angaben

Ausgangsort: San Ippolito (415 m), Fraktion von Vernio. Die Zufahrtsstraße (2,2 km) zweigt in Mercatale (20 km von Prato, 28 km von der Autobahnausfahrt Pian di Voglio) von der Staatsstraße 325 im Bisenziotal ab. Geparkt wird am besten auf dem Platz vor der Kirche. Busverbindungen mit Prato und Castiglioni dei Pepoli; Umsteigen in Vernio (Bahnhof der Strecke Prato – Bologna).
Gehzeit: 3¾ bis 4 Stunden.
Unterkunft: Gasthäuser und Hotels an der Staatsstraße 325.
Verpflegung: Restaurant und Bar in San Ippolito. Pizzeria am Lago Verde, geöffnet am Freitag, Samstag und Sonntag.
Karte: Wanderkarte 1 : 50 000, Sentieri dell'Appennino Pratese.

2 Vinci und der Monte Albano

In der Heimat von Leonardo da Vinci

Unschwierige Rundwanderung.
Reine Gehzeit: 3 Stunden.
Beste Jahreszeit: Frühjahr bis Spätherbst.

Im Garten blühen dunkelrote Rosen. Das Häuschen ist aus grobem Ziegel- und Bruchsteinmauerwerk erbaut, ebenerdig, Bestandteil eines kleinen Ensembles. *Casa natale!* Hier erblickte Leonardo in der Nacht des 15. April 1452 das Licht der Welt, in einer typischen toskanischen Hügellandschaft zwischen silbrig glänzenden Ölbäumen. Im Nordosten der langgestreckte Monte Albano. Der Vater, Piero da Vinci, war ein angesehener Notar in Florenz. Die uneheliche Mutter Caterina sei Magd gewesen, heißt es, und habe ihr Kind heimlich gebären müssen, des Standesunterschieds wegen. Leonardo sei in Vinci bei seinen Großeltern aufgewachsen. 1466 ging der Dreizehnjährige nach Florenz, als Lehrling in die Werkstatt von Andrea del Verrocchio, dem damals führenden Meister der florentinischen Renaissanceplastik. Am Arno wuchs, bedingt durch hingebungsvollen Fleiß und gedrängt von unstillbarer Wißbegierde, das Genie, eingeweiht in die Werkstoffe und Arbeitsgänge, das Zeichnen, die Grundlehren von Mathematik und Grammatik, die Anatomie, die zeitgenössische und ältere technische Literatur, die Werke antiker Schriftsteller.

»Täglich entwarf er neue Modelle und Zeichnungen«, schreibt der Aretiner Kunsthistoriograph Giorgio Vasari, »wie man etwa mit Leichtigkeit Berge abtragen oder sie durchbohren könnte, um von einem ebenen Landstrich zum anderen gelangen zu können; wie mit Hilfe von Hebeln, Winden und Schrauben große Lasten zu heben oder fortzuschaffen wären ...«

Leonardo vermochte Künste und Wissenschaften, die er wie kein zweiter beherrschte, miteinander zu verschmelzen. Malerisch schlug sich dies unverkennbar in der räumlichen Tiefenwirkung und in unwahrscheinlich plastischen Figuren nieder. Letztere kennzeichnet eine die lineare Schärfe mildernde Lichtführung, sein charakteristisches

Ausblick von der Burg (Museo Vinciano) in Vinci auf die Umgebung des Heimatortes von Leonardo da Vinci.

»sfumato«, durch das die Umrisse wie verschleiert wirken. Leonardo war die beispielhafte Verkörperung des von der Renaissance geforderten Universalgeistes.
Die Umsetzung seiner Technologie in Modelle erfolgte erst ab 1929. Der Faschismus erkor ihn zum Aushängeschild einer verbrecherischen Ideologie, obwohl Leonardo – trotz Maschinengewehr- und Panzer-Konstruktionszeichnungen – jede Kriegshandlung mit einer »unerhört bestialischen Verrücktheit« verglich.
Fasziniert von der Vielfalt der rund sechzig, im »Museo Vinciano« in der mittelalterlichen Burg von Vinci vorgestellten funktionsfähigen Modelle nach Entwürfen Leonardos, darf jedoch nicht unerwähnt bleiben, daß zahlreiche der landläufig dem Genius zugeschriebene »Erfindungen« bereits Gedankengut anderer Schöpfer waren. Marco Cianchi, Autor des Buches »Die Maschinen Leonardo da Vincis« (das man unbedingt beim Besuch des Museums erwerben sollte!), zieht das meines Erachtens realistische Fazit: »Leonardos Werk als Konstrukteur oder Mechaniker ist bei aller Vielseitigkeit, all seinen umfassenden Erfahrungen zweifellos einzigartig und nimmt zuweilen Entwicklungen vorweg, aber es ist sicherlich nicht, wie man es oft gerne hätte, das Resultat eines Alleingängers, der in der Abgeschiedenheit wirkt.«

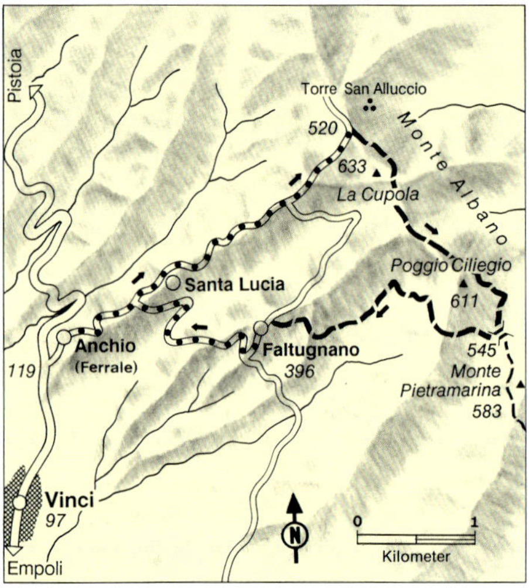

Der Wegverlauf

Vom Parkplatz in Anchio, 2,8 km von Vinci entfernt, folgen wir dem Hinweis auf Weg Nr. 6, »Monte Albano«. Rechts neben dem Wasserbehälter auf dem Fahrsträßchen bergan (rot-weiße Farbzeichen). Links erstreckt sich das Stredatal. Nach 10 Minuten nahe am Friedhof vorbei zur Kirche Santa Lucia. Hier wurde Leonardos Geburt in einer Urkunde festgehalten, woran an der Außenmauer ein Gedenkmedaillon erinnert.
Bei dem Weiler *Santa Lucia* (310 m) sind wir 1/4 Stunde unterwegs. Weiter bergan. Das Sträßchen ist an den Steilstücken geteert. Rechts bleiben nacheinander drei Häuser zurück. Die roten Farbzeichen an den Bäumen leiten in einen Sattel beziehungsweise zu einem freien Platz am Kamm des Monte Albano (520 m), wo sich mehrere breite Wege treffen. Nordöstlich der Torre San Alluccio. Vom Parkplatz 1 Stunde.
In der Einsattelung kurz ostwärts, dann rechts in einen breiten Weg (Markierung Nr. 5) und mäßig bergan – im Rückblick Sicht zu den Bergen um Abetone –, begleitet von Kastanien. Links öffnen sich Ausblicke in Richtung Prato. Etwa 35 Minuten nach dem Sattel stößt man auf einen asphaltierten Weg. Rechts sind es nur mehr wenige Minuten zum höchsten Punkte des Monte Albano, dem *Monte Ciliegio* (611 m). Leider verhindert Baumwuchs jegliche Aussicht. Außerdem stören Sendeanlagen von Rundfunk und Fernsehen.
Unsere Tour setzt sich auf dem erwähnten Asphaltweg links abwärts fort. Der Wald wird abgelöst von einzelnen Eichen, Kastanien, Nadelbäumen, Ginster, Heckenrosen und Farnen. Links folgt ein 40 Meter hoher *Wasserturm*. Dann sind wir in der Senke vor dem Aufschwung des Monte Pietramarina. Vom Ausgangspunkt 1 3/4 Stunden.
Am tiefsten Punkt der *Senke* schwenkt man rechts (westlich) in einen breiten Weg (Fahrverbotstafel) ein. Bald schon ergeben sich weitreichende Blicke nach Südwesten. Den linken Wegsaum bildet ein Spalier von Steineichen. Die Linksabzweigung nach 10 Minuten bleibt unbeachtet. Geradeaus mit dem

Das Geburtshaus von Leonardo da Vinci, wo dieser am 15. April 1452 auf die Welt kam.

Holzabfuhrweg, 10 Minuten später über ein Bächlein und in der Folge stets geradewegs zu dem obersten halben Dutzend Häuser von *Faltugnano.* Schwach südwestlich erkennt man Empoli am Arno, die Stadt der Glasmanufakturen. Ölbäume und Weinanbau bestimmen die nähere Umgebung. Vom Monte Ciliegio ¾ Stunden.
Markierung 6 a hält sich an den asphaltierten Weg. Die grünen Lanzen einer Zypressenallee stechen in den Himmel. Jetzt wird auch Vinci sichtbar. Der Fahrweg mündet in eine asphaltierte Querstraße (364 m). Rechts, vorbei an weiteren Häusern. Vor einem kleinen Lebensmittelladen besteht Sitzgelegenheit im Freien. Die Straße durchzieht die Streusiedlung auf den Sonnenhängen des Monte Albano. Etliche Bildstöcke mit Terrakotta-Marien stehen am Rand. Unfehlbar bringt uns die Straße zurück zum Ausgangspunkt.

Touristische Angaben

Ausgangsort: Vinci (97 m), Kleinstadt im Tal der Streda zwischen Empoli (13,5 km von der Autobahnausfahrt) und Pistoia (24 km ab der Autobahnausfahrt); in Empoli folgt man den Schildern »Pisa« bis zur Arnobrücke, dort rechts. Kleiner, altertümlicher Altstadtkern. 13700 Einwohner.
Ausgangspunkt der Wanderung ist der Parkplatz in Anchio (119 m), 2,8 km nördlich von Vinci. Auch Caravan-Abstellplatz; Wasserleitung. Vom Parkplatz auf der Straße 100 Meter in Richtung Vinci, dann links zum Geburtshaus Leonardos; geöffnet täglich außer Mittwoch von 9.30 bis 12.00 Uhr und von 14.30 bis 18.00 Uhr.
Gehzeit: 3 Stunden hin und zurück.
Unterkunft: Mehrere Hotels in Vinci.
Verpflegung: Lebensmittelladen, ¾ Stunde nach dem Monte Ciliegio. Geschäfte in Vinci.
Sehenswürdigkeiten: *Burg* aus dem 13. Jahrhundert mit dem *Museo Vinciano* (gelbe Hinweisschilder im Ort), geöffnet von 9.30 bis 12.00 Uhr und von 14.30 bis 18.00 Uhr. Nahebei die Pfarrkirche *Santa Croce,* in der Leonardo getauft wurde. *Casa natale di Leonardo,* siehe Ausgangspunkt.
Karte: IGM-Karte 1 : 100000, Blatt 105 (Lucca) und Blatt 106 (Firenze).
Literatur: Marco Cianchi, Die Maschinen Leonardo da Vincis. Becocci Editore, Florenz 1988. Erhältlich im Museum in Vinci.

3 Florenz: Panoramaweg über der Stadt

Athen am Arnoufer?

Stadtspaziergang: Ponte Vecchio – Piazzale Michelangelo – San Miniato – Torre del Gallo – Forte di Belvedere – Boboli-Garten – Palazzo Pitti – Santo Spirito – Ponte Vecchio.
Reine Gehzeit: Etwa 2 Stunden (ohne Besichtigungen).
Beste Jahreszeit: Frühjahr und Herbst; möglichst am Vormittag.

»In der abendländischen Kunstentwicklung ist die Stellung von Florenz nur mit der von Athen vergleichbar«, schreibt der Kunsthistoriker Harald Keller in seinen »Kunstlandschaften Italiens«. Er fördert damit einen seit mehr als hundert Jahren übernommenen Mythos, der »jegliche Absicht der Überprüfung hinfällig, wenn nicht gar als eine Anmaßung erscheinen läßt«, wie Gregor von Rezzori, in der Toskana und in New York lebend, in witzig-ironischer Fabulierkunst einwirft und nebenher anklingen läßt, daß er beispielsweise Siena, Lucca, Pisa und Arezzo auch nicht ohne finde. Kritischer nimmt der Sozialwissenschaftler Roland Günter, Hochschullehrer in Bielefeld, Stellung: »Florenz ist nur für die Ausländer ein Mythos – und dies wegen seiner magischen Präsentation von Juwelen der Kunst, ein im 19. Jahrhundert gemachter Mythos, dessen Vordergründigkeit langsam sichtbar wird: Der Realität dieser Kunst und der Stadt entspricht er nicht.«
Das Zauberwort heißt Renaissance – italienisch *rinascimento* (Wiedergeburt), geprägt

Auf dem Piazzale Michelangelo haben die Sonntagsmaler einen wunderschönen Freilichtraum und zu ihren Füßen das Panorama der Arnostadt.

Der Ponte Vecchio mit dem überdachten Verbindungsgang vom seinerzeitigen Regierungspalast Uffizien zum Palazzo Pitti.

von Giorgio Vasari (1511–1574), Maler, Architekt, Bildhauer, Kunsthistoriker. Die Renaissance begann in Florenz im großen Rahmen: zur Zeit der Kulturwende vom Mittelalter zur Neuzeit in sämtlichen Lebens- und Geistesbereichen. Ein neues Lebensgefühl unter Rückbesinnung auf antike Überlieferungen und Streben nach objektiver Naturerkenntnis bildete sich aus. Das Individuum wurde sich seiner selbst bewußt. Unter der Frührenaissance versteht man die Zeit von 1420 bis zum Ende des Jahrhunderts. Die Hochrenaissance klingt zwischen 1520 und 1530 aus und geht in den Manierismus über. Zahlreiche Künstler wirkten als Maler, Baumeister, Bildhauer, Festungsingenieure und Konstrukteure in Personalunion. Herausragend die Universalgenies Leonardo und Michelangelo.

Im Mittelalter gewachsen, bildete Florenz während des Quattrocento (15. Jahrhundert) zweifellos das geistige Zentrum Europas. »Schon rein biologisch scheint man vor einem Wunder zu stehen«, meint Keller bezüglich »der großen Männer und großen Ideen, die in Florenz das Licht der Welt erblickten« oder dort wirkten.

Der Aufschwung der 59 v. Chr. von Caesar gegründeten Veteranenkolonie »Florentina« erfolgte nach der Völkerwanderung, im 9. Jahrhundert unter Karl dem Großen. Seit 1312 hatte Florenz eine Universität. Die Medici, mit allen Wassern gewaschene Kaufleute und Bankiers, 1512 durch einen Staatsstreich zur Macht gelangt, verhalfen Florenz und der Toskana als Diktatoren und Kunstmäzene zu höchster Blüte.

Andy Warhol, 1987 verstorbener amerikanischer Hauptvertreter der Pop Art, soll getönt haben, das »schönste in Florenz ist McDonald«. Davon abgesehen: Von den 24 Kirchen in der Altstadt muß man mindestens ein halbes Dutzend besichtigt haben. Kunstbeflissene machen natürlich das Dutzend voll, dazu noch etliche repräsentative Paläste. Übliches »Touristen-Menü«: Vom Dom und Baptisterium in 5 Minuten zum »Salon« der Stadt, der Piazza della Signoria mit Palazzo Vecchio (Rathaus) und Loggia dei Lanzi unweit der weltberühmten Uffizien.

Anschließend in weiteren 5 Minuten zum Ponte Vecchio.

69 Museen warten auf Kulturhungrige. Die Uffizien verzeichnen pro Jahr 1,5 Millionen Besucher, die Galleria dell'Accademia 800 000, die Medici-Kapellen 600 000, das Nationalmuseum Bargello 100 000. Überschwemmungen des Arno im November 1966 – zum 60. Mal seit dem 12. Jahrhundert – raubten nicht nur Tausenden das Obdach, machten mehr als die Hälfte der Autos schrottreif, sondern fügten den Kunstwerken unschätzbare Schäden zu. Die Restaurierungsmaßnahmen dauern noch immer an. Der Stand des Hochwassers vom 4. November 1966 ist am Haus Nr. 2 an der Nordwestecke der Piazza Santa Croce, dem »First Point« amerikanischer Touristen, zu ersehen.

Jahr für Jahr reisen schätzungsweise 6 Millionen nach Florenz. Durchschnittliche Aufenthaltsdauer: zwei Tage – obwohl wenigstens eine Woche ratsam wäre. In der Saison steuern täglich 500 bis 600 Busse den Arno an. In Stoßzeiten belagern die Auspuffgase von 90 000 Autos die teilweise gigantischen, kalt anmutenden Häuserschluchten der im August heißesten Stadt Italiens. Laut Statistik kommen auf einen Haushalt in Florenz fast vier Autos. Das Problem der damit verbundenen Umweltbelastung wird keine Partei lösen, resigniert ein Kommunalpolitiker, »denn jede Partei wird von Autofahrern gewählt«. Immerhin ist der Altstadtkern seit Februar 1988 Fußgängerzone (morgens für Lieferanten frei), und fünf angrenzende Bereiche bilden die »weltweit größte verkehrsberuhigte Zone«, betont der kommunistische Stadtrat für Verkehr, Graziano Cioni. Er sorgte 1990 in der Innenstadt für »Tempo 30«, das automatisch mit Radar überwacht wird.

1986 erhob die EG Florenz zur europäischen Kulturmetropole. Beinahe 35 Prozent aller Kunstschätze Italiens befinden sich am Arno und in der Umgebung. Seither nahm der Touristenstrom um knapp 15 Prozent zu. Ärzten und Psychologen bereitet das »Stendhal-Syndrom« Sorgen, benannt nach dem französischen Dichter, der im frühen 19. Jahrhundert bei sich selbst einen Zustand von Überflutung durch Kunst diagnostizierte. Jahr für Jahr nehmen die Krankenhäuser Hunderte von Überreizten auf, welche das Zuviel an

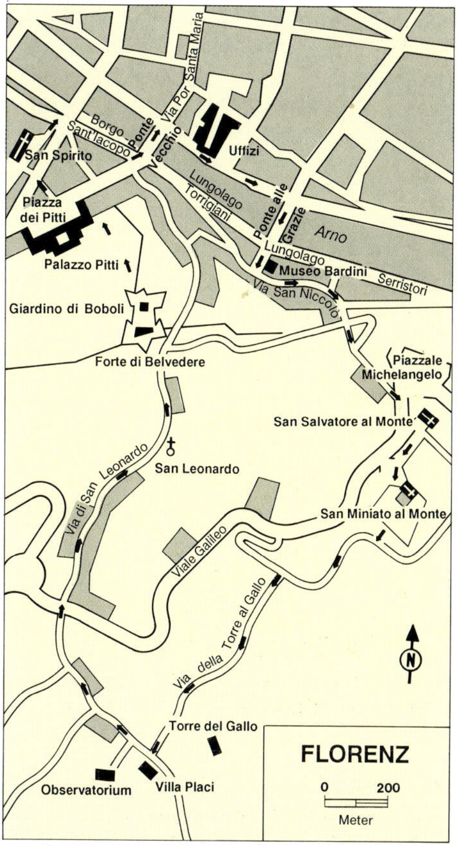

künstlerischen Impressionen nicht mehr verarbeiten konnten. Symptome: Orientierungs- und Identitätsverlust, Schwindel- und Angstzustände, Schreikrämpfe, Delirium, Kollaps. Den stärksten Menschen-Engpaß bildet der Ponte Vecchio. Auch er stellt so etwas wie einen Mythos dar: 972 in Holzbauweise entstanden, wurde er 1117 gemauert und 1333 vom Arno-Hochwasser mitgerissen. Die heutige Form entspricht dem Neubau von 1345. Seit 1593 »gehört« die Brücke den Goldschmieden, nachdem Cosimo I. die bis dahin dort tätigen Metzger vertrieb, weil er Fleischgeruch nicht ausstehen konnte. Der Großherzog ließ von Vasari einen überdachten Gang fertigstellen, als Verbindung zwischen seinem Regierungspalast Uffizien und dem Palazzo Pitti. Es ist die einzige erhaltene, mittelalterliche Arnobrücke, gerettet durch eine List des deutschen Konsuls Gerhard Wolf – später Ehrenbürger von Florenz –, der die be-

reits von Feldmarschall Kesselring befohlene Zerstörung zu verhindern wußte. Die anderen Brücken wurden im August durch die deutsche Wehrmacht gesprengt (dazu ganze Stadtviertel). Nazi-Truppen exekutierten vor dem Portal der Kirche Santa Maria Novella italienische Widerstandskämpfer. Es kam zu Straßenkämpfen der Bevölkerung gegen die unerwünschten Besatzer.
Erster Bürgermeister im Florenz des Nachkriegsitalien war Mario Fabriani von der Kommunistischen Partei Italiens, die auch später bis zu 40 Prozent der Stimmen erhielt. In Florenz war der Widerstand gegen den Mussolini-Faschismus am stärksten in ganz Italien.

Über San Miniato in die Arcetri-Hügel

Am Ende der *Via Por Santa Maria* nicht über den *Ponte Vecchio,* sondern links arnoaufwärts, vorbei am Querbau der Uffizien. Auf einer Anhöhe jenseits des Flusses winkt bereits die wegen ihres zweifarbigen Marmors unverkennbare Renaissancefassade der Kirche San Miniato al Monte, das heißt auf den nördlichen »Colli«, den Hügeln von Arcetri, die sich in silberner Hitze baden.
Gegenüber dem Hotel Balestri führen Stufen hinunter ans Arnoufer, wo man ungestört in die Sonne blinzeln und in aller Ruhe Brotzeit machen kann. An »Ferragosto«, den großen Augustferien um Maria Himmelfahrt, begnügen sich hier bescheidene Daheimgebliebene mit einem schmalen Streifen »Lido«, zeitunglesend unter Sonnenschirmen.
Rechts über den ursprünglich aus dem 13. Jahrhundert stammenden *Ponte alle Grazie.* Am anderen Ufer (Stadtteil Pratolino) steht links an der Piazza dei Mozzi das *Museo Bardini,* eines der unbekannten, indes nicht unbedeutenden Museen (Öffnungszeiten außer Mittwoch 9.00 bis 14.00 Uhr, an Sonn- und Feiertagen 8.00 bis 13.00 Uhr, Mittwoch geschlossen). Hervorzuheben ist eine Stuckplastik (»Madonna der Seiler«) von Donato di Niccolò di Betto Bardi, genannt Donatello (um 1385–1466), einem Hauptmeister der italienischen Plastik im 15. Jahrhundert. Außerdem Arbeiten aus der Werkstatt der Familie della Robbia. Lucca della Robbia (1400–1482), Erfinder einer neuen, fast unverwüstlichen Glasur, nutzte Terrakotta als erster für die Reliefkunst und wurde zum Begründer der Keramikskulptur in der Frührenaissance.
Links in die Via San Niccolò. Möbeltischler arbeiten in einfachen Räumlichkeiten. Nach der Kirche San Niccolò folgt rechts die Porta San Miniato. Geradeaus! Links das Haus der 1828 von Fürst Anatoli Demidoff, Neffe und Erbe Napoleons, als Modell gegründeten Russischen Schule. In der »Trattoria Le Sorelle« trifft man bei Tisch nur Einheimische.
Der *Torre San Niccolò* gehört zur dritten Stadtbefestigung. Sie erwuchs zwischen 1283 und 1333 mit einem Umfang von 8,5 Kilometern und wies 73 Türme sowie 12 Torburgen auf. Dadurch erfuhr die Kommune unter Einbeziehung der Randviertel *(borghi)* eine Erweiterung um das Sechsfache, auf 650 Hektar – zehnmal so groß wie das römische »Florentina«. Ende des 13. Jahrhunderts lebten in Florenz rund 100000 Menschen, die während der Landflucht des 14. Jahrhunderts auf 120000 anwuchsen. Für sie standen 30 Krankenhäuser mit 1000 Betten bereit. Die Pest des Jahres 1348 forderte 80000 Opfer, annähernd 70 Prozent der Bevölkerung.
Vor dem Turm rechts, durch Anlagen, die Hauptstraße dreimal kreuzend, hinauf zum *Piazzale Michelangelo,* von dem gesagt wird, es sei der schönste Aussichtsplatz der Welt! Es ist wirklich ein großartiger Logenplatz über Florenz. Im braunroten Dächermeer besticht sofort die *»Cupola«,* die von Filippo Brunelleschi entworfene und in 17 Jahren (1420–1436) auf achteckigem Tambour gewachsene, 91 Meter hohe, doppelschalige Domkuppel mit einem Durchmesser von 42 Metern: erster großer abendländischer Kuppelbau seit der Antike, erste selbsttragende Konstruktion solchen Ausmaßes überhaupt. Brunelleschi ließ besondere Ziegel brennen (mit Hohlräumen wegen der Gewichtsersparnis), fügte sie im Fischgratmuster zusammen, verbunden durch schnell trocknenden Mörtel. »Pippo«, wie die Florentiner ihren avantgardistischen Architekten, gelernten Goldschmied und schlauen Geschäftsmann in vertrautem Ton nannten, gibt Statikern Rätsel auf und bereitet Verantwortlichen schlaflose Nächte, denn mittlerweile wird das »Weltwunder« von vielen Rissen durch-

Hoch über Florenz, das Stadtbild beherrschend, schwebt die Domkuppel von Brunelleschi auf achteckigem Tambour mit einem Durchmesser von 42 Metern.

zogen, die aber im Sommer, bedingt durch die Hitzeausdehnung des Mauerwerkes, nicht wahrnehmbar sind. Brunelleschi (1377–1446), Wegbereiter der Frührenaissance-Architektur und auch als Bildhauer einer der fähigsten, ruht in der Unterkirche des Domes. Neben dem Dom besticht der Campanile (Glockenturm), vielleicht der schönste Italiens, begonnen 1334 von Giotto, der nach Giovanni Cimabue als »Vater« der italienischen Malerei gilt.

Hinter dem Restaurant an dem Viale Galileo versteckt sich die 1499 erbaute Kirche *San Salvatore al Monte* in einem Zypressenhain. Sie erscheint nicht mal namentlich in gängigen deutschen Reiseführern. Das Innere wird zunächst als nüchtern empfunden, ist aber voll Stimmung. Ansehnliche Altarbilder des 15. Jahrhunderts. Eine Terrakotta-Kreuzabnahme stammt aus dem Atelier della Robbia. Das Ambiente ist schlicht und einfach. Vielleicht hat gerade deshalb Michelangelo sie liebevoll »bella villanella«, »schönes Bauernmädchen« genannt. Das Kloster aus dem 15. Jahrhundert birgt ein franziskanisches Missionszentrum; wegen Besichtigung an der Pforte läuten.

Und dann baut sich vor dem Bewunderer die

Freitreppe von *San Miniato* auf (geöffnet 8.00 bis 12.00 Uhr und 15.00 bis 19.00 Uhr). Stufe für Stufe entwickelt sich die Frontseite eindrucksvoller, besonders schön im Sonnenlicht des Spätnachmittags. Die Marmorinkrustation besteht aus fünf Zentimeter dünnen Platten. Geometrische Formen betonen architektonische Strukturen und schaffen illusionistische Perspektiven, zum Beispiel die zwei vorgetäuschten Eingänge zwischen den drei Portalen. Die Jahreszahl 1207 in dem mit Einlegearbeiten gezierten Marmor-Fußboden des Mittelschiffes bezeichnet das Jahr der Vollendung des Gotteshauses, neben dem Baptisterium wichtigste Schöpfung der florentinischen Romanik. Vorher, ab 1013, stand hier eine Benediktinerabtei. Deshalb möglicherweise das Freskenthema – wenn auch erst aus dem späten 14. Jahrhundert – von Spinello Aretino in der gotischen Sakristei: Szenen aus der Vita des hl. Benedikt, im Uhrzeigersinn gegenüber dem Eingang angebracht, von oben nach unten. Hinter dem aufwendigen Tabernakel (Stiftung des Medici Piero, genannt »der Gichtige«) gelangt man in die Krypta mit den Gebeinen des hl. Minias. Er wurde bei den Christenverfolgungen unter Kaiser Decius anno 250 in Florenz hingerichtet – und soll mit dem Kopf in der Hand über den Arno gelaufen und sein Haupt an dieser Stelle niedergelegt haben ...

Die Freitreppe zurück. Links, gleich wieder links (Schranke). Die Festungsmauern entstanden um 1530 in Rekordzeit unter der Bauleitung von Michelangelo. Sie sollten den Florentiner Demokraten Schutz gewähren vor den Medici. Doch nach zehnmonatiger Belagerung mußte sich die Republik, ausgehungert, verraten von ihrem Söldnerführer, den Truppen Karls V. beziehungsweise der Medici ergeben, die nun die »Daumenschrauben« anzogen. Übrigens hatte Michelangelo während der Belagerung die Mauern von San Miniato durch Matratzen und Wollballen vor den spanischen Geschossen geschützt!

Rechts durch Zypressen. Am Linksknick der Mauer halbrechts. Hinter den Mauern liegt der große »Cimitero della Porta Santa«, der Friedhof von Florenz.

Auf der schmalen Via di Giramonte – im Vorblick der Torre del Gallo – und geradeaus im Gegenanstieg zur *Piazza degli Unganelli*. Jetzt auf der wenig befahrenen Via Torre al Gallo bergan. Seitwärts ergeben sich zwischendurch überraschende Ausblicke.

Etwa 1¼ Stunden nach dem Ponte Vecchio betreten wir den höchsten Punkt der Straße. Links sieht man den *Torre del Gallo* der gleichnamigen, mittelalterlichen Burg. Unter Einheimischen wird der Turm beziehungsweise der nicht sachgemäß restaurierte Komplex *»locomotiva«* genannt.

Vor der quergestellten *Villa Placi* auf der Straße rechts abwärts, begleitet von Villen, die etwas verstaubt anmuten. Links oben das Observatorium des astronomischen Institutes der Universität Florenz.

An der Straßengabelung halbrechts (Via Vicenzio Viviano), an der nächsten Gabelung geradeaus durch die *Via di San Lorenzo* (nicht links halten). Bald den Viale Galileo kreuzen und weiter durch die Via di San Lorenzo. Gleich im ersten Haus links (Nr. 64) lebte Tschaikowsky (1840–1893) eine Zeitlang, gefördert durch die von ihm verehrte Frau von Meck, der Besitzerin russischer Eisenbahnlinien.

Auch andere, weniger begnadete Künstler, vornehmlich Maler, wirkten in den wappengeschmückten Häusern an diesem typischen einstigen Florentiner Landsträßchen.

Vor der Porta San Giorgio halblinks in die Medici-Zwingburg: *Forte di Belvedere* (geöffnet von 9.00 bis 20.00 Uhr). Sie entstand von 1590 bis 1595, sechzig Jahre nach der Fortezza da Basso. Den zentralen Festungskörper krönt das Kommandantenhaus, umgeben von mächtigen Basteien. Wiesen lockern das martialische Gebilde – »Gefängnis und Schlachthaus für die gequälten Bürger« – etwas auf. Sonntags lagern Familien beim Picknick. Während der Mittagszeit dösen Angestellte nahegelegener Geschäfte in der Sonne. Die Festung bildet eine kleine »Grüne Lunge« in der Halbmillionenstadt, zusammen mit dem *Boboli-Garten* (geöffnet 9.00 bis 17.30 Uhr), durch den wir anschließend schlendern. Meterhohe Hecken unterteilen den *Giardino di Boboli*, der in der Spätrenaissance angelegt wurde. Hier, wo im Steinbruch die Quadern für den Palazzo Pitti gebrochen wurden, präsentiert sich die berühmteste Anlage italienischer Gartenbau-

San Miniato al Monte ist ein wunderschönes Beispiel für die Florentiner Inkrustationstechnik mit zweifarbigem Marmor.

kunst in Arenaform auf 45 000 Quadratmeter. Sie bildet einen Bestandteil des *Palazzo Pitti*, in dem zwischen 1865 und 1871 der König von Italien residierte. Bauherr war die Familie Pitti um die Mitte des 15. Jahrhunderts, die mit den Medici konkurrieren wollte. Als die Kaufleute ein Jahrhundert später verarmten, erwarb Großherzog Cosimo I. mit dem Geld seiner attraktiven Gattin Eleonora von Toledo den Besitz und ließ ihn umbauen. Die heutige Gestalt stammt aus dem Jahre 1640: Die Front ist 205 Meter breit, von geradezu unheimlicher Wucht, architektonisch ein Fremdkörper. 1919 kam der Palazzo in Staatsbesitz. In den Räumen sind fünf Museen untergebracht, von denen besonders das Silbermuseum (»Museo degli Argenti«) sowie die Königlichen Gemächer (»Appartamenti Monumentali«) Beachtung verdienen; Öffnungszeiten (außer Montag) 9.00 bis 14.00 Uhr, Sonntag 9.00 bis 13.00 Uhr.

Vom Palasteingang hinunter zur *Piazza dei Pitti* und dort in das Gäßchen *Sdrucciolo dei Pitti*. Geradeaus zur *Piazza Santo Spirito*, einem heiter anmutenden, volkstümlichen Platz, der leider durch Drogenhändler und Süchtige zu traurigem Ruf gelangte.

Santo Spirito, Heiliggeistkirche, ist die letzte

Schöpfung (1436 begonnen) von Brunelleschi, neben San Lorenzo eines der Hauptwerke sakraler Frührenaissance am Arno. Schmucklos die unvollendete Fassade. Im Inneren das gewohnte Halbdunkel. Seitenaltäre unterstreichen die Tiefenwirkung des Raumes, den schlanke korinthische Säulen gliedern. Filippino Lippi (1457–1504), würdiger Nachfolger seines Vaters Filippo, malte die »Jungfrau mit Kind«. Kostbarster Schatz ist ein Kruzifix von Michelangelo (z. Zt. in der Casa Buonarroti, Via Ghibellina 70, geöffnet 9.30 bis 13.30 Uhr, Dienstag geschlossen), für mich das ergreifendste Kunstwerk in Florenz. Nicht, weil es zu den wenigen Schnitzwerken Michelangelos gehört, zu den seltenen, die Christus vollkommen nackt zeigen. Auch nicht wegen dem von ihm aus der griechischen Kunst übernommenen *»contraposto«*, der den abgewinkelten Beinen entgegengesetzten Kopfneigung. Sondern angesichts der erbärmlichen und trotzdem hoheitsvollen Hüllenlosigkeit: Demut und ausdrucksloses Leiden anstatt Verzweiflung, selige Gottergebenheit. Öffnungszeiten von Santo Spirito: 8.00 bis 12.00 Uhr, 15.30 bis 18.30 Uhr.

An der Piazza befindet sich, neben der Kirchenfassade, der Eingang des ehemaligen Augustinerklosters, das die erste Kirche an diesem Platz im 13. Jahrhundert errichtete. Im Refektorium sind die gotischen Fresken des »Cenacolo di Santo Spirito« (Abendmahl) zu besichtigen (täglich außer Montag 9.00

Der Boboli-Garten wurde in der Spätrenaissance angelegt und bildet zusammen mit dem Palazzo Pitti ein Ensemble, das noch immer Macht und Reichtum der Medicizeit in Florenz ahnen läßt.

bis 14.00 Uhr, sonn- und feiertags 8.00 bis 13.00 Uhr). Im Spital, das zum Kloster gehörte, soll Michelangelo beim heimlichen Sezieren von Toten seine Anatomiekenntnisse erworben und erweitert haben...
Auf der Ostseite der Kirche durch die Via del Presto di San Martino. Dann rechts (Borgo Sant' Jacopo). Rechts (Haus Nr. 39) ragt ein »Geschlechterturm« empor: *Torre dei Marsili.* Weitere *»case torri«* des feudalen Stadtadels folgen an der linken Straßenseite. Die ersten »Turmhäuser« entstanden um das Jahr 1000. Anfang des 13. Jahrhunderts zählte man mehr als 150 solcher Türme, manche bis 70 Meter hoch, mit fünf bis sieben Räumen (jeweils 16–20 qm) übereinander, bewohnt von mindestens einem Dutzend Leuten, bis zu 20 Personen. Ab 1250 erlaubte die demokratische Verfassung nur noch 50 florentinische Ellen – 29,50 Meter – an Höhe. Darüber hinausragende Türme mußten abgetragen werden. Die Trattoria Mamma Gina (Haus Nr. 37) bietet die köstliche Breite regionaler Küche.
Schließlich tauchen wir wieder in die Menge auf dem *Ponte Vecchio.*

Touristische Angaben

Florenz (50 m), Hauptstadt der Region Toskana. Gute Bahn-, Bus- und Straßenverbindungen. Kürzeste Zufahrt ins Zentrum ab Autobahnausfahrt Certosa.
Parkplätze: An den Rändern der Altstadt (beschildert). Hinter der Fortezza da Basso. Die Tiefgarage *»La Stazione«* (Bahnhof) sowie die Plätze *»Porta Romana«, »Piazza della Libertà«, »Piazza Vittorio Veneto«, »Piazza Cavalleggeri«* stellen gegen den Parkschein zwei Fahrräder kostenlos für zwei Stunden zur Verfügung. Die Fahrräder können darüber hinaus auch gemietet werden. – *Abgeschleppte PKWs:* Via Circondaria 19, Tel. 351562.
Gehzeit: Etwa 2 Stunden.
Unterkunft: 400 Hotels und Pensionen, ca. 18000 Betten. Auskünfte: Azienda Autonoma del Turismo, Via Tornabuoni 15 (Zentrum), geöffnet (außer Sonntag) 9.00 bis 13.00 Uhr; Tel. 055/216544. Hotelbuchungsbüro im Hauptbahnhof.
Bei der Hotelsuche darf das Auto nicht länger als 1 Stunde geparkt werden. Vom Hotel eine Bestätigung mit Tag, Uhrzeit, Name des Kfz-Halters und Autonummer ausstellen lassen und gut sichtbar auf dem Armaturenbrett befestigen.
Jugendherbergen: *Villa Camerata,* Viale A. Righi 2–4, Buslinie 17 B. Nordöstlich (5 km) des Bahnhofs; Voranmeldung unerläßlich, Tel. 055/601451. *Ostello Monaco* (Privatherberge), Via San Monaco 6. Zehn Minuten vom Zentrum, bei der Kirche Santa Maria del Carmine, geschlossen von 9.30 bis 16.00 Uhr; Tel. 055/296704.
Kostenlose Übernachtung im Freien in der Villa Favard (Via Rocca Tedalda, 4 km vom Dom, Buslinie 14 A bis Via Aretina), auf Pritschen, überdacht. Geöffnet von Ende Juni bis Ende September.
Tel. 055/690847.
Campingplätze: *Michelangelo* (Nähe Piazzale Michelangelo), zentrumnächster Platz, meist schon früh belegt, Tel. 6811977.
Villa Camerata, bei der Jugendherberge; Tel. 610300. Beide geöffnet vom 1. April bis 31. Oktober.
Verpflegung: Unter den Hunderten von Restaurants ist es schwierig, Empfehlungen auszusprechen. Gepriesene Gaststätten erweisen sich häufig als vollgestopft (dennoch gut), zum Beispiel *Il Latino* (Via Palchetti 6r, Gasse westlich der Via Tornabuoni), Tel. 210916. Geheimtip: *Osteria di Giuseppe Alessi* (Via di Mazzo 24/25, Zentrum), laut Experten die »echteste Küche« in Florenz; Tel. 241821. Bürgerliche Lokale: *Trattoria da Nello* (Via Borgo Pinti 48); *Trattoria Benvenuto* (Via della Mosca 16r, unweit des Palazzo Vecchio); *Cantinone* (Via Santo Spirito 6r). Billige und gute Pizzerias: *Ghibellini* (Piazza P. Maggiore, Domnähe). *Uni-Mensa* (Via San Gallo), 12.00 bis 14.00, 19.00 bis 21.00 Uhr, auch für Nicht-Studenten. Imbiß: *Mercato Ambrogio* (Piazza Ghiberti, bei Santa Croce), in der Markthalle.
Öffnungszeiten der bedeutendsten Sehenswürdigkeiten:
Uffizien (Galleria degli Uffizi): 9.00 bis 19.00 Uhr, feiertags 9.00 bis 13.00 Uhr. Montag geschlossen.
Nationalmuseum Bargello (Museo Nazionale del Bargello): 9.00 bis 14.00 Uhr, feiertags 9.00 bis 13.00 Uhr. Montag geschlossen.

Archäologisches Museum (Museo Archeologico): wie Bargello.
Museum von San Marco (Museo di S. Marco): wie Bargello.
Medici-Kapellen (Cappelle Medicee): wie Bargello.
Diese staatlichen Museen sind am 1. Januar, Ostern, 25. April, 1. Mai, erster Sonntag im Juli, 15. August und Weihnachten geschlossen.
Palazzo Vecchio: 9.00 bis 19.00 Uhr, sonntags 9.00 bis 13.00 Uhr. Samstag geschlossen.
Dom (Cattedrale): 10.00 bis 17.00 Uhr, Sonntag 14.30 bis 17.00 Uhr.
Domkuppel (Cupola del Brunelleschi): 10.30 bis 17.00 Uhr an Werktagen.
Taufkapelle (Battistero): 13.00 bis 18.00 Uhr.
Glockenturm (Campanile di Giotto): 9.00 bis 19.00 Uhr.
Museum von Santa Maria Novella: 9.00 bis 14.00 Uhr, sonntags 8.00 bis 13.00 Uhr. Freitag geschlossen.
Museum Santa Croce: 9.00 bis 12.30 Uhr, 14.30 bis 18.30 Uhr. Mittwoch geschlossen.
Dante-Haus (Casa di Dante): 9.30 bis 12.30 Uhr, 15.30 bis 18.30 Uhr, sonntags 9.30 bis 12.30 Uhr. Mittwoch geschlossen.

4 Fiesole: Luftige Hügel über Florenz

Etrusker- und Römergründung

Unschwierige Wanderung.
Reine Gehzeit: 1¾ Stunden.
Beste Jahreszeit: Frühling und Herbst.

Wenn über Florenz Hitze und Smog bleiern lasten, weht droben in Fiesole – bevorzugte Wohnlage seit der Renaissance – meist ein frisches Windchen um die Villen der Reichen und den franziskanischen Klosterberg.
Im 6. Jahrhundert v. Chr. vermutlich haben auf dem Hügel nördlich der Arnosümpfe Etrusker Fuß gefaßt. Die Reste urbaner Strukturen reichen allerdings nicht über das 3. Jahrhundert hinaus, so die 2,5 Kilometer lange Stadtmauer aus mächtigen Kalksteinblökken, von der noch beachtliche Reste unterhalb der archäologischen Zone, längs der Via delle Mura Etrusche, zu sehen sind. Dem frühen 3. Jahrhundert gehören Rudimente eines möglicherweise der etruskischen Menrva (Minerva) geweihten Tempels auf dem Ausgrabungsgelände an. Obwohl er von den Römern 90 v. Chr. zerstört und nach ihren Vorstellungen neu erbaut wurde, blieb Mauerwerk erhalten: das einzige eines Etruskertempels im Raum der Toskana.
Die archaische Siedlung dürfte von Chiusi gegründet worden sein, zweifelsohne im Rahmen etruskischer Expansion nach Norden in den damals schon kultivierten Mugello, offensichtlich in der Entwicklung gefördert von Volterra, mit dem es »durch eine direkte Straße verbunden war«, bemerkt der amerikanische Historiker Michael Grant.
Der etruskische Ortsname könnte »Visul« oder »Vispul« gelautet haben. Es gilt als Zentrum der ringsum verstreuten Landwirtschaft und der Steinverarbeitung. Überdies berührte die Siedlung eine Fernstraße aus dem Süden über den Apennin, und diente norditalienischen Galliern als Warenumschlagplatz. Das Territorium umfaßte laut Mauro Cristofani, Professor für Etruskologie an der Universität Siena, 30 Hektar, war also erheblich kleiner als beispielsweise Volterra (100 Hektar), was sich übrigens vom Großteil der Binnenstädte Etruriens im Vergleich zu den küstennahen Metropolen sagen läßt.
Bereits 283 v. Chr., nach der verlorenen Schlacht (in Waffenbrüderschaft mit eingedrungenen Galliern) am Vadimonischen See, büßte Fiesole seine Unabhängigkeit ein und geriet unter den Einfluß der römischen Republik. Es kämpfte im zweiten Punischen Krieg (219 bis 202 v. Chr.) an der Seite seiner Herren wider Hannibal. Später, als die Fiesolaner in den Auseinandersetzungen zwischen Marius und Sulla die Partei von Marius ergriffen hatten, siedelte der siegreiche Diktator Lucius Cornelius Sulla um 80 v. Chr. loyale Veteranen an, »die allerdings die alten Bewohner nicht völlig verdrängten« (Cristofani), jedoch gewaltsam romanisierten. Damit entstand das römische »Faesulae«.
An der Piazza, wo sich seit 1906 König Vittorio Emanule II. und der Freiheitskämpfer Giuseppe Garibaldi – sie erreichten 1860 die Einigung Italiens – auf einem Denkmalsockel

Das römische Theater in Fiesole; im Hintergrund die Arkaden der Thermen. Auf den Rängen des Theaters fanden rund 2500 Besucher Platz.

in die Augen sehen, war das antike Forum. Nördlich davon liegt das (1792 freigelegte) Theater für rund 2500 Besucher sowie auf 4500 Quadratmetern die Thermen. Es ist das besterhaltene römische Bad in der Toskana.
1125 bemächtigte sich Florenz des über die Arnoniederungen grüßenden Bergstädtchens. Oberhalb der Piazza steht der mittelalterliche Palazzo Pretorio, heute Rathaus der 15000 Einwohner zählenden Gemeinde. Die Wappen der »Podestà« (Bürgermeister) beginnen mit dem Jahre 1520.
Der *Dom San Romolo,* 1028 begonnen, wirkt durch schlichteste toskanische Romanik. Ungewöhnlich für eine Kirche ist der trutzige, steinerne Glockenturm (1213), den ein Zinnenbalkon (1738) ziert. Daneben baute der Bischof 1028 seinen Palast. Bis dahin war die Residenz in Badia Fiesolana – seit dem Jahr 492. Zwischen dem Palazzo Vescovile und dem 1637 eröffneten Priesterseminar führt ein gepflastertes Gäßchen (Via di San Francesco) steil hinauf zum *Parco della Rimembranza* (Park der Erinnerung). Er enthält ein Gefallenen-Ehrenmal des Ersten Weltkrieges sowie ein abstraktes, 1964 vom Bildhauer Marcello Guasti geformtes Denkmal für drei in Fiesole 1944 von deutschen

Soldaten ermordete Carabinieri. Den prächtigen Aussichtsplatz nennen die Fiesolaner liebevoll »*Banchina*« – Bänkchen. Florenz liegt Ihnen zu Füßen!

An der Stelle der romanischen Basilika Sant'Alessandro stand zuvor ein etruskisches Heiligtum, die Römer verehrten hier Bacchus. Lassen Sie sich durch die schlimme Fassadengestaltung des 19. Jahrhunderts vom Eintritt nicht abschrecken! Sehenswert sind beiderseits des acht Meter breiten Hauptschiffes die jeweils acht original orientalischen Zwiebelsäulen mit ionischen Kapitellen.

Auf dem höchsten Punkt der antiken Akropolis befand sich der erste christliche Friedhof. 1333 ließen sich »*Romite fiorentine*« – Florentiner Einsiedlerinnen – nieder, Damen aus begüterten Häusern, um nach den Regeln des Augustinerordens zu leben. Das Gelände war ihnen von der steinreichen Florentiner Adelsfamilie Frescobaldi geschenkt worden. Einen Grafen Frescobaldi verdonnerte übrigens der Papst seinerzeit wegen ausschweifender Feiern zum Bau von 40 Kirchen...

Nach den Schwestern zogen 1399 Brüder des hl. Franz von Assisi ein. Ihre neun Zellen, spartanisch ausgestattet, über dem Türstock der Namenszug, können im alten Kloster besichtigt werden.

Aus der frommen Stille monastischen Wirkens tauchen wir wieder ein in den Trubel und Verkehrslärm um die Piazza, schnuppern unausweichlich Abgase in Hülle und Fülle.

Panorama-Wanderung

Am oberen Rand des Hauptplatzes (Piazza Mino) geht es rechts der Kirche *Santa Primerana*, dem ersten christlichen Gotteshaus (10. Jahrhundert) in Fiesole, halbrechts in die Via Giuseppe Verdi. Eine Hinweistafel verrät: »*Passeggiata panoramica.*« Das vermittelt unser Weg in der Tat! Nach wenigen Minuten ist die erste Steigung geschafft. Die Ausblicke öffnen sich über Florenz bis zu den schwingenden Konturen der Chianti-Hügel. Die Markierung ist weiß-rot. Wegnummer 1. Nach insgesamt 10 Minuten (links zweigt die Via Adriano Mari ab) hält man sich halbrechts. Im Vorblick die Waldkuppe des Monte Ceceri. Am Ende des geteerten Sträßchens erneut halbrechts, entlang einer strauchwerkumschlungenen Mauer. Etliche Minuten später (links ein aufgelassener Steinbruch) steigen wir halblinks an Steinbrüchen vorbei. Dann wenden sich die Farbzeichen links ab vom breiten Weg und führen hinauf zu einem Plateau am stumpfen Südrücken des *Monte Ceceri* (ca. 400 m). Von Fiesole 25 Minuten.

Ein Gedenkstein soll an die von Leonardo da Vinci (siehe Tour 2) zwischen 1503 und 1506 gewonnenen Erkenntnisse des Vogelfluges und seiner technischen Umsetzung in einen Flugapparat erinnern. Die Inschrift entspricht seiner Prophezeiung von 1505: »Seinen ersten Flug wird der große Vogel nehmen über dem Rücken des großen Cecero-Berges und das Universum mit Staunen erfüllen; erfüllt sein von seinem Ruhme werden alle Schriften und erfüllt sein von ewiger Glorie der Horst, in dem er zur Welt kam.« Stellte Leonardo damit eine Verbindung her zu einem Mann namens Zaroastro, der versucht haben soll, sich hier den uralten Traum der Menschheit zu erfüllen? Das wird verschiedentlich angenommen, ist jedoch bislang, so Marco Cianchi, »falls man nicht das Gegenteil beweisen kann, nichts als bloße Fantasie«. Gleiches gilt für die im deutschen Schrifttum verbreitete Behauptung, Leonardo habe selbst daran gedacht, am »Schwan-Berg« Flugversuche zu unternehmen.

Jenseits des Platzes abwärts. Im Osten grüßt von einer Kuppe das Castel di Poggio. Nach 5 Minuten wird der breite Weg rechts abgekürzt (Markierungen). Unten, auf dem breiten Querweg, links zur Häusergruppe mit Marienkirchlein am östlichen Rand von Fiesole.

Beim *Kirchlein* rechts (links Straße nach Fiesole) und mit der Asphaltstraße unterhalb des Campingplatzes zur Autostraße. Auf ihr rechts zur Bushaltestelle (gegenüber dem Restaurant »Au Petit Bois«). Nun halbrechts auf

Am Aufstieg zum Klosterberg – der antiken Akropolis – von Fiesole. In der Bildmitte der Glockenturm des Domes San Romolo.

RISTORANTE
REGGIA
ETRVSCHI

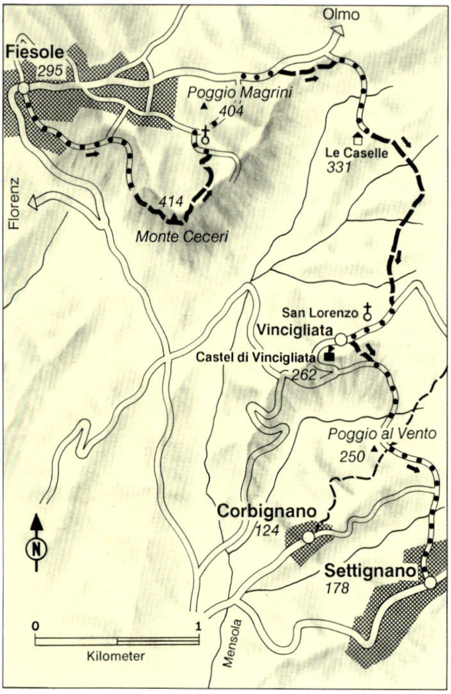

schmalem Hangpfad in 5 Minuten zu einem Fahrsträßchen, dem man rechts aussichtsreich folgt. Am Monte Ceceri sind die Steinbrüche *(Cave)* von Maiano zu erkennen. Sie lieferten die bläulichgraue *»pietra serena«* als Baumaterial für die Paläste in Florenz. Michelangelo soll als Junge bei jeder Gelegenheit den Steinhauern zugesehen haben. Mittlerweile dienen die stillgelegten »Cave« als Trainingsgelände für Kletterer.

Am Reitstall *(Le Caselle)* links vorbei. Der breite Weg senkt sich durch Olivengärten. Südlich erscheint das Castel di Vincigliata. Den Zufluß des Baches Mensole überschreiten, in eine Senke, dann auf dem oberen Weg ansteigen. Er mündet in eine Asphaltstraße. Rechts zur Kirche *San Lorenzo* in *Vincigliata.* Von Fiesole knapp 1½ Stunden.

Etwa 50 Meter nach der Kirche, am Ende eines Mäuerchens, links (geradeaus zum Castel di Vincigliata; Privatbesitz der Harvard-Universität als Geschenk des Kunsthistorikers Berenson). Die Schranke passieren. Abermals durch Olivenbäume. Hinunter zum Querweg. Links, hinter dem Bauernhof vorbei zum Gehöft am *Poggio al Vento,* einem Aussichtsrücken. Hier kreuzt man Markierung 2 nordwärts auf den Monte Muscoli. Gleich nach dem Anwesen links abwärts. Die Zypressenallee leitet zum Friedhof von *Settignano.* Auf der Via Desiderio in den Ort. An der Kreuzung rechts, durch die schmale Via di San Romano, bis zur *Piazza Niccolò Tommaseo,* dem Zentrum bei der Pfarrkirche.

Settignano wäre ein Allerweltsflecken, stände dort nicht die *Villa Buonarroti,* in welcher Michelangelo aufwuchs. »Il Divino« – der Göttliche – himmelte man den Bildhauer, Maler und Architekten schon zu Lebzeiten an. Er wurde am 6. März 1465 in Caprese (nordöstlich von Arezzo) geboren, wo sein Vater das Amt des Podestà (Bürgermeister) ausübte. Kurz nach der Geburt des Sohnes verlegten die Eltern ihren Wohnsitz nach Settignano.

Fünfzehnjährig kam Michelangelo in die Werkstatt des großartigen Freskomalers Domenico Ghirlandaio und soll dem Meister bereits im Hauptchor (»Cappella Maggiore«) von Santa Maria Novella bei den Abschlußarbeiten geholfen haben.

Im Gegensatz zur Villa Buonarroti in Settignano (erreichbar von der ersten Bushaltestelle ab Piazza in Richtung Florenz, links durch die Via Simone Buonarroti) hat Michelangelo die Casa Buonarroti in Florenz (Via Ghibellina 70, geöffnet 9.30 bis 13.30 Uhr, Dienstag geschlossen) nie bewohnt; sie war ein Geschenk an seinen Neffen Leonardo.

Touristische Angaben

Ausgangsort: Fiesole (295 m), 8 km nördlich von Florenz: regelmäßige Busverbindungen (Linie 7) ab Hauptbahnhof (Piazza Stazione), Dom und San Marco. Parkplätze: Domplatz (häufig belegt, gebührenpflichtig), Piazza del Mercato sowie unterhalb der Archäologischen Zone an der Via delle Mura Etrusche.

Zielort: Settignano (178 m), 6,5 km östlich von Florenz. Rückfahrt nach Florenz mit Buslinie 10 (Billett in der Bar an der Piazza) bis »Duomo«. Von dort Linie 7 (Billett bei der Haltestelle in der Bar Haus Nr. 48) nach Fiesole.

Gehzeit: 1¾ Stunden.

Unterkunft: Hotels, Pensionen. *Camping Panoramico* (auch Bungalows und Mietcaravans), 2 km außerhalb (beschildert), ganzjährig offen, Tel. 055/599069. Auskünfte: Azienda Autonoma di Soggiorno e Turismo, Piazza Mino 45. Tel. 055/598720.
Verpflegung: *Ristorante Mario* am Domplatz, toskanische Küche, einwandfrei. In der *Pizzeria Il Lordo* wurde der Verfasser ebenso unfreundlich bedient wie in der *Pizzeria Le Etrusche,* beide an der Piazza.
Hauptsehenswürdigkeiten: *Archäologisches Museum* und *Römisches Theater,* geöffnet 9.00 bis 19.00 Uhr. Kirche und Museum der Franziskaner im *Convento di San Francesco,* geöffnet 10.00 bis 12.00 Uhr, 15.00 bis 18.00 Uhr; sonn- und feiertags 10.00 bis 11.00 Uhr, 15.00 bis 17.00 Uhr. *Museum Bandini,* geöffnet werktags 10.00 bis 12.00 Uhr, 15.00 bis 19.00 Uhr.
Karte: Kompass-Wanderkarte 1:50000, Blatt 660 (Firenze – Chianti).
Literatur: Lorenzo Pontani, Fiesole. Edizioni Giusti di S. Becocci, Firenze. Im Ort erhältlich.

5 Futapaß: Begegnung mit der Vergangenheit

Zum Kreuz am Monte Gazzaro

> Unschwierige Wanderung.
> Bei Nässe im ersten Teil sehr rutschig.
> *Reine Gehzeit:* 2¼ Stunden.
> *Beste Jahreszeit:* Frühsommer bis Spätherbst.

Von der »Autostrada« im Apennin, aus Bologna kommend, sieht man kurz nach der Anschlußstelle Roncobilaccio halblinks in einiger Entfernung auf dem Kamm das schiffbugähnliche Mahnmal des deutschen Soldatenfriedhofes – *»Cimitero di guerra germanico«* – am Passo della Futa. Es ist der größte deutsche Soldatenfriedhof in Italien: 30683 Gefallene. Der Volksbund Deutsche Kriegsgräberfürsorge hat sie aus Feldgräbern und Gemeindefriedhöfen der umliegenden Provinzen geborgen. Je zwei Gräber besitzen eine liegende Steinplatte aus dem in dieser Gegend gebrochenen grauen Sandstein *(pietra serena).* Die spiralförmige Mauer mit dem Hauptweg wird dreimal senkrecht von Radialwegen durchschnitten in der Art von schmalen Weinbergstiegen. Sie bilden eine Abkürzung des Weges empor zum Ehrenhof, unter dem sich die Krypta mit dem Kameradengrab befindet. Neben Hainbuchen, Kiefern, Eichen und Ahorn wachsen Feuerdorn, Tamarisken, Wacholder, Ginster, Stechpalme, Schneebeere. Der Kustode erzählt mir von den vielen Deutschen, die kommen: Eltern, Geschwister, Enkelkinder, Neffen der Gefallenen; überdies zufällig Durchreisende. Aus seinem Ton klingt tiefe Ehrfurcht vor dieser Stätte. 1989 jährte es sich zum zweiundzwanzigsten Mal, daß er seinen Dienst als Aufsichtsperson antrat. Vorher hatte der sympathische Mann in Deutschland gearbeitet. Auch viele seiner Landsleute erweisen dem Ort ihre Referenz, die einen neugierig, andere beeindruckt-ergriffen – obwohl manche die Nazi-Besatzer in leidvoller, schrecklicher Erinnerung haben.
Nach Beendigung der Belagerung des Monte Cassino und der Einnahme Roms durch die Alliierten schoben sich deren Heerspitzen dem Apennin zu. Dorthin waren die deutschen Truppen Anfang September 1944 auf die »Grüne Linie« beziehungsweise in die »Gotenstellung« geflüchtet. Sie konnte in der gebotenen Eile nur dürftig befestigt werden. Am Futapaß, über den seit 1300 eine Straße führt, entwickelte sich einer der Kampfräume

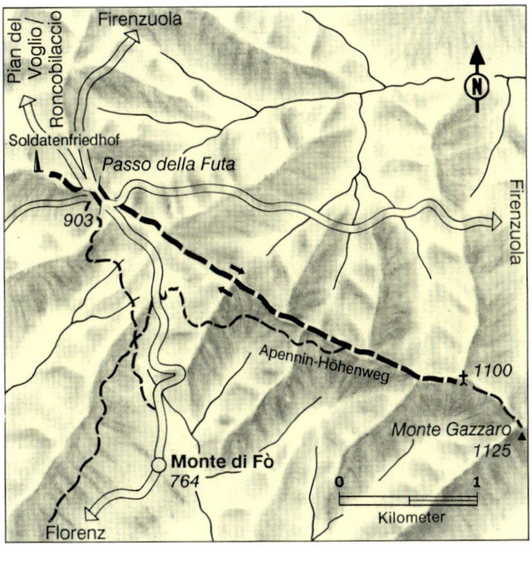

Über den Futapaß führte seit dem 14. Jahrhundert eine Paßstraße. Im Zweiten Weltkrieg war hier Kampfgebiet, wovon der riesige Soldatenfriedhof Zeugnis ablegt. Im Bild der Monte Gazzaro mit dem großen Kreuz.

entlang des Kammes. Aber nicht hier, sondern 11 Kilometer Luftlinie südöstlich bei Giogo di Scarperi gelang es der amerikanischen 5. Armee, am 18. September 1944 den Riegel zu brechen. Das zwang die Wehrmacht, ihre »Grüne Linie« zu räumen und sich auf die »Dschingis-Khan-Linie« zurückzuziehen. Ende April 1945 brach dann die gesamte Apennin-Verteidigung zusammen. Am 2. Mai 1945 wurden in Italien alle Kampfhandlungen eingestellt.

Der Wegverlauf

An der Straßenmauer am Futapaß erinnern Tafeln an die Autorennfahrer Giulio Masetti und Clemente Biondetti sowie an den Radrennfahrer Gastone Nencini.

In Richtung Florenz wenige Minuten zur Straßenteilung. Links (Richtung Firenzuola), nach 50 Metern rechts ab. Am Trafoturm rechts vorbei, dem breiten Weg folgen, wiederum nur 50 Meter. Dann gegenüber einem Leitungsmast links mit rot-weiß-roten Farbzeichen in den Schatten des Buchenwaldes. Einen Zaun übersteigen. Anschließend schwach rechts halten, die Route setzt sich links als Pfad durch Buschwerk und Gestrüpp fort. Etwa 1/4 Stunde nach dem Paß ist rechts am Weglein auf einer kleinen Felsplatte verblaßtes Rot-Weiß zu erkennen. An dieser Stelle bei der Wegegabel halbrechts, bergan zu einer Relaisstation. Weiter durch Ginster, Heckenrosen und Farne über die langgestreckte Wiese, an ihrem rechten Rand nahe des Laubwaldes auf deutlichen Spuren. Anfang Juli blüht noch der Ginster. Von irgendwoher vernehme ich Kuhglockengeläute.

Wo sich rechts ein breiter Weg in den Wald senkt, laufen wir geradeaus, schwach linkshaltend im Laubwald. Ungefähr 10 Minuten später passiert man, hohen Dornbüschen ausweichend, eine große Relaisstation. Bald mündet von rechts der *Apennin-Höhenweg*, kurz GEA – »Grande Escursione Appenninica« – genannt. Markierung: 00. Dieser an-

spruchsvolle Weitwanderweg führt vom Passo dei Due Santi an der Grenze Toskana/Liguria Emilia über mehr als 400 Kilometer in dreieinhalb Wochen zum Passo di Bocca Trabaria in Umbrien (Führer siehe Schrifttum der Autoren Bietolini/Bracci).
Von einer Kuppe zeigt sich erstmals das fünf Meter hohe Metallkreuz. Im Sattel leuchten zinnoberrot wilde Nelken. Noch etwa 10 Minuten ansteigen, dann sind wir beim Kreuz (ca. 1100 m) am *Monte Gazzaro*. Vom Futapaß 1¼ Stunden.
Der Weiterweg zum höchsten Punkt des Monte Gazzaro (1125 m) in 10 Minuten lohnt sich nicht; es gibt keinerlei Aussicht. Ganz anders beim Kreuz: Im Norden das Tal des Santerno, nordwestlich der Futapaß. Im Süden lagert der Mugello. Es ist das fruchtbare, von Kastanienwäldern gesäumte obere Tal des Sieve, seit jeher »ländliche Stube« von Florenz, im späten Mittelalter das »Arkadien der Florentiner«. Großbürger schätzten das milde Klima des Landstriches. Cosimo de' Medici erbaute dort seine Villen Cafaggiolo, Trebbio und San Martino um die Mitte des 15. Jahrhunderts. Seit der Landflucht ab 1970 bestimmen großflächige Zuckerrüben-, Tabak- und Olivenkulturen das Bild des Mugello. Daneben häßliche Industrieansiedlungen. Von den Zeiten der kleinen Mezzadria-Pächter (sie mußten 50 Prozent ihrer Erträge an den Besitzer abliefern) erzählt nur mehr das »Museo della civilità contadina« (Heimatmuseum, geöffnet sonn- und feiertags von 10.00 bis 19.00 Uhr, freier Eintritt) bei Borgo San Lorenzo. Man hofft auf den Tourismus, sozusagen als Zugabe für die Scharen von Sonntagsausflüglern.

Touristische Angaben

Ausgangspunkt: Passo della Futa (903 m), 44 km nördlich von Florenz (Busverbindungen), 9,5 km von der Autobahn-Ausfahrt Roncobilaccio. Parkplätze vor dem Eingang zum Soldatenfriedhof (geöffnet von 8.00 bis 19.00 Uhr), etwa 200 m von der Paßstraße entfernt.
Gehzeit: 2¼ Stunden.
Unterkunft und Verpflegung: An der Südrampe der Paßstraße nach 2,8 km das *Albergo Sergente* in Monte di Fo. *Campingplatz Sergente* (800 m), ganzjährig geöffnet, Tel. 055/8423018.
Karte: Carta turistica e dei sentieri 1:70000 (Alto Mugello – Mugello – Val di Sieve).

6 Monte Falterona, der Götterberg des Apennin

Unschwierige Rundwanderung. Nach Regenfällen stellenweise sehr rutschig.
Reine Gehzeit: 5¼ bis 5½ Stunden.
Beste Jahreszeit: Frühsommer bis Herbst.

Der Monte Falterona liegt in der Nordostecke der Toskana, rund 40 Kilometer Luftlinie nordöstlich von Florenz. Der Name bezeichnet eine Gruppe im »Appennino Tosco-Romagnolo«, hochgetürmte, endlos scheinende Wälder, ein mächtiger Körper, den Ton- und Mergelschichten aufbauen sowie Kalkfels, der hier und dort zutage tritt.
Renato Aprile behauptet in seinem Buch »Die Etrusker«, das vorzugsweise italienische Originalarbeiten benutzt, Falterona stehe mit dem etruskischen Wort *»falar«* in Verbindung, was soviel wie Himmelsgewölbe bedeutet.
Die Südhänge des Berges neigen sich zum Casentino hin, dem oberen Arnotal. In den waldbestandenen Südflanken sprudeln die Quelltöpfe des Arno. Der antike »Arnus« mündet westlich von Pisa ins Ligurische Meer – als Kloake ab seinem Mittellauf bei Florenz. Im Quellgebiet wurden Mitte des vorigen Jahrhunderts an einem inzwischen ausgetrockneten See mit dem zutreffenden Namen »Lago degli Idoli« etliche bronzene Weihegaben gefunden. Deswegen und wegen einer an der Falterona zufällig entdeckten Statue des etruskischen »Hercle« (griechisch Herakles, römisch Herkules) spricht Aprile von einer »der am höchsten verehrten heiligen Stätten«. »In der Erhabenheit dieses Bergheiligtums, für die Offenbarung der in Licht und Luft wirkenden Götterkräfte offen, wurde anders als in der Ebene das Ewigkeits- und Zeiterlebnis empfunden.« Olymp der Toskana? Der Autor sieht in »Hercle« den Quellgott am Monte Falterona, welcher »die

Täler Etruriens fruchtbar machte«. In den von Renato Aprile aufgespürten Zusammenhängen spielt auch die landläufig wenig bekannte Tatsache eine Rolle, daß der Chianafluß – er mündet unweit von Arezzo in den Arno – im Altertum entgegengesetzt floß, nämlich vom casentinesischen Arno in den Tiber. So könnte das totale »Wasser-Erlebnis« (Aprile) erklärt werden: Arno und Tiber als mystische Schlagadern Etruriens.
Nordwestlich des Monte Falterona verbirgt sich die hochgelegene Ortschaft Castagno d'Andrea vor oberflächlichem Toskana-Tourismus. Im Mittelalter gehörte es zum Lehensbesitz der Grafen Guidi. Eine ihrer Burgen stand in San Godenza. Während des 14. Jahrhunderts besetzte Florenz das Gebiet. Bis 1796 war Castagno d'Andrea selbständige Gemeinde, heute ist es eine Fraktion von San Godenza. Die Landflucht hatte Folgen, wie überall. Zahlreiche Häuser sind zu Zweitwohnungen Auswärtiger umfunktioniert worden. Neubauten kamen hinzu, glücklicherweise nicht störend im Ortsbild. Hier wurde um 1412 Andrea del Castagno geboren, der uns hauptsächlich Fresken hinterließ. Die Kunstgeschichte zählt ihn zu den bedeutendsten Vertretern der florentinischen Frührenaissance; zwischen den späten dreißiger und den frühen vierziger Jahren mit Paolo Uccello und Domenico Venetiano der beste. In der hiesigen Pfarrkirche indes malte ein

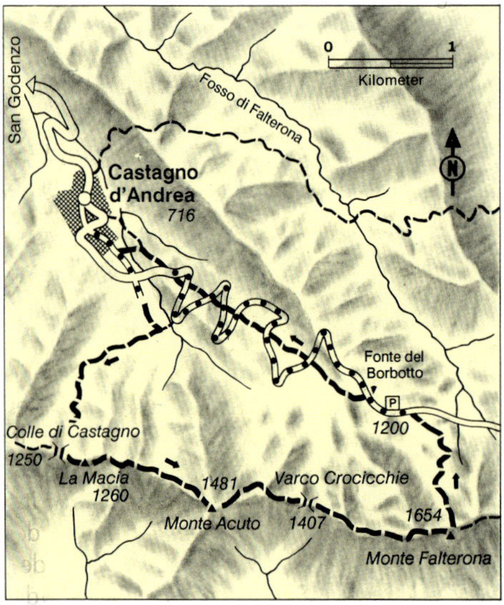

zeitgenössischer Künstler: Pietro Annigoni (geb. 1910), hochgelobt, aber auch umstritten, Porträtist Gekrönter, von Päpsten und Dollar-Millionären. Er versteht sich als Repräsentant eines »Neuen Humanismus«. Seine Fresken stellen Johannes und Maria als begleitende Gestalten zu einer Kreuzigung dar: eindrucksvoll, dramatisch realistisch.

Der Wegverlauf

An der Westseite der Pfarrkirche in die Via della Rota. Bergan, über die Piazza Andrea del Castagno. Das vorletzte Haus rechts an der Straße, vor der Kreuzung, ist das Geburtshaus (Gedenktafel) des Malers Andrea del Castagno.
Die Umgehungsstraße kreuzen. Nun auf der Via del Borbotto. Links an der 1840 erbauten kleinen Kirche vorbei beziehungsweise an einem eigenartigen Steinkreuz. Über den Bach. Etwa 50 Meter danach die Straße halbrechts verlassen und mit den Farbzeichen bergan. Wenig später nicht die Asphaltstraße betreten, sondern gleich wieder rechts, zwischen Haus Nr. 40 und 42 auf grasigem Weg, und erst dann auf die Straße bei einem Terrakotta-Marienbildstock in Della-Robbia-Art. Der Straße rechts folgen, nach 100 Metern vor dem Bach rechts in die Via Pianrenzoli. An der Gabelung links halten, die breite Asphaltstraße überqueren und jenseits weiter an Ferienhäusern und an einem Teich vorbei. Anschließend auf überwachsenem Weg (Markierungen) durch mannshohes Farnkraut. Bald heißt es aufpassen, weil die Route unerwartet links abzweigt (weiß-rot an den Bäumen), als Pfad durch Farne. Spürbar steiler, teilweise auf stark überwachsenem Weglein. Nach insgesamt 40 Minuten stößt man auf den querverlaufenden Weg 18 a. Rechts halten. Das Rauschen eines Baches kommt näher. Wir erreichen eine idyllische Wiesenlichtung. Rechts führt ein Stichweg zu zwei Bachläufen. Von der Ortschaft 50 Minuten.
Wir halten uns links an den Rand des Laubwaldes. Kohlweißlinge suchen Blüten. Die Grasspur führt an Felsblöcken vorbei, die als Markierungspunkte dienen. Laubwaldschatten. Bäche werden überschritten, drei an der Zahl. Wegnummer 18 wurde im Frühling 1988 frisch markiert. Etwa ½ Stunde nach

der unteren Wiese sind wir im Sattel *Colle di Castagno* (1250 m).
Nun links mit schönen Tiefblicken auf Castagno. Etwa 5 Minuten später wird die Waldkuppe *Macia* (1260 m) überschritten. Abwärts in einen Sattel. Jetzt baut sich der Monte Acuto auf. Durch Wald 25 Minuten hinauf zum unteren Rand einer Wiese, über die es schwach rechtshaltend zum oberen Rand geht. An ihm leiten Grasspuren rechts entlang, durch ein kurzes Waldstück, dann auch an der nächsten Wiese links entlang und erneut in den Wald. Auf die Markierungen achten! Abermals über eine Wiese und durch Laubwald zum höchsten Punkt des *Monte Acuto* (1481 m). Von Castagno 2¼ Stunden.
Die Aussicht von der herrlichen Wiesenlichtung beschränkt sich allein auf den Monte Falterona, dessen Gipfel noch 1 Stunde entfernt ist. In dieser Richtung abwärts. Nach 10 Minuten beginnt eine anhaltende Traverse. Sie kann nur mit Hilfe der Farbzeichen gefunden werden! Wo sich der Kamm zusammenschnürt, etwa 25 Minuten vom Monte Acuto, sind wir im *Varco Crocicchie*

Castagno d'Andrea von Osten, Ausgangspunkt für die Besteigung des »Götterberges« Monte Falterona.

(1407 m). Rechts unten entspringt eine der sagenumwobenen Arnoquellen (1358 m), zu der ein Pfad hinführt.
Auf unserer Route erfolgt ein Gegenanstieg, am Rand der felsigen Abstürze »Crocicchie« stellenweise luftig, begleitet von schönen Ausblicken. Vom höchsten Punkt (1537 m) der schroffen Felspartien setzt der Gipfelgang an. Steil – bei Nässe sehr rutschig – gewinnt man durch Wald eine Wiese. Schließlich das Holzkreuz des *Monte Falterona* (1654 m). Vom Ausgangsort 3¼ Stunden.
Im Jahre 1883 erstellte die CAI-Sektion Firenze kurz unterhalb des Gipfels eine Hütte. Sie existierte bis 1910. Damals dürfte die Aussicht umfassender gewesen sein. Heute öffnet sie sich nur mehr nach Südwesten über wogende Waldkuppen in Richtung Passo della Consuma – Pratomagno.
Ab dem Kreuz 30 Meter ostwärts, dann links mit Markierung 16 durch Latschen. Schleifen bringen uns durch den Laubwald in 35 Minuten hinunter zu einem Schottersträßchen (1242 m). Links, über Abkürzungen zum *Rastplatz Fonte del Borbotto* (1200 m), der eine Unterstandmöglichkeit bietet. Vom Gipfel ¾ Stunden.
Das geschotterte Sträßchen setzt sich talaus fort. Farbzeichen erklären die Abkürzer, sofern man nicht auf der kommoden Straße bleibt. Etwa 1 Stunde nach dem Verlassen des Rastplatzes, beim Ferienheim der Salesianer, geht es rechts in die alte Straße. Sie führt in 10 Minuten zum Anstiegsweg.

Touristische Angaben

Ausgangsort: Castagno d'Andrea (716 m), nordwestlich des Monte Falterona. Die Zufahrtsstraße (6,5 km) zweigt in San Godenza (45,5 km von Florenz) von der Staatsstraße 67 ab. Busverbindungen.
Gehzeit: 5¼ bis 5½ Stunden.
Unterkunft: *Hotel Falterona* in Castagno d'Andrea, 1991 bis auf weiteres geschlossen, eventuell anrufen: Tel. 055/8375084. In San Godenza u. a. *Hotel Silvano.*
Verpflegung: Bei Roberto in der *Osteria Il Rifugio* in Castagno d'Andrea lobenswerte ländliche Küche; preiswert.
Karte: Carta turistica e dei sentieri 1:70000 (Alto Mugello – Mugello – Val di Sieve).

7 Pratomagno: Über dem Arnotal

Kloster Vallombrosa und Monte Secchieta

Unschwierige Rundwanderung.
Reine Gehzeit: 2½ Stunden.
Beste Jahreszeit: Frühsommer bis Herbst.

Die Legende erzählt, zwei Mönche – Paolo und Guntelmo – suchten um das Jahr 1000 die urwilde Einsamkeit des Pratomagno auf und ließen sich in seinem nördlichen Teil an einem Platz nieder, den sie »Aquabella« nannten. Dorthin flüchtete 1013 der achtundzwanzigjährige Giovanni Gualberto Visdomini, Sproß einer vornehmen Florentiner Familie, deren Namen er ablegte. Aus Astwerk und Zweigen entstanden Hüttchen und eine Kapelle: Vallombrosa.
Der Pratomagno bildet eines der Massive, welche der Toskana an ihren Rändern den Horizont geben, in diesem Falle dem Valdarno, dem Arnotal südöstlich von Florenz, nordwestlich von Arezzo. In Höhen von mehr als 1500 Meter ansteigend, bildet der Pratomagno eine Barriere aus Staatsforsten zum Gebiet des dahinterliegenden Casentino, weshalb man ihn den Casentiner Bergen zurechnet. Seine Ausdehnung ab dem Passo Consuma in Südostrichtung beträgt ungefähr 40 Kilometer Luftlinie bis zum Arnobogen bei Arezzo.
Die Eremitengemeinde in den Wäldern des Pratomagno fand Anhänger. 1039 entstand eine kleine Holzkirche nebst Hospital und Gästehaus. 1039 gilt als Gründungsjahr des Vallombrosanerordens durch Giovanni Gualberto als selbständiger Zweig der Benediktiner. Gebet, Barmherzigkeit und Arbeit bestimmten die Regeln. Giovanni Gualberto starb 1073. Heiligsprechung 1093. Kirche und Kloster wurden im 13. beziehungsweise im 15. Jahrhundert neu gebaut. Die Äbte stiegen in den Markgrafenstand auf. Im 19. Jahr-

Das Kloster Vallombrosa liegt im Pratomagno, einem der Massive, die das Arnotal begrenzen. Der Vallombrosanerorden wurde 1039 gegründet, die Kirche entstand im 13. und 15. Jahrhundert.

hundert Aufhebung des Klosters, Wiedereinrichtung, Schließung, Neubeginn im Range einer Priorei. Heute leben in der großräumigen, festungsähnlichen Anlage des 17. Jahrhunderts zwischen 13 und 15 Vallombrosaner Benediktiner. Man begegnet den Schwarzgekleideten gelegentlich auf Waldwegen beim Kloster, halblaut murmelnd, ins Brevier versunken. Die göttliche Ruhe ändert sich an Sonntagen, wenn Ausflügler aus der Hitze der Städte in die Kühle des Pratomagno fliehen und hier scharenweise einbrechen. Der Weg zwischen Kloster und Saltino wird zur gepferchten Promenade. Vor dem »Porchetta«-Kiosk bilden sich Schlangen, ungeduldig drängelnd, um die herzhaft schmekkenden Scheiben des im Ofen gebratenen Ferkels mit einem Stück Weißbrot zu kaufen.

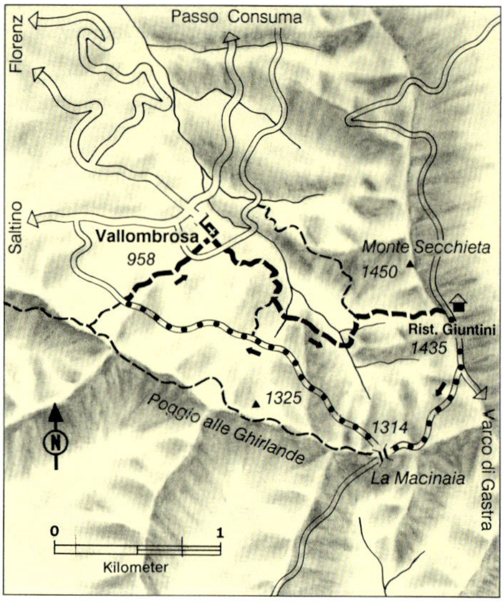

Der Wegverlauf

An der westseitigen Klostermauer entlang. Vor dem großen Turm des 15. Jahrhunderts rechts, nach 30 Meter vor einem Haus links, am nächsten Haus rechts und bergan. Etwa 100 Meter danach teilen sich die Wege: Spitzwinkelig links mit Nummer 10. Die Straße schräg kreuzen und jenseits auf dem alten, steingepflasterten Weg. Zunächst 10 Minuten ziemlich steil, dann etwas flacher und sogar eben. Die steingepflasterte Abzweigung halbrechts (Nr. 10) bleibt unbeachtet.
Links über einen Bachlauf. Ein zweites Bächlein ansteigend überschreiten. Wenige Minuten später beim Markierungsfelsblock rechts (nicht geradeaus mit dem breiten Weg!), nun auf Markierung 9 achten.
Etwa ¾ Stunden nach dem Kloster zweigt unsere Route scharf links ab (Farbzeichen an den Bäumen). Das Gelände wird zunehmend von Felsen durchsetzt. Der Wald lichtet sich. Eine Antenne wird sichtbar. Man stößt auf einen breiten Querweg (ebenfalls von Vallombrosa). Rechts in 5 Minuten in ein Felsenmeer. Erste umfassende Ausblicke südwestlich über das Valdarno zu den Chiantihügeln. Kurz danach erwartet uns die Hochfläche, und zwar beim *Ristorante-Bar Giuntini*. Vom Kloster 1¼ Stunden. Der höchste Punkt des *Monte Secchieta* (1450 m), die Sendeanlagen, ist militärisches Sperrgebiet. Dafür genießen wir die Schau nach Osten, wohin der Pratomagno ins Casentin, ins hohe Arnotal abfällt. Dahinter die Hänge des Apennin. Dort gründete der hl. Romuald um das Jahr 1000 den Kamaldulenserorden. Camaldoli ist eine der großen Klosteranlagen Italiens.
Auf der Straße südlich beziehungsweise rechtshaltend empor zu einer felsbesetzten Kuppe. Der Gedenkstein ist italienischen Widerstandskämpfern gewidmet. In den undurchdringlichen Wäldern des Pratomagno befand sich nämlich im Frühjahr 1944 ein Zentrum der Partisanen.
Weiter auf der Straße. Vorbei an einem häßlichen Wintersporthotel in wenigen Minuten zur Rechtsabzweigung eines Forstfahrweges (links Sommerfrischehaus). Jetzt mit den Markierungsnummern 12 und 13 abwärts auf der Forststraße »Caterina Vallorosa« zum Haus von *La Macinaia* (1314 m). Daran rechts vorbei. Kurz danach geht halblinks Weg 13 nach Saltino ab. Wir bleiben jedoch auf dem Forststräßchen, noch etwa ¼ Stunde. Dann rechts in den Weg 11 einschwenken und zu einem steingefaßten Quellbrunnen. In der Folge die Autostraße kreuzen und auf der anderen Seite am Maschendrahtzaun entlang zum Kloster.

Touristische Angaben

Ausgangsort: Vallombrosa (958 m), Fraktion der Gemeinde Reggello. Zufahrt (19 km) ent-

weder direkt von Pontassieve (18 km östlich von Florenz) oder ab Pontassieve noch 6 km auf der Staatsstraße 69, dann links ab (ebenfalls 19 km). Oder (landschaftlich schönste Strecke) ab der Autobahnausfahrt Incisa im Valdarno über Reggello (22 km) auf abwechslungsreicher Höhenstraße. Busverbindungen u. a. mit Florenz. Parkplätze an der westseitigen Klostermauer.
Gehzeit: 2½ Stunden.
Sehenswürdigkeit: Klosterkirche, einschiffiger Innenraum mit kuppelbekröntem Querbau. Hervorragende Kuppel- und Deckenmalereien des Florentiners Giuseppe Antonio Fabbrini aus der 2. Hälfte des 18. Jahrhunderts. Die »Trinità« des linken Altarbildes malte Lorenzo Lippi 1664. Links Eingang in die 1695 bis 1700 aufwendig ausgestattete Cappella di San Giovanni Gualberto. Das Altarbild zeigt den Heiligen betend unter einer Buche. In zwei Schränken an den Seitenwänden werden Reliquien von Märtyrern aufbewahrt (Lichtschalter unter den Schränken). Gedenktafel an den Besuch von Papst Paul VI. am 2. Februar 1975.
Unterkunft und Verpflegung: Bar-Ristorante *Giuntini* am Monte Secchieta. In Vallombrosa Pensione-Ristorante *Medici*, ganzjährig geöffnet, Tel. 055/86 21 87. Weitere Hotels in der Sommerfrische Saltino (1,5 km von Vallombrosa).

8 In der Stadt Piero della Francescas: Arezzo

Stadtrundgang: Bahnhof – Amphitheater – Fortezza – Dom – Casa del Petrarca – Piazza Grande – Pieve di Santa Maria Assunta – San Francesco – Corso Italia – Bahnhof.
Reine Gehzeit: Etwa 1½ Stunden (ohne Besichtigungen).
Beste Jahreszeit: Frühjahr und Herbst. An Sonn- und Feiertagen am ruhigsten.

Der Blick auf eine Straßenkarte veranschaulicht die geographisch und verkehrsmäßig gewichtige Situation von Arezzo in der Osttoskana am Rande einer weiten, fruchtbaren, durch Überschwemmungen des Arno entstandenen muschelförmigen Ebene. In ihre Senke münden aus drei Himmelsrichtungen die Flußläufe des Valdarno, des Casentino und der Valdichiana.
Rom führte 110 v. Chr. unter dem Censor Lucius Cassius Longinus die Via Cassia als Rückgrat aller Straßen des Landes über Bolseno und den Lago Trasimeno an Arezzo vorbei, das zum *»municipium«* (Stadt) aufstieg, bis zur Kopfstation »Florentina« (Florenz). Im Mittelalter, als das Chianatal zwischen Chiusi und Arezzo versumpfte und Malaria das Gebiet entvölkerte, wurde die Via Cassia über Siena und Monteriggioni umgeleitet, wodurch sowohl Arezzo als auch Florenz ins Abseits gerieten. Erst in der zweiten Hälfte des 18. Jahrhunderts, nachdem Großherzog Ferdinand I. wirkungsvolle Entsumpfungsarbeiten angeordnet hatte, änderten sich die Verhältnisse wieder zugunsten der beiden Städte. Zwischen 1862 und 1866 wurde die Eisenbahn von Rom nach Florenz gelegt. Schließlich kam die Autobahn. Während der vergangenen 150 Jahre stieg die Einwohnerzahl von Arezzo um das Zehnfache, auf fast 92000.
Das antike »Arretium« ist in seinen archaischen Ursprüngen wahrscheinlich eine Gründung der Umbrer – dann könnte es älter sein als Rom! Zumindest ist deren Anwesenheit im Casentino verbürgt. Erst dann siedelten Etrusker, vermutlich von Chiusi ausgehend, oberhalb der flachen Talgründe auf der Anhöhe, die zugleich als Wachposten der Apennin-Übergänge diente. Die Entwicklung zur Siedlung scheint im Laufe des 6. Jahrhunderts eingetreten zu sein. In diese Epoche werden die ältesten Gräber datiert. »In der Folgezeit wuchs es heran«, schreibt der Kunstgeschichtler und Archäologe Lucio Passerini, »um dann Mitglied im Dodekapolis (Zwölf-Städte-Bund) und, den Berichten Livius' zufolge, eine der wichtigsten etruskischen Städte zwischen dem 5. und 3. Jahrhundert v. Chr. zu werden.« Damals lebten auf einem Territorium von rund 32 Hektar etwa 6000 Menschen.
Arretium, wo zeitweise mehrere Legionen lagen, war im 3. Jahrhundert v. Chr. unter den Einfluß Roms geraten. Von der zweiten gro-

ßen wirtschaftlichen Blüte unter Kaiser Augustus zeugen die berühmten arretinischen Vasen. Ihr korallenfarbig mit Firnis gelackter Ton (*»Terra sigillata«*) mußte hoch erhitzt gebrannt werden. Mehr als 20 Töpfereien sind nachgewiesen. Ihre Exporte waren im gesamten Imperium gefragt.
Im Hochmittelalter, 1098, erkämpften die bislang von Bischöfen geknebelten Arretiner nach Pisa und Lucca als dritte toskanische Stadt eine Konsulatsverfassung. Nun durften sie ihre Konsuln wählen. Allerdings blieben Rückschläge nicht aus. Trotzdem glomm das Feuer des demokratischen Volkszornes weiter, bis Klerus und Adel politisch entmachtet waren (1192). Arezzo erstarkte zu einem freien Gemeinwesen, in dem meist die kaiserliche Ghibellinenpartei – in ständigem Widerstreit mit dem nahen guelfischen (papsttreuen) Florenz – überwog. Nach der verlorenen Schlacht 1289 bei Campaldino im Casentino, bei der übrigens Dante auf seiten der Florentiner focht, wurde das Schicksal der Stadt bestimmt. Sie unterlag am Ende (1384) der unstillbaren Gier von Florenz. Seitdem ist Arezzo aus dem überregionalen Geschichtsbild verschwunden. Indes strahlen noch immer die Sterne der zahlreichen Persönlichkeiten dieser Stadt. Angefangen bei Maecenas, dem ersten bekannten Kunstmäzen, Freund von Kaiser Augustus, bis zum »Vater der Kunstgeschichtsschreibung«, Giorgio Vasari. In jüngster Zeit füllt eine andere »Persönlichkeit« die Schlagzeilen der italienischen Presse: Licio Gelli, wohnhaft in der Villa Wanda südöstlich der Stadtmauer, einst Chef der verbotenen Geheimloge »Propaganda 2« (P 2). Bei der Aufdeckung ihrer kriminellen Aktivitäten »rollten« Köpfe darin verwickelter Wirtschaftsleute, Militärs und Politiker. 1984 mußte Handelsminister Pietro Longo zurücktreten. Gelli tauchte unter, wurde in einer Genfer Bank festgenommen beim Versuch, 10 Millionen Dollar in bar abzuheben, bestach Justizvollzugsbeamte, entkam nach Südamerika. Anfang September 1987 stellte er sich Schweizer Behörden. Sie lieferten ihn Mitte Februar 1988 an Italien aus. Dort sollte er wegen betrügerischen Bankrotts der Mailänder Privatbank Ambrosiana vor Gericht gestellt werden. Doch schon kurz nach seiner Einlieferung öffneten sich für den Mann, dessen Konto auf 100 Millionen Dollar geschätzt wird, wieder die Gefängnistore in Parma.

Stadtspaziergang

Aufbruch am *Bahnhof.* Im Park davor steht beiderseits je eine Kopie der furchteinflößenden *Chimäre,* einem Fabelwesen der griechischen Mythologie: vorn Löwe, in der Mitte Ziege, hinten Drache bzw. Schlange. Die Bronze-Großplastik des Originals (Archäologisches Museum Florenz), vermutlich eine Votivgabe aus dem 5. vorchristlichen Jahrhundert, fanden Arbeiter 1553 beim Bau der »Fortezza«.
Zum *Piazzale della Repubblica.* Rechts (geradeaus ins Zentrum) in die Via Spinello, vorbei am Stadttor (Bastione Santo Spirito) der mediceischen Mauer von 1553, und geradeaus durch die Via Niccolò Aretino. Dann links in die Via Margaritone. Rechts folgt die Kirche San Bernardo. Damit sind wir beim *Museo Archeologico* (geöffnet 9.00 bis 14.00 Uhr, Sonn- und Feiertage 9.00 bis 13.00 Uhr, Montag geschlossen), 1934 eingerichtet in den Räumen des im 16. Jahrhundert an der westlichen Ovalrundung des römischen Amphitheaters erbauten Klosters San Bernardo. Das *Anfiteatro Romano* aus dem frühen 2. Jahrhundert stellt die größte derartige, bisher in Etrurien bekannte Anlage dar (Längsachse 121 m, Querachse 68 m). Auf den Zuschauerrängen – zum Teil noch mit Umgängen erhalten – fanden 8000 Menschen Platz.
Die Via Margaritone leitet uns zur dreieckigen *Piazza San Agostino;* samstags Fischmarkt. Anschließend der Via della Minerva folgen. Das Gimignano-Kirchlein am gleichnamigen Platz bleibt zurück. Dann links zwischen zwei Türmen in die Via fra le Torri. Aufwärts zur querverlaufenden Straße und rechts zur Kreuzung. Jenseits sind etliche antike Mauerreste sowie Säulenfragmente erhalten.
An der Kreuzung links. Das steile Sträßchen ist mit Platten ausgelegt. An der Ecke der nächsten Kreuzung steht links der *Palazzetto Alberti* (15. Jh., Ökologisches Zentrum). Rechts schließen sich die Kirchen San Lorenzo und Sant' Agnese an. Hier, in der Via Pellicceria, einer mittelalterlichen Hauptstraße,

Ausschnitt aus dem Freskenzyklus »Legende vom wahren Kreuz« des Piero della Francesca in der Hauptchorkapelle der Chiesa San Francesco.

sind wir im ehemaligen Gerberviertel. Mit der Via del Palagi geht es in die im 16. Jahrhundert aufgeschüttete Senke, den *Prato*, sozusagen Gemeindewiese, früher Richtstätte. Das monströse Denkmal ehrt *Francesco Petrarca* (1304–1374). Der Dichter, Geistliche und Diplomat gilt, laut Eckart Peterich, als »einer der größten Lyriker seines Volkes, ja der Welt«. Hervorragende Kenntnisse der Schriften Ciceros und Vergils, aber auch seine kritische, von der Scholastik sich abwendende Denkart machen ihn zum eigentlichen Begründer des Humanismus. Das Denkmal errichteten 1928 die Faschisten.
Südöstlich vom »Prato« erhebt sich auf dem höchsten Punkt (305 m) der Stadt, dem Colle di San Donato, die von Großherzog Cosimo I. ab 1530 geschaffene *Fortezza*. Ein Schlag ins Gesicht aller Demokraten! Die Burg schreckte nämlich nicht allein äußere Feinde ab, sondern zwang die Bevölkerung von Arezzo in die Knie, sozusagen als verzögerte Antwort auf ihre Rebellion im Jahre 1502.
Nordwestlich des Prato erwartet uns der *Dom*, die 1277 begonnene, San Donato geweihte Kathedrale. Das Langhaus und die Fassade wurden erst im frühen 16. Jahrhundert vollendet. »Die in der Toskana einzigartige Architektur scheint Einflüsse französischer Zisterziensergotik zu verarbeiten«, wertet Reclams Kunstführer und fährt fort, »es wurden aber auch etwas weitgespannte Vergleiche mit S. Francesco in Assisi und S. Maria Novella in Florenz gezogen«, also mit Bettelordenskirchen. Am Vormittag nur werfen die Buntglasfenster – die ältesten aus dem späten 15. Jahrhundert – Licht in das Innere der dreischiffigen Basilika und dämpfen die Strenge der hohen Pfeiler und Spitzbogenarkaden. Gleich links neben dem Eingang be-

IL CHIOSTRO
OCCASIONI ANTIQUARIE

findet sich die Ruhestätte des 1276 in Arezzo verstorbenen Papstes Gregor X. Der Hauptaltar – »eines der umfangreichsten Werke der mittelalterlichen Skulptur in Italien« – birgt das Grab des hl. Donatus, zweiter Bischof von Arezzo. Neben der Sakristeitür begegnet uns erstmals Piero della Francesca mit dem Fresko »Hl. Magdalena« aus der Zeit um 1459. Direkt gegenüber öffnet sich die Grabkapelle von Guido Tarlatti: einzige erhaltene von insgesamt 36 Kapellen im 14. und 15. Jahrhundert. Tarlatti war 1312 als Bischof zum Stadtherrn gewählt worden. Doch sowohl er (gestorben 1328) wie auch seine Nachfolger konnten den politischen und kulturellen Niedergang Arezzos lediglich hinausschieben, nicht verhindern. Der Anbau der *Cappella della Madonna del Conforto* (Maria Trost) – »ein Hauptwerk des italienischen Klassizismus« (1796–1817) – ist einem Marienwunder zu verdanken. Das wundersame Terrakotta-Marienbildchen wird im Hochaltar aufbewahrt. Zum Dom gehört das »Museo Diocesano«. Öffnungszeiten: 7.00 bis 12.00 Uhr, 15.30 bis 19.30 Uhr.

Vorbei am 1594 aufgestellten Denkmal des toskanischen Großherzogs Ferdinando I. erreicht man den nahen *Palazzo Comunale* (Rathaus), 1333 fertiggestellt, ursprünglich Sitz der Zünfte-Vorsteher. Auf der anderen Straßenseite arbeitet die Provinzverwaltung.

In Höhe des 1337 erbauten Turmes schwenken wir links in die Via dell' Orto ein. Haus Nr. 28 ist die *Casa del Petrarca* (geöffnet außer am Samstagnachmittag und sonntags von 10.00 bis 12.00 Uhr, 15.00 bis 17.00 Uhr). In dieser Straße wurde Petrarca am 20. Juli 1304 als Sohn eines Notars, eines Exil-Florentiners, geboren. Kurz danach gingen die Eltern nach Florenz zurück. Petrarca weilte später nur einmal in seinem Geburtsort. Er verbrachte die meiste Zeit des Lebens am päpstlichen Hof in Avignon. Im Petrarca-Haus aus dem 16. Jahrhundert, 1948 nach Kriegszerstörungen rekonstruiert, ist die »Accademia Petrarca di Lettere, Arti e Scienze« untergebracht.

Aufzug zur farbenprächtigen »Giostra del Saracino« (Sarazenenturnier), das alljährlich am ersten Septembersonntag stattfindet.

Rechts um die Ecke, an der Via del Pileati zeigt sich die mit den Wappen heimischer *Capitani di Giustizia* und der Florentiner *Podestà* sowie einem Medici-Wappen geschmückte, mehrzeilige Fassade des *Palazzo Pretorio* (heute Stadtbibliothek). Er diente von 1404 bis 1926 als Gefängnis.

Entlang der Loggien des Architekten, Malers und Schriftstellers Giorgio Vasari, am 30. Juli 1511 in Arezzo geboren, geht es zur *Piazza Grande* (vormals Piazza Vasari), dem Mittelpunkt des städtischen Lebens. Der weiträumige, einem unregelmäßigen Trapez gleichende Platz entspricht der Hanglage, abwechslungsreich gesäumt von einer Architekturmischung aus Romanik, Gotik und Renaissance. Dagegen wirken die dicht aneinandergedrängten mittelalterlichen Häuser mit ihren Holzbalkonen etwas fremd.

Alljährlich am ersten Septembersonntag findet die farbenprächtige *»Giostra del Saracino«* (Sarazenenturnier) statt. Es wurzelt im 16. Jahrhundert. Acht Berittene, jeweils zwei in einer Mannschaft, nehmen aus den vier alten Stadtvierteln teil. Jeder galoppiert auf eine drehbare Holzpuppe *(»Saracino«)* zu, die mit der Lanze in der Mitte getroffen werden muß – sonst versetzt die Puppe aus der Drehbewegung heraus dem Reiter durch eine Art Geißel mit drei Bleikugeln einen schmerzhaften Schlag. Wer am genauesten trifft, erringt für seine *Contrada* die »Goldene Lanze«.

Wir bewundern die Fassade des zierlichen *Palazzo della Fraternità dei Laici*: unterer Teil verfeinerte gotische Formen, darüber (infolge Bauunterbrechung) Renaissance, draufgesetzt ein Mitte des 16. Jahrhunderts von Giorgio Vasari entworfener Glockenturm mit Uhr. In dem für die den Dominikanern nahestehende Laienbruderschaft Santa Maria della Misericordia errichteten Gebäude tagte ab 1786 das Zivilgericht; heute Behördensitz. Vasari zeichnete auch die Pläne für den 1573 bis 1581 erbauten, wuchtigen *Palazzo delle Logge*. Davor steht der *»Petrone«*, die Rekonstruktion des einstigen Schandpfahles samt Marktkreuz.

Schaustück der Piazza ist die Zwerchgalerie des Chores der *Pieve di Santa Maria Assunta* (Mariä Himmelfahrt), eines der bedeutendsten romanischen Bauten der Toskana. Tauf-

und Volkskirche. An der einfarbig grauen, stark waagrecht gegliederten Fassade löst sich die romanische Schwere nach oben hin auf im Sich-Verdichten der Säulen beziehungsweise in anklingender gotischer Leichtigkeit. Den 1330 erstellten, 58 Meter hohen Turm nennen die Aretiner *»il campanile dalle cento buche«*, obwohl seine 40 romanischen Zwillingsfenster nur 80 »Löcher« aufweisen. Der Kirchenraum wirkt ungeheuer erhaben: Dimensionen, welche die mittelalterliche italienische Sakralarchitektur kaum woanders vorgibt. In der Krypta steht in einer Glasvitrine die Reliquienbüste des hl. Donatus, gefertigt 1346 von zwei arretinischen Goldschmieden. Anstatt Wachskerzen leuchten leider geschmacklose elektrische Kerzen gegen eine Spende auf! Großartigstes Kunstwerk der »Pieve« ist das 1320 von Pietro Lorenzetti signierte Polyptychon (Flügel-

Piazza Grande von Arezzo. Ins Auge stechend die zierliche Fassade des Palazzo della Fraternità dei Laici mit dem von Giorgio Vasari entworfenen Glockenturm; rechts ein Teil der Loggien des Vasari.

altar) über dem Hochaltar. Lorenzetti zählte zu den Hauptmeistern der sienesischen Schule.
Wenn wir aus dem Haupteingang heraustreten, übernimmt uns rechts eines mittelalterlichen Wohnturmes die Via della Bicchieraya. Dann links, abwärts durch die Via Andrea Cesalpino, das einstige Studenten- und Universitätsviertel. Die 1215 gegründete Hochschule – eine der ältesten Europas – besaß u. a. eine weitum geschätzte juristische Fakultät. Als jedoch Florenz die Stadt 1384 für 40000 Gulden erwarb und seine Herrschaft mit aller Gewalt durchboxte, schlug auch die letzte Stunde dieses Hortes freien Geistes.
Auf der *Piazza San Francesco* thront, die linke Hand auf einen Löwen gestützt, Vittorio Fossombroni. Er genoß als Hydrauliker, Wirtschaftstheoretiker und Politiker beachtliches Ansehen. Fossombroni zeichnete verantwortlich für die Kultivierungsmaßnahmen der Sumpflandschaft des Chianatales südlich von Arezzo, kanalisierte den Fluß, wodurch mehr als tausend Quadratkilometer Land von der Malaria befreit wurden. Sein Buch »Memorie idraulico-storiche sopra la Val di Chiana« (Bologna, 1823) gehört zu den grundlegenden Publikationen darüber.
Die grobe Tuffsteinfassade der *Chiesa San Francesco* läßt nie und nimmer erahnen, daß dahinter, in der Hauptchorkapelle, ein Kunstwerk von Weltrang wartet: Der Freskenzyklus »Legende vom wahren Kreuz« – magischer Anziehungspunkt für Reisende, die in der Renaissance eine inhaltsschwere Errungenschaft menschlichen Geistes sehen. Der Meister heißt Piero della Francesca, vielleicht der größte italienische Maler des 15. Jahrhunderts. In Sansepolcro 1415 geboren – sein Vater war Gerber und Tuchhändler –, verzeichnet ihn die Chronik 1442 als Stadtrat in Arezzo. Pietro begann 1453 als Siebenunddreißigjähriger mit den Arbeiten und beendete sie spätestens als Fünfzigjähriger, dann lockte ihn nämlich der Musenhof von Urbino zum zweiten Höhenflug seiner künstlerischen Tätigkeit. Ich finde die atmosphärische Gestaltung etwas unterkühlt. Aus den Gesichtern spricht Gleichmut, Abgeklärtheit gegenüber allem Irdischen, majestätische Feierlichkeit. Unwahrscheinlich die Leuchtkraft der Farben, die Klarheit der Li-

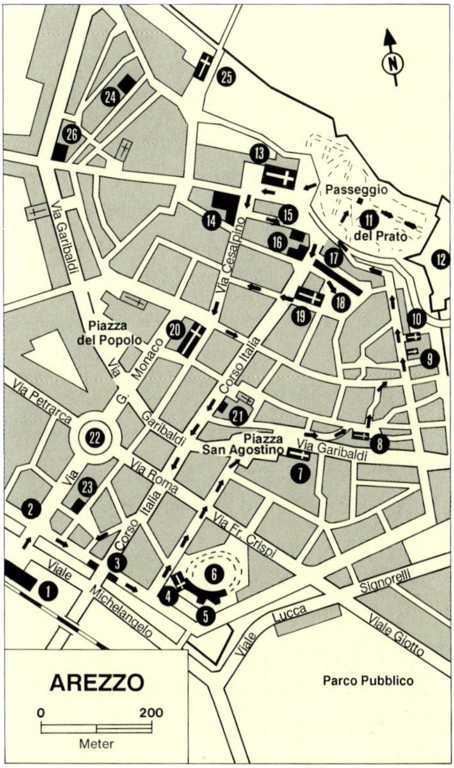

1 Bahnhof (Stazione), 2 Piazzale della Repubblica, 3 Bastione Santo Spirito, 4 San Bernardo, 5 Archäologisches Museum, 6 Amphitheater, 7 San Agostino, 8 San Gimignano, 9 San Lorenzo, 10 Sant'Agnese, 11 Petrarca-Monument, 12 Fortezza, 13 Dom, 14 Palazzo Comunale, 15 Petrarca-Haus, 16 Palazzo Pretorio, 17 Vasari-Loggien, 18 Piazza Grande, 19 Pieve di Santa Maria Assunta, 20 San Francesco, 21 Galleria Comunale d'Arte Contemporanea, 22 Piazza Guido Monaco, 23 Fremdenverkehrsverein, 24 Vasari-Haus, 25 San Domenico, 26 Museum für Kunst und Malerei des Mittelalters und der Neuzeit

nienführung. Kaum ein Kunstführer, der nicht seitenlang den komplizierten Ablauf des Geschehens erläutert. Im gängigen deutschen Schrifttum empfehle ich den schon wiederholt zitierten Reclams Kunstführer.
Östlich durch die Via Cavour zum Corso Italia, seit dem Spätmittelalter Hauptstraße der Stadt. Rechts im Haus Nr. 2 befindet sich die *Fondazione Guido d'Arezzo* (Musikschule). Der Benediktiner Guido di Monaco, genannt »d'Arezzo«, entwickelte Anfang des 11. Jahrhunderts die neuzeitliche Notenschrift und benannte die ersten sechs Noten der Tonleiter.
Im *Palazzo Guillichini* ist die *Galleria Comu-*

nale d'Arte Contemporanea. An der Kreuzung des modernen Straßenzuges Via Roma – Via Crispi sieht man rechts auf der Piazza Guido Monaco das Standbild des Musikers. Über die Kreuzung geradeaus, bei der *Piazza San Jacopo* rechts halten und zum *Bahnhof* laufen.

Touristische Angaben

Arezzo (296 m), am Treffpunkt mehrerer Staatsstraßen in der östlichen Toskana, südöstlich (81 km) von Florenz. Autobahn-Anschlußstelle 11 km westlich. Gute Bahn- und Busverbindungen. Parkraum ist meist an der Via Balddaccio d'Anghiari (nordwestlich vom Bahnhof) vorhanden.
Gehzeit: Etwa 1½ Stunden.
Unterkunft: Mehrere Hotels. Private Jugendherberge *(Ostello Villa Severi),* Via F. Redi, 2 km vom Bahnhof (Buslinie 4), Tel. 0575/29047. Allgemeine Auskünfte: Ufficio Informazioni, Piazza della Repubblica 28, Tel. 0575/307678.
Verpflegung: *Selbstbedienungs-Restaurant im Bahnhof,* geöffnet 11.30 bis 14.30 Uhr, 18.30 bis 21.30 Uhr. *Ristorante Buca di San Francesco,* Via San Francesco 1, traditionsreiches Spezialitätenlokal im Keller eines Palazzo (14. Jahrhundert); Tischbestellung ratsam, Tel. 23271. *Pizzeria Logge Vasari,* Piazza Grande. Spieß-Spezialitäten: *Spiedino d'Oro,* Via Crispi 12, Neustadt.
Weitere Sehenswürdigkeiten: *Vasari-Wohnhaus (Museo e Archivio Vasariano),* Via XX Settembre 55, geöffnet 8.00 bis 14.00 Uhr, Sonn- und Feiertage 9.00 bis 13.00 Uhr, Montag geschlossen. – *Kirche San Domenico* (Piazza Fossombroni), gotischer Bau, 1275 geweiht, im frühen 14. Jahrhundert vollendet. Herausragend: auf Holz gemaltes Kruzifix (um 1265) des Giovanni Cimabue, der sich als erster Maler von dem noch in der byzantinischen Tradition stehenden Stil des 13. Jahrhunderts löste. – Museum für Kunst und Malerei des Mittelalters und der Neuzeit *(Galleria e Museo Medioevale e Moderno),* Via Lorentino 8 im Renaissancepalast Bruni-Ciocchi bzw. Palazzo della Dogana. Öffnungszeiten: 9.00 bis 14.00 Uhr, Sonn- und Feiertage 9.00 bis 13.00 Uhr, Montag geschlossen.

9 Am Lago Trasimeno: Schlachtfeld der Antike

Unschwierige Rundwanderung.
Über längere Strecken identisch mit der teilweise beschilderten »Route der Schlachtplätze«.
Reine Gehzeit: 3 Stunden.
Beste Jahreszeit: Frühjahr, Spätsommer, Herbst.

»Capitano«, schreit der stoppelbärtige Fischer unbestimmbaren Alters voller Stolz und hält am ausgestreckten Arm einen stattlichen Aal hoch, eben einen *capitano.* Von alters her werden von flachkieligen Booten trichterförmige Netze – am Trasimenischen See sagt man dazu *tofi* – in langen Reihen ausgeworfen und auf Stöcke gestützt. Hechte, Aale, Barsche, Karpfen, Zahnbrassen, Goldbrassen usw. bilden die Fänge: fast 30 Prozent des gesamten nationalen Süßwasserfischbedarfes. Besonders delikat seien sie auf Holzfeuer gebraten, lasse ich mich belehren, wobei es aber feine Nuancen gäbe: Der eine Fisch gewinnt erst, wenn er auf Schilfrohr gebraten wird, der andere durch Ginsterholz.
Knapp 130 Quadratkilometer nimmt die Fläche des Trasimenischen Sees ein. Nach Stürmen, bei denen die Uferränder, ihre manchenorts undurchdringlichen Schilfgürtel sowie die drei Inseln in milchigem Nebel zu ertrinken scheinen, ist das Wasser braungelb. Es hat den Boden aufgewühlt. Der See weist an keiner Stelle mehr als sieben Meter an Tiefe auf. Er ist das größte Binnengewässer der italienischen Halbinsel.
Das annähernd herzförmige Becken mit einem Umfang von 50 Kilometern wird auf drei Seiten von grünen Olivenhügeln – ein Zeichen milden Klimas, selbst im Winter – gesäumt. Westlich ist das Gelände offen und flach. Südostwärts installierten schon Etrusker beziehungsweise Römer einen Abflußgraben, um das Wasserniveau bei Überschwemmungen unter Kontrolle zu bringen. An den Gestaden leben ungefähr 50000 Menschen. Aufgrund ihrer ethnischen und kulturgeschichtlichen Zusammengehörigkeit, gepaart mit gemeinsamen Interessen, haben sie 1973 eine Genossenschaft gegrün-

det. Das einheitliche Arbeitsprogramm soll den Fortschritt auf allen Ebenen fördern.

Trasimeno? Silvius Italicus erzählt in einer Sage, die Wasserjungfrau Agilla sei in den jungen Prinzen Trasimenos, Sohn des Etruskerkönigs Tyrrhenos, dermaßen verliebt gewesen, daß sie ihn mit in die Tiefe des Sees zog...

Etwas mehr als 2,5 Kilometer von der nördlichen Landzunge landeinwärts liegt die kleine, gepflegte Ortschaft Tuoro am Sonnenhang. Wir befinden uns bereits in Umbrien, aber nur drei Kilometer östlich von der Toskana entfernt. Außerhalb der Bademonate sind die Einheimischen unter sich. Über die Schnellstraße zwischen Ort und See huscht der Verkehr. Tuoro preist sich selbstbewußt »kernwaffenfreie Zone«. Doch wer denkt in dieser Umgebung an Krieg?

Vor 2200 Jahren erfüllte der Lärm einer mörderischen Schlacht die Landschaft. Hannibal zog gegen Rom! Der Karthager war, von den Römern in Spanien provoziert, auf seinem berühmten, verlustreichen Zug über die Pyrenäen und die Westalpen 218 v. Chr. in Oberitalien eingedrungen. Die ihm von den Römern eilig entgegengeworfenen Heere erlitten am Fluß Trebia eine demütigende Niederlage.

Im Frühjahr 217 quälte er seine Soldaten vier Tage und drei Nächte durch das um diese Jahreszeit sumpfige Arnotal von Pistoia nach Fiesole. Der Dreißigjährige ritt auf dem einzigen, ihm übriggebliebenen Elefanten. Infolge der Strapazen erblindete Hannibal dabei auf einem Auge, sagt Titus Livius (59 v. Chr. bis 17 n. Chr.). Seine Angaben stützen sich auf zwei Dutzend Darstellungen der römischen Geschichte, in diesem Falle auf Fabius Pictor, einen unmittelbaren Zeitzeugen.

Hannibal marschierte arnoaufwärts, verwüstete die »Etruskischen Felder«, das heutige Valdarno, »eine der fruchtbarsten Gegenden Italiens« (Livius). Vor den Mauern Arezzos lagerte ein römisches Heer unter dem Konsul Caius Flaminius. Der Stratege aus dem fernen Afrika versuchte seinen Gegner zu provozieren. Offenbar vergebens, denn Flaminius ließ den Feind vorbeiziehen. Hannibals Verbände strebten scheinbar direkt auf Rom zu. Südlich von Cortona vollführten sie jedoch, unverhofft für die römischen Späher, einen Linksschwenk zum Lago Trasimeno. Am Nordufer bot sich der sogenannte *»Malpasso«* als schmaler Durchgang an. Dahinter erwartete den Feldherrn ein mäßig ansteigender, halbrunder Kessel, an dessen Flanken die Abteilungen für einen Hinterhalt postiert wurden.

Flaminius reagierte – unüberlegt und jähzornig. So wird sein Wesen charakterisiert, und Hannibal wußte davon. Die Legionäre blieben dem Feind auf den Fersen. Flaminius ließ sich ohne vorherige Erkundung durch den Malpasso locken – und geriet in eine tödliche Falle, die eigentlich simpler nicht hätte aufgestellt werden können: Kaum hatte Flaminius die Landenge passiert, verriegelte karthagische Kavallerie den Ausgang.

Als der Punier »den Feind durch See und Berge eingeschlossen und von seinen Truppen umzingelt sah, gab er allen das Zeichen zum gleichzeitigen Angriff«, schreibt Livius. »Sie stürmten, jeder auf dem nächsten Wege, die Hänge herunter, und dieser Angriff traf die Römer um so plötzlicher und unerwarteter,

Abendstimmung am Lago Trasimeno.

weil der von dem See aufsteigende Nebel sich in der Ebene dichter als auf den Bergen gelagert hatte, die Feinde von einer Reihe von Hügeln ausreichend gegenseitige Sicht hatten und sie daher das Herunterstürmen aufeinander abgestimmt hatten.« Der »Morgennebel«, wirft der namhafte englische Historiker Sir Gavin de Beer ein, »klingt allerdings sehr nach einer Ausrede der Römer und kann ihre Arglosigkeit nicht entschuldigen«. Laut Livius merkten die Römer erst jetzt, »daß sie umzingelt waren, und der Kampf wurde vorn und auf den Flanken eröffnet, bevor das Heer richtig zur Schlacht aufgestellt wurde oder die Waffen in Bereitschaft gesetzt und die Schwerter gezogen werden konnten«.

217 v. Chr. Ein heißer Junitag. Die eigentlichen Kampfhandlungen dauerten nur drei Stunden. Dabei habe ein heftiges Erdbeben das Schlachtfeld erschüttert. 15000 Römer mußten laut Livius ihr Leben lassen, 10000 irrten durch Etrurien, das schützende Rom suchend. Der deutsche Historiker Hermann Bengtson nennt zwar gleichfalls 15000, fügt aber hinzu, »eine ebenso große Zahl geriet in punische Gefangenschaft«. Die feindlichen Verluste beziffert Livius mit 2500 – »viele gingen später an ihren Verwundungen zugrunde«. Sir Gavin de Beer hingegen vermerkt, Hannibal habe 1800 Soldaten verloren, »meistens Gallier«, die der Autor an anderer Stelle als »recht unzuverlässig« kritisiert. Diese Gallier, Kelten aus Oberitalien, waren dort scharenweise zu den Fahnen Hannibals geeilt.

211 v. Chr. scheiterte der Feldherr aber letztendlich vor den Verteidigungsmaßnahmen der Stadt Rom!

Der Wegverlauf

In der Umgebung der heutigen *Piazza Lamta* in Tuoro befand sich das Lager Hannibals. In der Nähe hatten afrikanische und spanische Einheiten offene Feldstellungen bezogen.

Links von der Pizzeria ansteigen auf der Via della Croce. Vor dem Steinbruch (Mulde) geht es links auf schmalem Weg durch den Hang zum *Friedhof* (329 m), einst Feldherrnhügel des Karthagers. Von hier erkennt selbst der militärische Laie die kesselähnliche Situation und die damit verbundene Falle, in welche die Römer blindlings tappten.

Abwärts und durch die Via Baroncini zur *Piazza Risorgimento* im Ort. Rechts der Durchgangsstraße (Via dei Fabbri) folgen, geradeaus entgegengesetzt der Eisenbahnstraße laufen, die nächste Straße kreuzen und jenseits in die Via A. Cartaginese. Etwa 100 Meter danach halbrechts durch die Via Pietrafitta. Sie setzt sich als Feldweg fort. Rechts am Sportplatz vorbei, über Wiesen. Am Damm des Fosso Macerone zur alten Staatsstraße 75. Ein Stein gedenkt der gefallenen Römer. Damals reichte der See bis hierher.

Rechts über die Brücke und noch ¼ Stunde von der Straße geleitet, worauf rechts ein Fahrweg zur Häusergruppe *Podere Murcia* abzweigt. Auf den Feldern rechts des Fahrweges sind Zügel, Münzen, Waffenreste sowie Aschenurnen und Ustrinen (gemauerte Verbrennungsöfen) ans Tageslicht gekommen. Überdies die Grabstätten der von Hannibal bestatteten 30 karthagischen Adeligen. Etwas weiter stieß man auf einen ausgesprochenen Friedhof: Eingeäscherte und Körperbestattete, letztere größtenteils ohne Glieder oder mit zertrümmertem Schädel.

Ungefähr ¼ Stunde nach der Asphaltstraße, beim Bauernhof *Cerrete* (274 m), biegt man halblinks in den Weg ein, entlang am Fosso di Cerrete. Nach 5 Minuten nicht links über den Bach, sondern noch 5 Minuten dem Graben folgen und ihn erst dann links überschreiten. Ansteigen durch eine Mulde, von Hecken begleitet, durch einen Olivengarten weglos hinauf zu einem breiten *Querweg.* Auf ihm rechts. Von diesen Hängen hatte sich Hannibals leichte Reiterei auf die Römer gestürzt. Auf den Feldern erfüllte sich auch das Schicksal des Konsuls Flaminius – von der Lanze eines Galliers namens Ducarius durchbohrt. Sein Leichnam wurde nie gefunden, obwohl Hannibal tagelang suchen ließ. Unterhalb der aufgelassenen *Casa Vigna Piccola* vorbei und geradeaus.

Podere Acquaviva (343 m) ist ebenfalls verlassen und sieht dem Verfall entgegen, wäh-

Nördlich des Lago Trasimeno befindet sich das antike Schlachtfeld, auf dem der Karthager Hannibal das Imperium Romanum schlug.

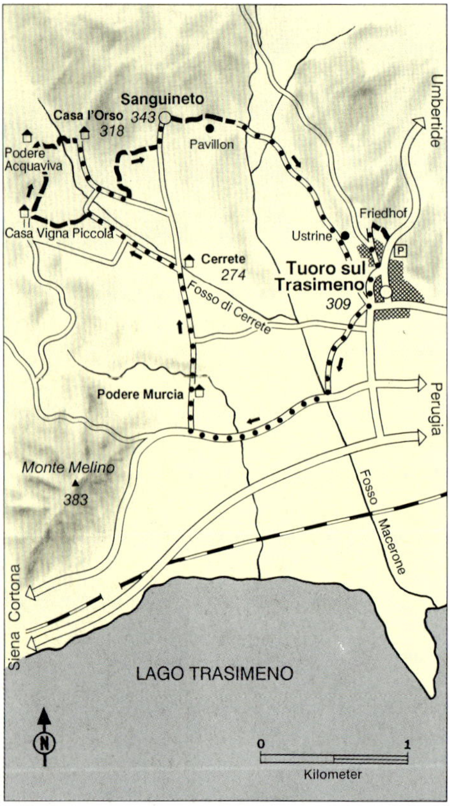

rend die Olivenbäume gepflegt werden. Vom Ausgangspunkt 1½ Stunden.

Vor dem Gehöft rechts abwärts, über den Bach und zur *Casa l'Orso* (318 m), einem erfolgreichen Gestüt.

Wir vertrauen uns rechts dem Fahrweg an. Knapp 10 Minuten. Dann links (Wasserzapfstelle) und auf der rechten Seite des Grabens. Wenig später aus einer waldbestandenen Mulde rechts heraus. Vor der Böschung rechts, kurz hernach links und über ein Feld zum Fahrsträßchen. Auf der Informationstafel am Sträßchen ist u. a. die Uferlinie des Lago Trasimeno in der Antike ersichtlich. Links erreicht man die Häuser von *Sanguineto* (350 m). An der Kapelle rechts. Beim nächsten Hof halbrechts. Der Fahrweg senkt sich in einigen Minuten zur Gabelung. An diesem Platz steht ein *Pavillon*, sozusagen als »Feldherrnhügel«. Leider sind die Texte zum Ablauf der Schlacht nur in italienischer und französischer Sprache verfaßt.

An der Wegeteilung halbrechts, hinunter zum Bach. Er soll früher *»sanguinolento«* (= bluttriefend, blutend) genannt worden sein, weil sich das Wasser drei Tage lang rot gefärbt habe von den Schlachtopfern.

Einen zweiten Bach überschreiten und durch die Via Fornello, bald auf ihrem Asphaltband. Unmittelbar vor Haus Nr. 21 leiten links Steinstufen zu zwei gemauerten Rundgruben, eine kleinere und eine größere, den *Ustrinen*. Es sind die beiden einzig erhaltenen auf dem Schlachtfeld. Sie wurden gleich nach Beendigung des Kampfes von den Karthagern wegen drohender Epidemiegefahr angelegt. Die Leichen wurden auf Holzbrettern über die Öffnung gelegt und angezündet. War das Holzbrett mit dem Leichnam verbrannt, stürzte die Asche in die Grube. Diese Einäscherungen gingen wie am laufenden Band. Der Schürraum der großen Ustrina befindet sich an der Straßenböschung.

Nun in die Ortschaft und auf dem bekannten Weg im Gegenanstieg zum Ausgangspunkt.

Touristische Angaben

Ausgangsort: Tuoro sul Trasimeno (309 m), nördlich des Lago Trasimeno, 24 km östlich der Autobahnausfahrt Valdichiana (Arezzo – Orvieto). Busverbindungen. Bahnstation der Strecke Terontola – Perugia. Schiffsanleger und Badestrand Punta Navaccia. Dort auch der 1988 fertiggestellte Campo di Sole (moderne Skulpturen). – Alljährlich Anfang August Pferderennen nach antikem Vorbild.
Gehzeit: 3 Stunden.
Unterkunft: Hotel *Volante Inn* (nördlich der Schnellstraße), Tel. 075/826107. *Camping Punta Navaccia* (am See), geöffnet März bis Ende Oktober, Tel. 075/826357. Informationen: Pro Loco, beim Schiffsanleger, geöffnet Juni bis August. Comune Tuoro, Piazza del Municipio, Tel. 075/826142.
Tourenhinweis: Isola Maggiore. Kostenlose Broschüre »Wanderwege am Trasimenosee« erhältlich bei: Azienda di Promozione Turistica del Trasimeno, I-06061 Castiglioni del Lago, Piazza Mazzini 10.
Karte: IGM-Karte 1:25000, Blatt 122, IV, SO (Tuoro sul Trasimeno).

Harmonisch wie eine Gartenlandschaft breitet sich das Chiantigebiet zwischen Florenz und Siena aus.

10 Chiantigebiet: Von Greve nach Panzano

Unschwierige Wanderung. Rückkehr von Panzano nach Greve mit regelmäßig verkehrenden Linienbussen.
(Kann mit Tour 11 bis Castellina ausgedehnt werden.)
Reine Gehzeit: Knapp 2 Stunden.
Beste Jahreszeit: Frühjahr und Herbst.

Chianti: was ist das überhaupt? Ein Wein natürlich – vollrund, samtig, frischen Veilchenduft ausatmend, vereint mit dem Geschmack karger Böden: bekanntester und berühmtester Tropfen der Welt, in manchen Lagen und entsprechend den Fähigkeiten des Kellermeisters ein Spitzengewächs Italiens. Sechshundert Jahre reich an Tradition. Chianti wird zu 95 Prozent aus den blauen Trauben Sangiovese und Canaiolo gekeltert; die weißen Trauben Trebbiano sowie Malvasia haben als Verschnitt an Bedeutung verloren. Statt ihrer sind Cabernet, Merlot oder Pinot Nero zugelassen. Der Chianti hat einen Mindestalkoholgehalt von 11,5 Grad. Er darf nicht vor dem 1. Juni des Erntefolgejahres in den Handel gebracht werden. Ein »Classico« sollte zwei bis fünf Jahre reifen, eine »Riserva« braucht vier bis acht Jahre, was sich selbstverständlich auf den Preis niederschlägt. Insgesamt sind in der Toskana rund 7000 Chiantilagen registriert. Sie wachsen auf den unterschiedlichsten Böden, von denen jeder sein eigenes Mikroklima besitzt.
Geographisch versteht man unter Chianti das von Eichenwäldern und Eichengestrüpp durchsetzte Hügelland von Florenz bis Siena, östlich der Schnellstraße, westlich des Valdarno (Arnotal). Es erreicht im langgestreckten Kamm der Monti del Chianti Höhen über 800 Meter. Mergeliger Kalkfels lagert in steilen Schichten, darüber eine dünne, steinige Scholle. Wacholder und Heidekraut wachsen in hohen Stauden. Gartenhaft angelegte Rebkulturen zeichnen die Sonnenhänge in klaren Umrissen. Origano duftet betäubend. Zypressenalleen wie schweigende Prozessionen. In weiten Teilen erscheint das Chiantigebiet spröde, asketisch. Erst toskanisches Licht schlägt den Mantel der Härte zurück, verleiht der Landschaft Anmut und Vollkommenheit. Vielleicht wird sie deshalb von flüchtigen Besuchern zum absoluten Idealbild der Toskana gestempelt, sicherlich auch wegen der Nähe von Florenz und Siena.
Ein neuer Gebietsbegriff, bezogen auf geprüften Qualitätswein, begegnet uns auf großen Tafeln an den Straßenrändern: »Siete nel mondo del Gallo Nero«. »Sie sind in der Welt des Schwarzen Hahnes«, gleichbedeutend mit dem »Chianti Classico«, erkenntlich am schwarzen Hahn auf dem Etikett am Flaschenhals. Etwas mehr als 700 Hersteller erzeugen auf 70 000 Hektar jährlich rund 343 000 Hektoliter. Ein »Classico« gelangt nicht vor dem 1. Juni nach der Weinlese, also mit dreiviertel Jahren Verspätung, über den Ladentisch.
Doch nun genug trockener Theorien! Probieren Sie den »Classico« selbst, am Ausgang der Wanderung, in Greve in der »Enoteca del Chianti Classico«. Hervorragende achtziger Jahrgänge: 83er, 85er, 86er. Noch edler: 1964er, 1967er, 1971er, 1975er.

Der Wegverlauf

Ein von Arkadengängen gesäumtes Dreieck bildet den Marktplatz von *Greve:* »Il Mercantile« bei den Einheimischen, offiziell Piazza Giacomo Matteotti (der von Faschisten ermordet wurde). Hier findet am zweiten September-Sonntag die »Sagra del vino« statt, ein Weinfest mit Tanz. Und vom 12. bis 15. September ist Greve ein Stelldichein internationaler Weinkäufer.
An der Nordwestecke des Platzes, beim Albergo del Chianti, geht es in die Via delle Conce. Anschließend linkshaltend, steil bergan. Ab den obersten Häusern weiter auf schmalem Weg. Rechts schöner Blick zum befestigten Bergdörfchen Montefioralle, dem Geburtsort des Seefahrers Amerigo Vespucci (1451–1512), nach dem Amerika seinen Namen erhielt.
Nach ¼ Stunde wird ein breiter Querweg betreten, dem man rechts folgt, 5 Minuten später an der *Casa Fede* (zum Ferienhaus ausgebaut) rechts vorbei. Kurz danach an der Wegegabel halblinks, bei der nächsten Teilung geradeaus. Im Nordwesten leuchtet gelber Ginster in den Flanken des Monte Fili.

Der aussichtsreiche Weg führt rechts am verlassenen Gehöft *Montegonzi* vorbei zu einem freien Platz, wo Kalkfels an die Oberfläche tritt. Von Greve ½ Stunde.
Zigtausende ehemalige bäuerliche Anwesen stehen leer in der Toskana, warten auf gutbetuchte Käufer. In Montegonzi lebte ein »Mezzadro« (Halbpächter) im uralten, totalen Abhängigkeitsverhältnis vom Gutsherr. Die fünfzig Prozent an Erträgen, die die »Mezzadria« dem Pächter zukommen läßt, reichten meist gerade zum Leben. Zwar schafften Streiks und Demonstrationen das System in den fünfziger Jahren ratenweise ab, der Landflucht konnte dies aber nicht mehr Einhalt gebieten. Zehntausende von Kleinbauern strömten in die Städte.
Abwärts auf dem Fahrweg 200 Meter zum breiten Querweg. Weiter abwärts, rechts unter einem Steinbruch vorbei zu einer intakten Landwirtschaft. Davor links, jetzt auf einem Fahrsträßchen. An der Gabelung geradeaus, bergan. Es folgt das aufgelassene Gehöft *Panzanellino.* Ein Heustadel bleibt zurück.

Greve im Chiantigebiet. Auf dem dreieckigen Hauptplatz beginnt die Wanderung nach Panzano.

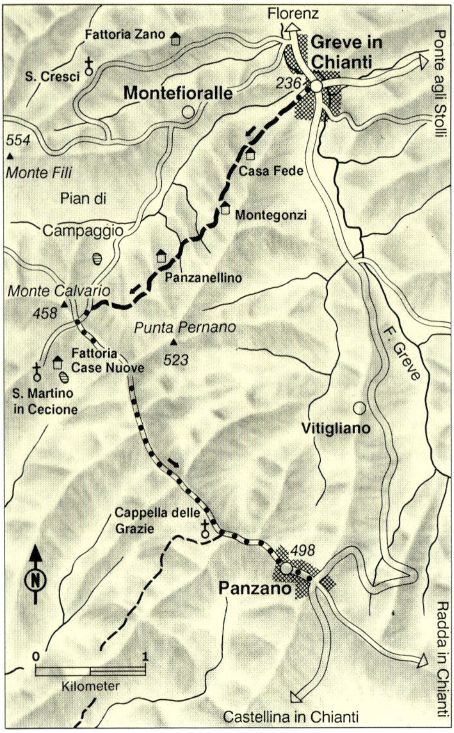

Das nächste Haus hat ein Deutscher als Feriendomizil ausgebaut. Bergan zur querverlaufenden Schotterstraße. Von Greve 1¼ Stunden. Südlich befinden sich in Sichtweite die *Fattoria Case Nuove* sowie das Kirchlein San Martino in Cecione.
Auf der Schotterstraße links ansteigen und über die höchste Kuppe hinweg. Die Hügellandschaft im Süden wird von Tour 11 durchmessen.
Abschließend mit der asphaltierten Straße in die Senke, vorbei an der *Cappella delle Grazie.* Dann sind wir am Ziel: *Panzano* (498 m), das vom Massentourismus so gut wie unangetastet geblieben ist und seit dem 12. Jahrhundert von der Kirche Santa Maria Annunziata (Mariä Verkündung) behütet wird.

Touristische Angaben

Ausgangsort: Greve (236 m), Städtchen (11 000 Einwohner) im südlichen Chianti an der »Via Chiantigiana« (Staatsstraße 222). Von Florenz 27 km, von Panzano 6 km, von Siena 40 km. Interessante Zufahrt: Ab Tavernelle (Ausfahrt der Schnellstraße) über Badia Passignano, ein ehemaliges, im Jahre 1049 gegründetes Kloster mit Kirche; 14 km. Verkehrsamt im Rathaus (Piazza Matteotti), Wanderkarten etc.
Zielort: Panzano (498 m), teilweise mittelalterlicher Ort an der »Via Chiantigiana«. 33 km von Florenz, 34 km von Siena, 13 km von Castellina.
Gehzeit: 2 Stunden.
Verkehrsverbindungen: Gute Busverbindungen von Florenz und Siena.
Unterkunft und Verpflegung: Hotels in Greve und Panzano. In Montefioralle bietet die *Taverna del Guerrino* unverfälschte toskanische Küche (nur von Donnerstag bis Sonntag geöffnet); Tel. 055/85 31 06.
Karte: Kompass-Wanderkarte 1 : 50 000, Blatt 660 (Firenze – Chianti).

11 Besuch bei berühmten Weingütern im Chiantigebiet

Von Panzano nach Castellina

Unschwierige Wanderung. (Kann durch Tour 10 ab Greve verlängert werden.)
Reine Gehzeit: 4 Stunden.
Beste Jahreszeit: Frühjahr und Herbst.

Das Dreieck Castellina – Radda – Brolio bildet die Herzkammer der historischen Landschaft Chianti: nördlich von Siena, etwa bis in Höhe von San Giovanni Valdarno, ohne jedoch den Arno zu berühren. Greve beispielsweise, ein Zentrum des Weinhandels (siehe Tour 10), liegt bereits jenseits der Nordgrenze. Die Kommunen sind stolz auf ihre Vergangenheit. Sie gehören nämlich zu den Gründungsmitgliedern der geheimnisumwitterten »Lega Chiantigiana« im 13. Jahrhundert, ursprünglich ein militärischer Pakt, um als Spielball im Krisengebiet zwischen den Machtblöcken Siena und Florenz nicht aufgerieben zu werden.
Dieses mittelalterliche Gebiet erhielt aus Gründen der effizienteren Weinvermarktung das Signet des Schwarzen Hahns. Darauf

weisen ins Auge springende Tafeln hin: »Siete nel mondo del Gallo Nero.« Wir sind im Anbaugebiet des »*Chianti Classico*«. Für diesen geprüften Qualitätswein steht symbolhaft der Schwarze Hahn, das Emblem der »*Lega*«. Bewiesenermaßen lebten im Chiantigebiet schon vor mehr als zweieinhalb Jahrtausenden Menschen, Etrusker. Auf dem Monte Calvario am Nordwestrand des Städtchens Castellina erinnert daran eindrucksvoll der Tumulus eines Etruskergrabmales aus dem späten vorchristlichen 7. Jahrhundert. Durchmesser: 53 Meter. Der Hügel beherbergt vier Einzelgräber, kreuzförmig angelegt, genau ausgerichtet nach den vier Himmelsrichtungen. Diese Gräber, gestützt von grobem Kalksteinmauerwerk, überdacht mit Kragge-wölben, gleichen sich durch jeweils einen tiefen Eingangsdromos; ihre Innenstruktur ist aber unterschiedlich. Westgrab und Südgrab besitzen ein Vestibül mit zwei Seitenzellen sowie eine große Hauptkammer. Das Nordgrab weist nur einen Raum auf, das östliche ein Vestibül und zwei Seitenzellen. Die Monumentalität des Bestattungsortes spricht für eine mächtige Familie, worauf auch Reste eines Prunkwagens aus dem Südgrab hindeuten.

Vorbildlich und mustergültig wurde die malerische Fattoria Nittardi zu neuem Leben erweckt.

Der Wegverlauf

In *Panzano* von der Durchgangsstraße (Bushaltestelle) in die Via G. Daverrazzano, geradeaus, hinauf zum Torbogen der mittelalterlichen Stadt. Vor dem Treppenaufgang der *Pfarrkirche Santa Maria Annunziata* (Mariä Verkündigung) aus dem 12. Jahrhundert geht es links zur kleinen *Piazza Luca di Totto da Panzano.* Hier rechts, die Mauern verlassend, abwärts zur *Cappella delle Grazie.* Vom Ausgangspunkt 1/4 Stunde.

Halblinks dem aussichtsreichen Fahrweg folgen, etwa 400 Meter, dann links, nun abwärts. Am Haus von *Santa Lucia di Sopra* zeigt ein Wandbild die hl. Lucia, als Hintergrund Panzano.

Dann sind wir in Santa Lucia di Sotto beim *Castello dei Rampolla.* Der burgähnliche Gebäudekomplex gehört seit 300 Jahren der Familie di Napoli aus fürstlichem neapolitanischen Geschlecht. Die Kostbarkeiten lagern unterirdisch – Wein in Eichenfässern aus Slowenien und Frankreich. Rampolla stellt vier Weinsorten her, erzählt die Signora in fehlerfreiem Deutsch. Pro Jahr 100000 Flaschen, verhältnismäßig wenig. Der Besitzer, Alco di Napoli, schwört auf Qualität, auf seine eigenen Reben, die im weiten Umkreis südlagig wachsen. Sein Chianti Classico zählt zu den herausragenden der Region. Der »Sammarco«, ein kraftvoller Roter, in dem Cabernet- und Sauvignontraube im Gegensatz zur üblichen Praxis (Sangiovese) dominierend sind, erlangt mit der Zeit »eine fürstliche Grandeur, die nur wenige erlesene italienische Cabernets erreichen können«, betont der Experte Burton Anderson.

Die Blüte des Klatschmohns im Frühjahr, Anfang Mai, ist eine charakteristische Augenweide.

Links am Wohnhaus vorbei, weiter absteigen, an der folgenden Gabelung halblinks, an der nächsten halbrechts, 300 Meter danach links, und wenig später rechts über das Flüßchen Pesa. Auf breitem Weg ein Stück talaus, bis sich der Weg links vom Torrente abwendet und ansteigt. In ¼ Stunde empor zum *Podere Castagnoli.* Haus und Weinfluren gehören ebenfalls den di Napoli. Nun stößt man auf die Asphaltstraße. Von Panzano 1¼ Stunden.

Links, gute 5 Minuten. Ungefähr 100 Meter nach einem Waschbecken, vor dem ersten Haus von Piazza, rechts spitzwinkelig in einen Fahrweg (Schild: *Nittardi).* Erneut bergan, rechts unterhalb der Häuser von *Monte Sassi* vorbei, in ¼ Stunde zu einem Gehöft, wo unsere Route einen Linksknick macht. Mit schönen Ausblicken zum Bauernhof *San Giorgio al Leccio.* Bei der Gabelung rechts. Im Talhintergrund ist der Turm von Nittardi zu sehen. Nach 100 Metern links mit dem Fahrweg. Nordöstlich grüßen die Konturen von Panzano.

Nach insgesamt 2 Stunden erreichen wir den von zwei Löwenfiguren bewachten Eingang von *Nittardi,* das Haupthaus *(Casa Padronale)* der Fattoria. Ihre Geschichte läßt sich bis ins 15. Jahrhundert zurückverfolgen. Kein Geringerer als Michelangelo taucht unter den ehemaligen Eigentümern auf. 1980 kaufte der Offenburger Verleger Peter Femfert den Besitz und erweckte ihn, zusammen mit seiner Frau Stefania Canali, promovierte Kunsthistorikerin aus Venedig, zu neuem Leben, als Sprach-, Mal- und Kochschule (Auskünfte: Dr. Stefania Canali, Eppsteiner Straße 3, 6000 Frankfurt/Main 1). Darüber hinaus wird landwirtschaftliche Tradition im Wein- und Olivenanbau sorgfältig gepflegt. Die Traubenlese erbringt etwa 20000 Flaschen »Chianti Classico« sowie 3000 bis 4000 Flaschen »Biondo di Nittardi«, einen fruchtigen, trockenen Weißwein, verwandt mit dem »Frascati« bei Rom. Den »Grappa« (»Vinaccia di Nittardi«), das heißt den Tresterbrand, destilliert Gioacchino Nannoni, einer der fähigsten Brenner Italiens.

Durch den Frost des Winters 1984/85 erfroren fast 800 Olivenbäume. Doch im Gegensatz zu vielen anderen Bauern, die sich resignierend schneller wachsenden Kulturen wie dem Tabak hingaben, machte Nittardi einen Neuanfang. Allein im März und April 1988 pflanzte man 500 dreijährige Ölbäume. Frühestens 1994 sollen die ersten Früchte geerntet werden. Maximalen Ertrag liefert der Olivenbaum – seit 6000 Jahren in mediterranen Ländern verbreitet – erst nach zehnjährigem Wachstum.

»Die Oliven unseres Haines gehören zu den Sorten Moraiola und Correggiola«, erzählt Frau Dr. Canali, »und bringen Früchte, so groß wie ein Fingernagel des kleinen Fingers, hart und bitter. Unsere Bäume werden etwa alle drei Jahre etwas geschnitten und regelmäßig mit Kuh- und Schafmist gedüngt. Ende Oktober oder Anfang November, also gleich nach der Weinernte, werden die Oliven von Hand Stück für Stück gepflückt. Sie sind dann noch nicht reif und können nicht abgeschüttelt werden. Oliven, die so früh geerntet werden, haben einen niedrigeren Fettsäuregehalt, die geschmacklichen Stoffe sind aber konzentrierter. Leider ist der Ertrag an Öl nach der Pressung etwa 20 Prozent geringer als von Oliven, die im vollen Reifestadium erst im Januar oder sogar Februar geerntet werden, wie es in Spanien, Griechenland oder Sizilien üblich ist.«

Aus 10 Kilogramm handgepflückter Oliven gewinnt man höchstens 1,5 Liter »Olio extra vergine di oliva« – Öl der ersten Qualitätskategorie (von insgesamt sieben des italienischen Lebensmittelgesetzes).

»Alle zwei Tage bringen wir die frisch geernteten Oliven dann zu einem alten, traditionellen Frantoio, einer Ölpresse«, beschreibt die charmante Venezianerin den Fortgang. »Dort werden die Oliven in einem großen Bottich mit einem granitenen Mühlstein zermalmt, einschließlich der Kerne, und die Olivenpaste wird Schicht für Schicht auf der Presse zu einem Turm gehäuft. Wenn jetzt gepreßt wird, läuft unten der reine Olivensaft, natürlich noch mit Fruchtwasser versetzt, heraus. Dieser Olivensaft wird vorsichtig in einer Zentrifuge vom Fruchtwasser getrennt und übrig bleibt das olio extra vergine di oliva, das Öl der ersten kalten Pressung. Nur dieses Olivenöl findet bei uns Verwendung«, garantiert Nittardi. Es liegt mit 0,3 Prozent erheblich unter dem für derartige Klasseöle zugelassenen Fettsäuregehalt von

1 Prozent. Anschließend lagert das Öl in Tongefäßen *(»Orcio«)*, wobei sich die Schwebstoffe absetzen, »so daß man oben mit einer Kelle das frische, leicht prickelnde und auf der Zunge beißende Öl abschöpfen kann«.

Olivenöl darf, ohne an Geschmack einzubüßen, zwei Jahre gelagert werden, bei Temperaturen zwischen 12 und 18 Grad, am besten im Dunkeln, ja nicht im Kühlschrank!

Diesem Intermezzo folgt der Weiteranstieg auf dem Natursträßchen. Nach ½ Stunde an der Teilung geradeaus. Nochmals ½ Stunde, und wir betreten eine Asphaltstraße. Von Greve 3 Stunden. Auf der Straße links, begleitet von herrlichen Ausblicken in südliche und südwestliche Richtung, geht es in etwa 1 Stunde nach *Castellina*. Bushaltestelle gleich am Ortsbeginn an der Piazza Roma.

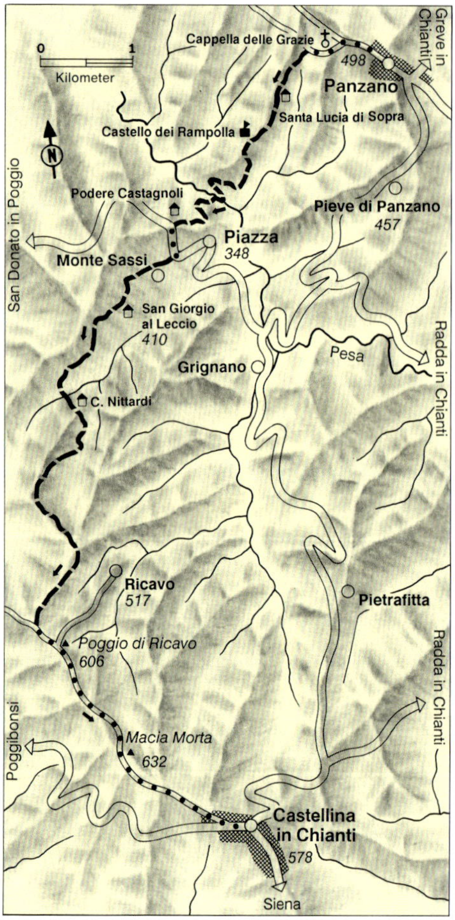

Touristische Angaben

Ausgangsort: Panzano (498 m), mittelalterlicher Ort an der Via Chiantigiana, 33 km von Florenz, 13 km von Castellina, 34 km von Siena. Busverbindungen. Geparkt wird am besten an der Durchgangsstraße.

Zielort: Castellina (578 m), im Kern vom Mittelalter geprägt, 2546 Einwohner. An der Via Chiantigiana zwischen Siena (21 km) und Florenz (50 km). Busverbindungen. Parkplätze an der Umgehungsstraße. Rückkehr von Castellina nach Panzano mit regelmäßig verkehrenden Bussen.

Gehzeit: 4 Stunden.

Unterkunft: Hotels und Pensionen in Panzano und Castellina.

Verpflegung: Toskanische Küche in der *Antica Trattoria la Torre* am Hauptplatz in Castellina. *Ristorante il Vescovino* in Panzano: fein und teuer.

Karte: Kompass-Wanderkarte 1:50000, Blatt 660 (Firenze – Chianti).

Sehenswürdigkeiten: *Etruskergrab* auf dem von einem Pinienring umgebenen Monte Calvario am nordwestlichen Ortsrand in Castellina. Parkplatz beim Albergo *Il Colombaio.* Von dort auf breitem Weg ansteigen in wenigen Minuten empor zum Grabhügel; Wegweiser: *»Tombe Etrusche«*. Am Eingang rechts am grünen Kasten die Beleuchtung einschalten!

Centro storico von Castellina um die Piazza Umberto I mit der Burg *(»Rocca«)* aus der Zeit um 1400, heute Rathaus. Dreiwöchiges Sommerfest ab Mitte Juli.

12 Rund um das Castello di Brolio

Unschwierige Rundwanderung.
Reine Gehzeit: 4½ bis 5 Stunden.
Beste Jahreszeit: Frühjahr, Frühsommer, Herbst.

Weißgraue, starke Travertinmauern, 14 bis 16 Meter hoch, auf fünfeckigem Grundriß, schützen mit einer Gesamtlänge von 450

Metern das Castello di Brolio im südlichen Chiantigebiet. Ihr Anblick wirkt kalt und dunkel, ein bißchen unheimlich. Das Gebäude vor dem äußeren Tor war Ziegelei, wo man die roten Backsteine für den neuen, spätromantischen Schloßbau brannte: ab 1860/61 unter Bettino Ricasoli, dem »eisernen Baron« des »Risorgimento« (Vereinigung Italiens). Böse Zungen lästerten damals, er habe im Schloß seine hübsche, lebenslustige Gattin vor den Verführungen der Florentiner Gesellschaft eifersüchtig versteckt. Ricasoli (1809–1880) diente nämlich der Regierung von König Vittorio Emanuele II. als Minister im Palazzo Pitti am Arno. Einer anderen Überlieferung nach soll der Edelmann die Traubenzusammensetzung des Chiantiweines erfunden haben. In jedem Falle gingen schon im Mittelalter spürbare Impulse von Brolio aus. Florenz benutzte es als militärischen Eckpfeiler gegen Siena.

Das Schloß wird auf drei Seiten von Wäldern abgeschirmt. Nach Süden indes vermitteln Terrassen und Gärten eine wunderbare Ausschau über scheinbar endlose Rebkulturen, Olivenhaine und Obstgärten.

An der südlichen Palastmauer sind noch die Einschläge alliierter Granaten sichtbar, als Brolio im letzten Weltkrieg von Deutschen besetzt war. Die 1348 geweihte Jakobskapelle birgt in ihrer Krypta die Gräber der Ricasoli. Jahrhundertelang uneingeschränkte Feu-

Im Dörfchen San Giusto a Retennano, einem vergessenen Erdenfleck im südlichen Chiantigebiet.

dalherren, besitzen sie heute neben umfassenden Ländereien das größte Weingut im Chianti. Hausherr war 1991 Baron Ricasoli, Jahrgang 1912. Seine drei Söhne führen den Betrieb zu Füßen des Schloßhügels. Dort lagern ständig 20 Millionen Liter Wein, gären in riesigen Fiberglastanks, reifen in 650 Holzfässern. Eine Flotte von Tanklastern fährt den Wein zu Abfüllern. Jährlich werden eine Million Flaschen verkauft. Das Übergewicht liegt selbstverständlich beim »Chianti Classico«. Außerdem kommt von Brolio ein ungewöhnlicher Weißwein, der »Torricella«, gekeltert von halbtrockenen Malvasia- und Trebbiano-Trauben einer Einzellage, um nur ihn aus der Palette des breitgefächerten Angebotes herauszuheben.

Der Wegverlauf

Vom Eingang entlang der Schloßmauern. Ab der Südostecke geradeaus, mit den Markierungen rot-weiß-rot und 00 des Club Alpino Italiano. Abwärts durch eine Zypressenallee, vorbei am *Podere Piano.* An der Kreuzung steht rechts das verlassene Bauernhaus *La Grotta,* versehen mit dem Ricasoli-Wappen. Wie könnte es auch anders sein?

Über die Kreuzung schräg rechts hinweg, das heißt links des kleinen Bildstockes, zwischen zwei Häusern durch und dem feingeschotterten Weg folgen. Etwa 100 Meter nach einer Kuppe aufpassen! Unsere Route zweigt halblinks (Farbzeichen an den Bäumen) von der breiten Schottertrasse ab. An Weingärten entlang, nach 300 Metern abermals halblinks, nun auf schmalem Waldweg. Bald erscheint im Vorblick San Felice. Bei einem Bildstock (Terrakotta-Maria) stößt man auf die Asphaltstraße, die nach *San Felice* (396 m) leitet. Vom Ausgangspunkt 3/4 Stunden.

Das hiesige Weingut rühmt seinen kraftvollen »Vigorello«, einen in der Tat hervorragenden »Roten«. Die Pfarrkirche an der Piazza wurde 1920 geweiht und birgt beachtenswerte Wandmalereien.

Wir verlassen San Felice südwärts. Der *Friedhof* wird passiert. Ungefähr 1/4 Stunde nach dem Ort biegt man rechts in einen Weg ein (weiß-grün gestrichene *Schranke*). Nach 10 Minuten wartet ein verlassenes Gebäude. Links drüben die Häuser von Bossi. Beiderseits in den Tälern arbeiteten früher Minen. An der nächsten Gabelung geradeaus, rechts eines Hauses in das Halbdunkel des Waldes. Aufwärts in 5 Minuten. Bei der Wegeteilung halblinks auf breitem Fahrweg abwärts. Nach 400 Metern erneut links, teilweise hohlwegähnlich, nach 150 Metern geradeaus zwischen der Wiese und dem oberen Tobelrand. An der folgenden Gabelung geradeaus; rechts oben steht das verlassene Anwesen *Malaspesa.* Eine auffallende *Schirmpinie* zeigt den Weiterweg in ein Pappelwäldchen. Bei einem Gumpen wird ein Bächlein überschritten. Im Bornicatal auswärts durch die mit Pappeln bestandene Auenlandschaft zur Asphaltstraße. Von Brolio 2 Stunden.

Rechts 450 Meter zur *Brücke* über die Arbia. Unmittelbar vor der Brücke schwenkt man rechts in den Fahrweg ein. Geradeaus. Nach 1/4 Stunde, in Höhe eines Flußwehres, ist die Wegspur überwachsen. Noch 200 Meter,

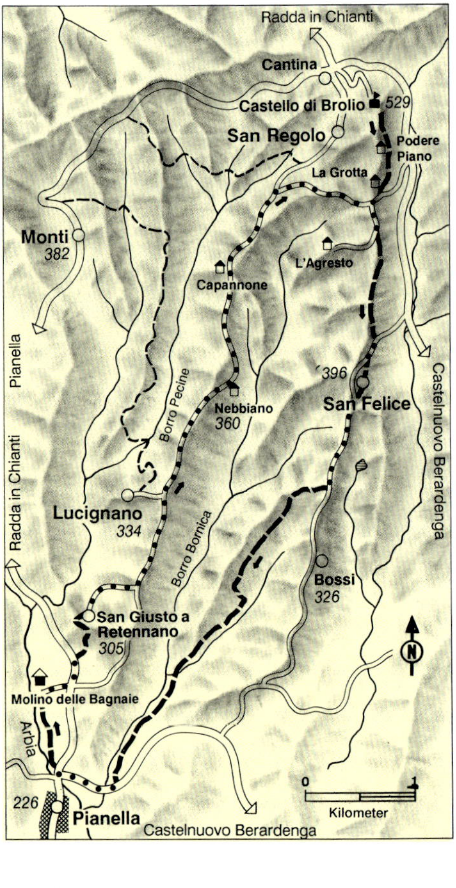

Das Castello di Brolio von Süden, vom Ausgangs- und Endpunkt der Rundwanderung im südlichen Chiantigebiet.

dann bei einem einzeln stehenden Baum rechts und durch mannshohes Gras zum ehemaligen *Molino delle Bagnaie,* heute Restaurant. Von der Arbiabrücke 25 Minuten.
Hinauf zur Asphaltstraße. Links etwa 400 Meter. Gleich nach dem Straßenwärterhäuschen rechts ab, ansteigend durch Weingärten in 1/4 Stunde zu den Häusern des verschlafenen, im Mittelalter befestigten Dörfchens *San Giusto a Retennano* (305 m), laut Kompass-Wanderkarte *»alle Monache«,* was sich auf die Kirche bezieht. Zum Ort in wunderschöner Lage über dem Arbiatal gehört eine Fattoria. Auch hier, am breiten Haus neben dem freien Platz, das Ricasoli-Wappen! Von Brolio 2 3/4 Stunden.
Die Zufahrtstraße bringt uns zum Asphaltband. Links in Nordostrichtung auf dem breiten Geländerücken zwischen zwei Tälern. Die links abzweigende Asphaltstraße in die malerische Ortschaft Lucignano bleibt unbeachtet. Wir passieren den *Friedhof.* Links der Straße die verschachtelten Häuser von Torricella; rechts folgt *Nebbiano* (360 m), hernach links das Anwesen *Capannone.* Etwa 10 Minuten später nehmen wir an der Gabelung den *halbrechten Ast.* Links unten taucht im Tal San Regolo auf. Im Vorblick präsentiert sich Schloß Brolio. Es dauert nicht mehr lange, dann stoßen wir auf den bekannten Weg: 20 Minuten vor dem Ende der Tour.

Touristische Angaben

Ausgangspunkt: Castello di Brolio (529 m), nordöstlich (22 km) von Siena. Von dort auf der Staatsstraße 408 bis Fonte delle Coste, dann rechts über San Regolo. Schlechte Busverbindungen. Südöstlich von Radda (17,5 km). Ab der Straßenkreuzung beschil-

derte Auffahrt (1 km); Parkplätze beim Eingang. Führungszeiten im Schloß (mindestens vier Personen): 9.00 bis 12.00 Uhr, 15.00 bis 19.00 Uhr; sonn- und feiertags 9.00 bis 12.00 Uhr, 15.00 bis 18.00 Uhr. Links von der Toreinfahrt am Glockenseil ziehen!
Gehzeit: 4½ bis 5 Stunden.
Verpflegung: *Ristorante Molino delle Bagnaie,* Montag und Dienstag geschlossen. Von Brolio etwa 2½ Stunden.

13 Crete Senesi: Die Hügel um Siena

Surrealismus der Natur

Unschwierige Rundwanderung.
Nach Regentagen sind die Wege auf den Hügeln klebrig, der Boden schwer.
Reine Gehzeit: 4 Stunden.
Beste Jahreszeit: Frühjahr, Frühsommer, Herbst.

Das zwischen 1338 und 1340 entstandene Fresko »Auswirkung der guten Regierung auf Stadt und Land« von Ambrogio Lorenzetti in der »Sala della Pace« des Palazzo Pubblico zu Siena hat mich neugierig gestimmt auf die dort abgebildeten *»Crete«*. Nicht, weil es sich um eine der ältesten Landschaftsmalereien Europas handelt, beziehungsweise den umfangreichsten profanen, aus dem Mittelalter erhaltenen Zyklus Italiens, sondern einfach wegen der überzeichneten, unwirklichen kraterähnlichen, kegelförmigen Hügel, die so gar nicht in den Garten Toskana passen. »Creta« ist das italienische Wort für Tonerde, Lehm oder Kreide. In den Crete Senesi südöstlich der Stadt kommt dies überdeutlich zum Vorschein: Aschgrauer Ton wie aufgesprungene Krusten, wie Wundmale, Narben von innen heraus, bei Trockenheit betonhart und von feinen Rissen durchzogen. Die herbe, bucklige Welt wird in ihrem spröden Reiz durch erstarrte Wellen gegliedert, modelliert von tiefen Furchen und blanken Kuppen: Rhythmus bewegter Formen, und dennoch Einfachheit. Manche Ansichten können Melancholie hervorrufen. Weder Olivenkulturen noch Rebstöcke, statt dessen goldgelbe Getreidefelder, durch die einst weiße Ochsen den Pflug zogen und heute schwere Traktoren tuckern. In den Mulden sind mehr oder weniger große Staubecken für die Bewässerung angelegt worden. Auf den Hügeln heben sich Häuser und Zypressen in klaren Konturen ab. Graphische Akzente, Surrealismus der Natur!

Der Wegverlauf

Mit dem breiten Weg südwärts ansteigen in 10 Minuten zum Bauernhof *Campora*. Am Stall links vorbei, den Zaun übersteigen und nun weglos in Richtung der Häuser von Mu-

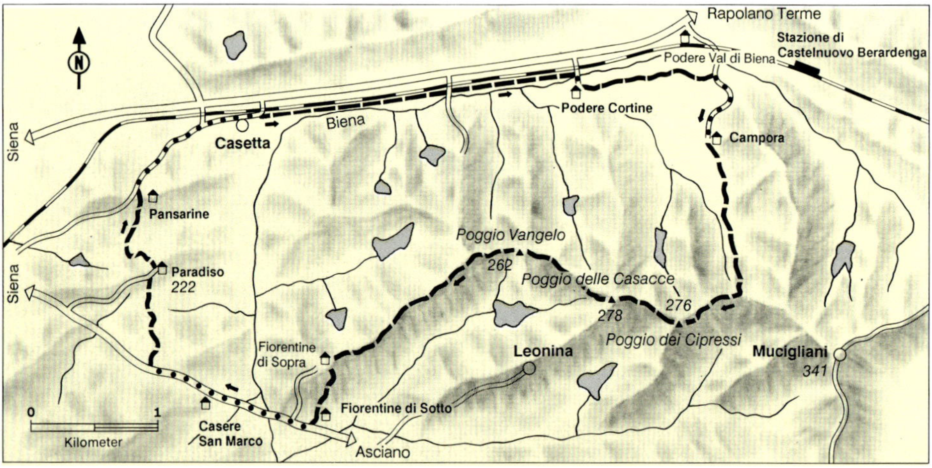

Die sanften Wellen der Crete Senesi werden seit einigen Jahren von künstlich angelegten Bewässerungsseen durchsetzt und farbig belebt.

cigliani, die sich auf der Kammhöhe abzeichnen. Links sieht man die Steinbrüche oberhalb des Bahnhofs Castelnuovo Berardenga.
Beim Tümpel der Viehtränke geht es vom Rücken rechtshaltend weglos hinunter in die Mulde des Bächleins Campora. Dort links, auch weiterhin ohne Spur in brusthohem Gras zu zwei einzeln stehenden, wilden *Olivenbäumen.* Im Hintergrund der Mulde schwach links halten, durch eine weniger ausgeprägte Mulde empor zum Weg auf dem Kammrücken. Vom Ausgangspunkt ¾ Stunde.
Rechts in genußvollem Spaziergang zur Kuppe *Poggio dei Cipressi* (276 m), benannt nach der schon etwas zerrupften Zypresse, die weitum grüßt und spärlichen Schatten bietet.
Die Westrichtung beibehalten. Rechts unten sehen wir erstmals eines der künstlich angelegten Wasserbecken. Es folgt die Kuppe *Poggio delle Casacce* (278 m). Etwa 200 Meter dahinter rechts abbiegen. Halblinks zieht sich eine lange Reihe dunkler Zypressen in perspektivischer Flucht hin zu den Häusern von Podere delle Casacce und Leonina. An den Hängen kultiviertes Ackerland und Felder. Die Mulde der Biena füllt ein 1987 geschaffenes Staubecken. Das Faszinierende der »Crete« gewinnt an greifbaren Eindrükken. Meist sind die Höcker nordostseitig begrast, südwestlich hingegen durch die Erosion aufgeplatzt in lehmiger Erde, stellenweise gleich einer fließenden Masse. Im Juni ein rotes Meer von Kleeblüten.
Wir schlendern über den Kamm zum ginsterbewachsenen *Poggio Vangelo* (262 m).
Jetzt wenden wir uns dem Kammverlauf entsprechend in Südwestrichtung, bis vor die Kuppe mit dem aufgelassenen Gehöft *Fiorentine di sopra.* Hier lebte wahrscheinlich auch einer der kleinen Weizenbauern, die ohne Zukunftsperspektiven, gedemütigt von Großgrundbesitzern, in die Stadt flohen. Vom Ausgangspunkt 1¾ Stunden.
Ende der ausgesprochenen Höhenwanderung! Links abwärts in 5 Minuten zum Bau-

ernhof *Fiorentine di sotto* und zur nahen Straße Siena – Asciano.

Rechts, das Tal des Bienaflüßchens kreuzen, bergan, vorbei an der *Casere San Marco.* Auf der Straße etwa ½ Stunde dahin. Von der Kuppe dann rechts zur Landwirtschaft *Paradiso.* Schöne Blicke nordwestlich auf Siena!

Das Wohnhaus links passieren. Durch Wiesen zu einer Kuppe (Wasserbunker). Kurz danach rechts – wieder Blicke auf Siena – und wenig später an der Wegeteilung erneut rechts. Der Wiesenweg führt zur Häusergruppe *Pansarine.* Hinab zur Asphaltstraße, mit der man rechts *Casetta* erreicht, eine Fraktion der Gemeinde Castelnuovo. Vom Ausgangspunkt 2¾ bis 3 Stunden.

Geradeaus (Ristorante-Pizzeria), also nicht links zur Staatsstraße. Parallel zum Schienenstrang auf dem Boden des Bienatales. Nach etwa ¾ Stunden sind wir bei der Schranke, wo der Fahrweg zum großen Anwesen *Podere Cortine* abzweigt. Dort beim Brunnen links, hernach an der Gabelung geradeaus weiter mit dem Wiesenweg zurück nach Podere Val di Biena.

Touristische Angaben

Ausgangspunkt: Podere Val di Biena, ein Bahnwärterhaus. Anfahrt ab Siena: Staatsstraße 73 ostwärts 13 km. An der Abzweigung rechts (Tafel: Castelnuovo Berardenga) noch 200 m auf dem Asphaltsträßchen, dann rechts zum 300 m entfernten Bahnwärterhaus. Parkplätze jenseits des beschrankten Überganges.

Gehzeit: 4 Stunden.

Verpflegung: *Ristorante-Pizzeria in Casetta,* Mittwoch geschlossen. Vom Ausgangspunkt 2¾ bis 3 Stunden.

Karte: Kompass-Wanderkarte 1 : 50000, Blatt 661 (Siena – Chianti – Colli Senesi).

Crete Senesi: Nirgendwo anders in der Toskana malt die Natur surrealistischere Bilder.

14 Siena: Stadt der Gotik

Stadtrundgang: San Domenico – Piazza Salimbeni – Loggia della Mercanzia – Dom – San Agostino – Piazza del Mercato – San Jacopo – Loggia del Papa – Campo – Fonte Branda – Santuario di Santa Caterina – San Domenico.
Reine Gehzeit: Etwa 2 Stunden (ohne Besichtigung).
Beste Jahreszeit: Frühjahr und Herbst; am idealsten vormittags.

Jene gerne und häufig gestellte Frage, wer in der Schönheitskonkurrenz ganz vorne rangiere, Florenz oder Siena, kann so nicht beantwortet werden, selbst wenn ein Fachmann wie Eckart Peterich meint, Siena sei »nach Rom und Venedig Italiens schönste Stadt«.

Florenz verkörpert die Renaissance – Sienas Eigenart ist die Gotik. Fast alle florentinischen Künstlerpersönlichkeiten gehören dem »rinascimento« an, die sienesischen der Gotik. Ja sogar die bedeutsamen Heiligen – Katharina und Bernardino – sind sozusagen gotisch, das heißt hineingeboren in diese Epoche. Die Kommune hielt – auch als ringsum die Renaissance aufblühte – starrköpfig fest am Althergebrachten. Fühlten sich die Kaisertreuen quasi den nordischen Einflüssen verpflichtet?

Gotik ist der Stil des Hoch- und Spätmittelalters, in Europa tonangebend zwischen 1140 und 1450. Sie entstand in Nordfrankreich, sprang über nach England und Deutschland, und gelangte schließlich durch Zisterziensermönche auf die Apennin-Halbinsel. Dort erfuhr die Kunstrichtung allerdings gewisse kosmetische Korrekturen und Abwandlungen, vermittelte weniger Weltentrücktheit und Mystik.

Das gotische »Museum« Siena – geprägt von den Silhouetten des Domes und des Torre del Mangia – dehnt, streckt sich, dem Gelände maßvoll angepaßt, über drei zungenförmige, aus Kalk und Ton bestehende Höhenzüge, die historischen *Terzieri*: Terzo di Città, Terzo di Camollia, Terzo di San Martino, praktisch Stadtdrittel, nicht zu verwechseln mit den siebzehn, um 1450 gebildeten *Contrade* (Bezirke). Es gibt wenige Städte auf dermaßen unebenem Terrain. Entsprechend überraschend sind die Eindrücke. Den besonderen Reiz macht die Enge des Zentrums aus. Es ist seit 1959 Fußgängerzone – eine Pioniertat! Unzählige, kreuz und quer, streckenweise unter Bögen hindurch verlaufende Gäßchen, mögen im Moment Verwirrung stiften, doch lassen die vorbildlichen Beschilderungen sämtliche Sehenswürdigkeiten leicht finden. Bürgersteige fehlen an den steingepflasterten Straßen. Die gotischen Wohnhäuser messen oftmals fünf und sechs Stockwerke, aneinandergereiht, unterbrochen von protzigen Palästen. Steintreppen gleichen die etagenähnlichen Niveauunterschiede aus. Helles Licht streicht über rötlichbraune Ziegelmauern.

Die Bürger Sienas lassen jeden wissen, nirgendwo auf dem Erdball bestehe ein festeres Band zwischen Stadt und Volk, denn die Stadt werde ihren Bewohnern gerecht, der Mensch wiederum seiner Stadt als bewußter Hüter und kontinuierlicher Konservator. Wie von selbst fallen die Schritte von den Hügeln ab zum *Campo*, dem tiefsten Punkt (318 m) innerhalb des Mauerringes, während Dom samt Kardinalspalast als kirchliche Gegenpole zur weltlichen Herrschaft auf der höchsten Stelle (346 m) sitzen.

Piazza del Campo – Arena des »Palio«. Das am 2. Juli und am 16. August jeweils von 40000 bis 50000 begeisterten *»tifosi«* leidenschaftlich verfolgte Pferderennen wird seit 700 Jahren ausgetragen: Drei Runden ohne Sattel auf der mit Sand und Lehm präparierten Bahn im Uhrzeigersinn, dreimal durch die berüchtigte, außen matratzengepolsterte San-Martino-Kurve vor der Loggia der Cappella di Piazza zu Füßen des Torre del Mangia sowie durch die gefürchtete Casato-Kurve. Siena brodelt! »Cosa scommetti«? Was wettest Du? Jede der zehn zugelassenen Contrade setzt selbstverständlich auf ihr Pferd (es wird ausgelost), auf ihren »Fantino«, den Jockey, der kein Einheimischer sein darf. Spätnachmittags nähert sich das Stimmungsbarometer dem Fanatismus. Siena kocht! Feindschaften und Rivalitäten würden aufbrechen, hörte ich, Haßgefühle entstehen,

Hochmut triumphiere. Heilige werden inbrünstig angefleht. 19.30 Uhr – Start! Eineinhalb Minuten dauert der Kampf. Das Pferd kann auch *»scosso«*, ohne Reiter, gewinnen. Die erfolgreiche Contrada feiert freudetrunken in ihrem Bezirk. Dem Pferd – nur ihm gebührt der Lorbeer – wird Zucker und Hafer auf silbernem Tablett serviert . . .

Stadtspaziergang

San Domenico ist eine der großen gotischen italienischen Backsteinkirchen, ab 1226 unter Dominikanern errichtet. Sie könnte auch Santa Caterina heißen, denn hier wird die Heilige hoch verehrt. Nach dem Eintreten, hinten im Kirchenschiff, öffnet sich die *»Cappella delle Volte«*. Das Bild bei der Altarsäule dürfte die einzige aus der Zeit stammende Darstellung von Katharina sein, mit einer Lilie in der Linken als Symbol der Unschuld. Der Maler, Andrea Vanni, war nämlich mit ihr befreundet (»dolce fratello in Gesù«). An der Wand im Hintergrund hat Mattia Preti die

Auf dem höchsten Punkt Sienas thront die Kathedrale Santa Maria Assunta. Senkrecht zum Hauptschiff stehen die unvollendeten Teile des Duomo Nuovo, der als Langhaus für den alten Dom geplant war.

im Jahre 1451 durch Papst Pius II. erfolgte »Heiligsprechung Katharinas« verewigt. In dieser Kapelle soll sie die »mantellata« der Dominikanerinnen angelegt haben und dabei vor mystischer Verzückung in Ohnmacht gefallen sein. Diesbezügliche Motive entdecken wir in der Katharina-Kapelle (südwestliche Langhausseite) als Fresken des Lombarden Sodoma (1526), und zwar beiderseits des Marmortabernakels, der das 1950 modern gestaltete Reliquiar des Hauptes der Mitpatronin Italiens (seit 1939) bewahrt. An der linken Seitenwand, ebenfalls Sodoma, spendet die Angebetete einem zum Tode Verurteilten Trost, an der rechten Wand »Heilung eines Besessenen« von Francesco Vanni (1593).

Als 25. Kind des Wollfärbers Jacopo Benin-

1 San Domenico, 2 Palazzi Salimbeni, Tantucci, Spannocchi, 3 Palazzo Piccolomini (»Papesse«), 4 Dom, 5 Palazzo Capitano, 6 Palazzo Buonsignori (Pinakothek), 7 San Agostino, 8 San Jacopo der Contrada della Torre, 9 Loggia del Papa, 10 Palazzo Piccolomini, 11 Palazzo Pubblico mit Torre del Mangia und Campo, 12 Fonte Branda, 13 Santuario di Santa Caterina

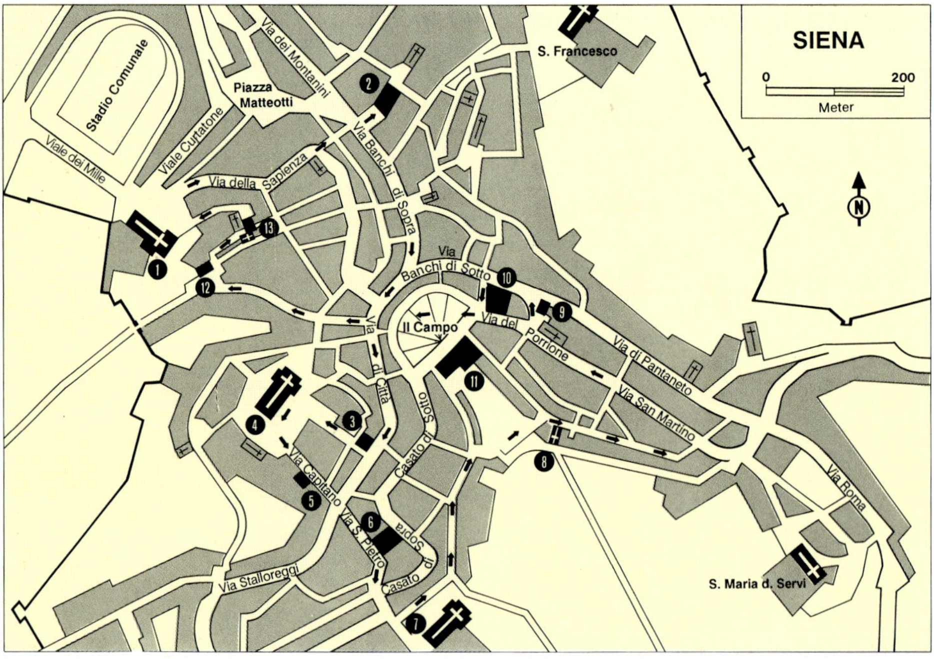

casa 1347 geboren, lebte Katharina im Gebet und in Demut vor dem Herrn, liest man in der Legende, pflegte Arme und Kranke. Einmal sei ihr Christus erschienen. Aus späterer Zeit sind Briefe an kirchliche und weltliche Fürsten erhalten, die den Rat der weisen Nonne erbaten. Ihrer Fürsprache soll es gelungen sein, daß Gregor XI. den Papstsitz aus dem Exil in Avignon 1376 wieder nach Rom verlegte. Dort starb auch Katharina 1380 und fand ihre letzte Ruhestätte in Santa Maria sopra Minerva.

Travertinstufen führen in die *Unterkirche*. Sie wurde 1286 begonnen, um den Anbau des Querschiffes in der darüberliegenden Kirche zu ermöglichen, welche sich schon einige Jahrzehnte nach ihrer Fertigstellung als zu klein erwiesen hatte, da immer mehr Gläubige zu den Predigten der Dominikaner herbeieilten. Anfänglich diente die Krypta als Begräbnisort, deshalb *»Chiesa dei morti«*. Hier sind u. a. der Vater der hl. Katharina, ihre Schwester Buonaventura sowie einige Neffen beigesetzt.

Von San Domenico abwärts durch die Via della Sapienza und geradeaus zur *Piazza Salimbeni*. Das Marmordenkmal rühmt die Verdienste des Ökonomen Sallustio Bandini (1677–1760) bei der Trockenlegung der Maremmensümpfe. An der Stirnseite des Platzes prunkt der helle, gotische *Palazzo Salimbeni*: festungsähnlich, dreistöckig, das mittlere Geschoß mit hübschen Spitzbogenfenstern geziert: Sitz der »Monte dei Paschi di Siena«, achtgrößte italienische Bank, 1472 als reine Kreditanstalt im Rahmen einer städtischen Stiftung gegründet, hauptsächlich zum Wohle von Viehzüchtern und Getreidebauern.

Links steht der *Renaissancepalast Tantucci*, gegenüber der *Palazzo Spannocchi*, Frührenaissance, 1473 in Auftrag gegeben von Ambrogio Spannocchi, Ex-Finanzminister des Piccolomini-Papstes Pius II. Rechts folgt am gleichnamigen Platz der *Palazzo Tolomei* (Sparkasse Florenz). Grundsteinlegung 1205. Einer der ältesten profanen Baukörper, kompakt-geometrisch, frühgotische Spitzbogenfenster, Dreipässe.

Auf einer Säule vor der hochragenden Palastfassade erinnert die sienesische Wölfin an jene Sage, nach welcher Senus, Sohn des Romulus, die Stadt gegründet habe.

Links an der Straße die Kirche *San Cristoforo*, wo vor dem Bau des Palazzo Pubblico der Rat der Stadtrepublik tagte. Das Bankwesen setzt sich fort: Im *Palazzo Bichi-Ruspoli* aus dem Jahre 1520 wirtschaftet die »Banca Nazionale dell' Agricoltura«.

Man stößt auf die stets belebte *»Croce del travaglio«*, eigentlich ein Dreiweg, von dem die wichtigsten Straßen – Via di Città, Via Banchi di Sopra, Via Banchi di Sotto – ausgehen. Zugleich Drehscheibe der Altstadt, denn die Verbindungen der Terzieri untereinander führen über die »Kreuzung der Mühsal«.

Die elegante, dreibogige *Loggia della Mercanzia*, ehemals Handelsgericht, stellt das einzige Beispiel des architektonischen Überganges von der Gotik in die Renaissance in Siena dar.

Den »Campo« lassen wir vorerst links liegen. Geradeaus weiter. Haus Nr. 12 ist der *Palazzo Chigi-Saracini* des 14. Jahrhunderts. Seine zweigeschossige Fassade paßt sich dem Schwung der Via di Città an. Graf Guido Chigi-Saracini rief hier 1932 die »Accademia Musicale Chigiana« ins Leben. Sie entwickelte sich zu einer renommierten Meisterschule für Instrumentalisten und Sänger. Im Juli findet alljährlich die Sieneser Musikwoche statt mit internationaler Beteiligung.

Der *Palazzo Piccolomini* heißt, zur Unterscheidung von dem bei der Universität (siehe Seite 73), auch *Palazzo delle Papesse*, nach der Bauherrin Caterina Piccolomini, einer Schwester des intellektuellen Papstes Pius II., bürgerlich Enea Silvio Piccolomini (1405–1464). Dem Adelsgeschlecht gehörte Corsignano, das spätere Pienza (= Piusstadt). Der Renaissancepalast (heute Sitz der Banca d'Italia) weist bis zum ersten Geschoß rohes Bossenquaderwerk auf, darüber glatte Mauern, eine bewußte Imitation des Medici-Palastes zu Florenz!

In Höhe des Café Mozart geht es rechts durch die Via del Castore hinauf zum *Dom Santa Maria Assunta*, eine prachtvolle Schöpfung italienischer Gotik, basierend auf toskani-

Die Piazza del Campo wird jedes Jahr am 2. Juli und am 16. August zur Arena für den »Palio«, ein urtümliches Pferderennen auf der mit Sand präparierten Bahn rund um den Platz.

scher Spätromanik. Hätte Siena den Komplex im vorgesehenen Ausmaß vollendet, wäre daraus ein Weltwunder geworden (und der Dom von Florenz in den Schatten gestellt!), schätzt der kompetente Schweizer Kunst- und Kulturhistoriker Jacob Burckhardt. Doch der »Duomo Nuovo«, in maßlosem Ehrgeiz auf dem Höhepunkt der politischen Macht Sienas als Langhaus für den bestehenden Dom erträumt, blieb vor allem wegen Problemen mit der Statik, aber auch mangels Geld ein Torso. Die Arbeiten wurden schließlich 1355 eingestellt, ein Entschluß, den die Pestkatastrophe 1348 nur gefördert hatte. Vom »Schwarzen Tod« waren zwei Drittel der Bevölkerung hinweggerafft worden – in Stadt und Territorium insgesamt 80000 Leute. Davon erholte sich Siena nie wieder vollständig!

Gleicht aber nicht auch der Ende des 14. Jahrhunderts fertiggestellte Dom – ursprünglich sollte er das Querschiff der Architektur-Utopie bilden – einem Weltwunder? Seine fantastische Fassade? Der einmalige Steinfußboden? Die Kanzel? Überhaupt der dreischiffige, 89,40 Meter lange Innenraum in Form eines lateinischen Kreuzes, belebt von dunkelgrünen und weißen Marmorstreifen, unter dem Gesims die Büsten von 172 Päpsten?

Die Häuser um den »Campo« von Siena entsprechen mit ihren gebogenen Fassaden der muschelartigen Schale des Platzes. Links der Stadtbrunnen, die Fonte Gaia.

»L'ha fatto Giovanni«, deutet der zufällig vorbeikommende Priester freundlich an, wie er mich vor der Domfassade staunen sieht. Er meint Giovanni Pisano, den einflußreichsten und bedeutendsten Bildhauer des Mittelalters, in Siena auch noch »Capomaestro« der Dombauhütte. Giovanni leitete den Dombau 13 Jahre, zwischen 1284 und 1297. Unwahrscheinlich dekorativ die Verbindungen des weißen Marmors mit rotem (»Rosso di Siena«) und grünem (»Verde di Prato«). Die Werkstatt des Pisaners schuf »das bedeutendste Statuenprogramm der italienischen Gotik« (Reclams Kunstführer). Inspiriert wurde Pisano zweifellos bei seinen Studien während der siebziger Jahre in Westfrankreich von der dortigen hochgotischen Plastik. In Siena zauberte er Menschen und Tiere, die in ihrer Gestaltung wie befreit wirken aus dem Stein. »Überlebensmaßnahmen« erforderten vor einem Jahrhundert Kopien. Die Originale stehen seither im benachbarten Dombaumuseum (Museo dell' Opera Metropolitana). An der Kanzel auf achteckigem Grundriß meißelte Giovanni Pisano, noch nicht zwanzigjährig, als Lehrling seines unvergleichlichen Vaters Nicola. Schüler war auch Arnolfo di Cambio (1286 zum Dombaumeister in Florenz ernannt). Die zu den erhabensten Werken gotischer Skulptur in Italien zählende Kanzel entstand von 1266 bis 1268. Und sie zeugt von beachtenswerter künstlerischer Entwicklung im Vergleich mit der neun Jahre früher vollendeten Kanzel des Pisaner Baptisteriums von Nicola Pisano. Die Gestalten zeigen eine stärkere Ausdruckskraft, sind plastischer, ohne aristokratische Gelassenheit; das Geschehen wirkt dramatischer.

Marmor auch auf dem Boden des Domes. Graffito- und Intarsiendekor. Das eine in Punkten geritzt, die Rillen mit Teer ausgefüllt, das andere reine Intarsienarbeit. Der Belag, dessen ikonographisches Konzept auf dem Vorplatz beginnt und bis zum Chor reicht, schlägt ein geistliches Bilderbuch auf und reflektiert vorchristliche Weltchronik in Form von 49 figuren- und bewegungsreichen Bildern. Es ist ein Gemeinschaftswerk von mehr als 40 Individuen der Stilrichtungen zwischen 1372 und 1562. Giorgio Vasari, Mentor der neuen Kunstgeschichtsschreibung, urteilte in der zweiten Hälfte des 16. Jahrhunderts, es sei der kunstvollste jemals verwirklichte Fußboden.

Frührenaissance-Enthusiasten, die in Florenz ehrfürchtig auf den Spuren Donatellos wandelten, sollten es nicht versäumen, der *Johannes-Kapelle* Zeit zu widmen. Sie enthält nämlich eine Bronze des *»Täufers« von Donatello*, 1457 von ihm mit 75 Jahren als ergreifendes Spätwerk gefertigt. Damit steigerte sich der maßgebliche Bildhauer des 15. Jahrhunderts nochmals im Realismus.

Die *Libreria Piccolomini* stiftete um 1495 Kardinal Francesco Todeschini (1503 für knapp vier Wochen Papst Pius III.) für die Bibliothek seines Onkels mütterlicherseits, Papst Pius II. Der humanistisch gebildete, studierte Jurist wurde 1405 in Corsignano (Pienza) geboren und saß vom 19. August 1458 bis zu seinem Tode am 15. August 1464 auf dem Stuhl Petri. Die wichtigsten Stationen des Piccolomini-Papstes, Antreiber des Kreuzzuges gegen die Türken, malte der umbrische Meister Pinturicchio – Gehilfe Peruginos bei den Fresken in der Sixtinischen Kapelle zu Rom – von 1505 bis 1508 auf zehn Rundfelder in der ihm eigenen festlich-dekorativen, leuchtenden Farbigkeit. Wovon im Rahmen päpstlicher Verherrlichung keine Rede ist: Pius II. hatte mehrere uneheliche Kinder, liebte das feudale Leben und schuf in seinem Pienza ein Mini-Florenz.

Unter der Apsis befindet sich das *Baptisterium San Giovanni*. Die Pfeiler der Taufkirche tragen den Domchor. Inmitten lichterfüllter Räumlichkeit und üppiger Fresken prangt, zwei Stufen über dem Marmorfußboden, der Taufbrunnen: eine Komposition des 15. Jahrhunderts, Metamorphose von Gotik und Renaissance, Koproduktion der damaligen toskanischen Elite – Donatello, Jacopo della Quercia, Lorenzo Ghiberti.

Der *Palazzo del Magnifico*, 1508 erbaut, gehörte Pandolfo Petrucci. Er war 1487 als reicher Emigrant durch einen Putsch an die Macht gelangt und nannte sich selbstherrlich »il Magnifico« (der Prächtige). Damit eiferte er dem in Florenz regierenden Lorenzo I. Medici nach, ohne jedoch nur annähernd dessen Format zu besitzen. Petrucci peinigte die Sieneser Demokraten bis 1512. Seinen Sohn Borghese verjagten sie 1516. Der folgende Regent, Alessandro Bicchi, fiel 1525 Mörderhand zum Opfer. Das Volk wehrte sich auch erfolgreich gegen die begehrlichen Zugriffe des Medici-Papstes Clemens VII., trieb 1552 den Statthalter von Kaiser Karl V. in die Flucht, geriet aber dann doch, auf 8000 Einwohner geschrumpft, in die Gewalt des Großherzogs Cosimo I. 1555 gab die neben Lucca letzte Stadtrepublik der Toskana im Absolutismus von Florenz ihren Geist auf. Danach entstanden in Siena keine herausragenden Kunstwerke mehr!

Weiterweg: Von der Piazza del Duomo in die Via del Capitano. Rechts der *Palazzo Capitano,* einst Tagungsstätte der Bürgermiliz-Sprecher aller 17 Stadtbezirke. Hausnummer 1 – *Palazzo Chigi alla Postierla* – befand sich früher im Besitz des päpstlichen Piccolomini-Clans, der Familie Adami.

Die *Piazza Postierla* beherrscht der *Torre Forteguerri.* Geradeaus über die Kreuzung, von den Einheimischen *»dei quattro cantoni«* genannt, der vier Ecken. Jetzt durch die Via San Pietro. Rechts ein äußerlich unscheinbares Spezialitätenlokal: *Osteria da Cice.*

Links präsentiert sich der *Palazzo Buonsignori*: einer der schönsten spätgotischen Paläste, 1440 finanziert vom Bankier Giovanni di Guccio Bichi. Der Komplex birgt die *Pinacoteca Nazionale* (Gemälde vom ausklingenden 12. Jahrhundert bis in die erste Hälfte des 17. Jahrhunderts).

Gegenüber der Staatlichen Gemäldegalerie arbeitet im Haus Nr. 46 der vielfach prämiierte Porzellanmaler Giuliano Caravelli. Er läßt sich gerne über die Schulter schauen! Vorbei an der kleinen, im 13. Jahrhundert geweihten *Peterskirche* und rechtshaltend. Sportelli (Haus Nr. 78–80) bietet typische sienesische Süßwaren *(»dolce senese«).*

Durch die *Porta all' Arco* (Stadttor) zum *Prato di San Agostino* und zur ehemaligen *Augustiner-Ordenskirche* aus der Mitte des 13. Jahrhunderts, 1755 barockisiert. Wegen Besichtigung links beim Custode läuten! Er zeigt stolz auf das Altarbild: »Anbetung der Könige«, gemalt von dem skandalumwitterten Sodoma. Eigentlich hieß dieser Giovanni Antonio Bazzi (1477–1549), wurde aber wegen seines ausschweifenden Lebens »Sodoma« genannt. Seine Werke sind in der Nachfolge Leonardos und Raffaels einzuordnen.

Vor dem »Prato« links in die Via Sant' Agata. Wenig später links ein unerwarteter Blick durch den Bogen des hl. Joseph auf den Rathausturm (Torre del Mangia). Links in die Via Giovanni Dupré. Beim Geburtshaus des Bildhauers (1817–1882) rechts, hinunter auf die *Piazza del Mercato* (an der Rückseite des Palazzo Pubblico), der als solcher seine Funktion seit 1346 erfüllt; ehedem der *»Campo«.*

Geradewegs zur Via Porta Giustizia. Dann rechts in die Via di Salicotto. Wir sind im Terzo di San Martino, konkret in der Contrada della Torre (weil der Torre del Mangia auf ihrem Gebiet steht). Im Kirchlein *San Jacopo* ist ein offener Sarg aufgebahrt. Antlitz des Todes. Drumherum sind bunte Blumengebinde verteilt. Zwei junge Männer halten, im Gebet versunken, Wache. Für den Verstorbenen hat sich der Kreis geschlossen. Hier wurde er getauft, getraut. Sein ganzes Leben hat sich in der Contrada abgespielt.

Neben der Kirche befindet sich ein kleines Museum. Es verwahrt als Schatz eines der letzten Werke von Sodoma: »Gang auf den Kalvarienberg.« Kirche, Schutzheiliger und Museum sind unlösbare Bestandteile jeder Contrada. Sie bildet nicht nur die territoriale Heimat ihrer Bewohner, sondern auch deren geistigen Hort, ein sowohl geschichtliches und künstlerisches wie sozial und menschlich dicht verknüpftes Gefüge. Am Tag des Kirchenpatrons, während der *»comparsa«,* legt man die mittelalterlichen Kostüme an und zieht trommelnd durch die Straßen, um den Autoritäten und Gönnern mit der *»sbandierata«* (Fahnenschwingen) zu huldigen. Höhepunkt des Jahres ist die *Corsa del Palio.* Die Contrada Torre hat ihn 1961 letztmals gewonnen. Der gesprächige Wirt der Trattoria Marino (Haus Nr. 137) weiß noch mehr zu erzählen: Vom einstigen Getto, von der Synagoge, den früher rußgeschwärzten Häusern mit steilen Treppenaufgängen. Auch sein Lokal läßt Glanz vermissen, ist aber sehr gastlich und preiswert. Beim Hinausgehen flüstert mir die Signora heimlich ins Ohr, offenbar um den Stolz ihres Mannes nicht zu kränken, die Contrada »Oca« (Gans) sei Rekordhalter des Palio...

Noch ein Stück durch die Via di Salicotto, dann links (Vicolo dell' Oro), wenig später rechts Stufen empor und links in die Via San Martino. Nächstes Speiselokal: *Al Gallo Ne-*

Die Altstadt und der Marktplatz von Siena. Das Wahrzeichen der Stadt ist der Torre del Mangia, der den Palazzo Pubblico, das Rathaus, überragt.

ro (Haus Nr. 67); verhältnismäßig preiswert. Als Anschluß die Via del Porrione. Unmittelbar nach der Kirche *San Martino* rechts abwärts zu der 1988 restaurierten *Loggia del Papa* mit zierlichen Arkaden. Wie aus der lateinischen Inschrift hervorgeht, hat Papst Pius II. die Loggia seinen Verwandten gewidmet, für Hochzeiten, Trauerfeiern, Empfänge usw. Linkshaltend (Banchi di Sotto). Der *Palazzo Piccolomini* kann nicht übersehen werden (Papstwappen). Er stellt das gelungenste Renaissancebauwerk in Siena dar. Auch hier hat ein Piccolomini investiert: Nanni Todeschini, ein Schwager von Pius II. Seit 1775 Sitz des Staatsarchives. Auf der anderen Straßenseite die *Universität*, 1210 gegründet.

Danach der letzte Paukenschlag: *Piazza del Campo!* Für mich der schönste toskanische Platz. Und wohl einer der schönsten Plätze der Welt. Der »Campo« ist im Grunde genommen unbeschreiblich in seiner Stimmung, mit seiner Kulisse. Szenographisch ein Sprung zurück ins Mittelalter. Man muß ihn einfach erleben, sehen, spüren. Travertinstreifen betonen die Fächerform der Muschel. Am oberen Platzrand erinnern Rekonstruktionen der *Fonte Gaia* (Fröhlicher Brunnen) an das ursprüngliche Meisterwerk des Marmorbildhauers Jacopo della Quercia (1419). Im kristallklaren Quellwasser spiegeln sich verzerrt Teile der Rathausfassade, des *Palazzo Pubblico*. Weißer Travertin und bräunliche Backsteinziegel bewirken optische Schwerelosigkeit. Linear, und trotzdem malerisch, was auch für den geschmeidigen, 102 Meter hohen *Torre del Mangia* gilt. Hier lasse ich Eckart Peterich sprechen: »Einer der herrlichsten Türme der Welt.« Mangia war der Spitzname eines Glöckners, der sogar überging auf den Läutwerkautomaten, der im späten 18. Jahrhundert die Stunden schlug auf der 1165 gegossenen »Campone«.

Als Abrundung des bisher Gesehenen empfiehlt sich unbedingt ein Besuch des *Städtischen Museums* im ersten Obergeschoß des Palazzo Pubblico. Und als »bergsteigerische« Draufgabe die 503 Stufen zur Plattform des Torre del Mangia – 88 Meter über den Dächern von Siena.

Vom »Platz der Plätze«, an der Nordwestekke hinauf zur Via di Città, einige Schritte rechts, dann links (Arco di Orta Salaria) und durch die Via di Fontebranda hinunter zur *Fonte Branda*, dem ältesten, bereits im 11. Jahrhundert verbürgten Brunnen. Das Wasser im rechteckigen Becken kommt vom Monte Amiata.

Rechts, kurz danach links und die zweite Straße (Vicolo Tiratoio) wieder rechts, zum *Santuario di Santa Caterina*. Das Geburtshaus der Heiligen mußte im 16. Jahrhundert des Andranges wegen erweitert werden. Und noch immer strömen Pilger durch die Räume und Oratorien. Sie verweilen in der Schlafkammer, knien nieder vor dem gemalten Kreuz des frühen 13. Jahrhunderts, vor dem Katharina 1375 in Pisa die fünf Wundmale Christi empfangen haben soll. Der Majolikafußboden des *»Oratorio Superiore«* besteht aus 3061 Fliesen; an den Wänden 17 Gemälde aus dem Leben der Verehrten.

Schon etwas müde gehe ich durch die Via Camporeggio hinan nach San Domenico, erinnere mich des Parkplatzes. Es ist Abend geworden. Die Sonne steht ziemlich tief und schenkt ihr warmes Licht dem Backstein der unvergleichlichen Stadt. Jetzt erst begreife ich, warum es eine Farbe »Siena« gibt!

Touristische Angaben

Siena (322 m), 61 300 Einwohner, Provinzhauptstadt, Erzbischofssitz. 68 km von Florenz, 106 km von Pisa. 230 km von Rom. Gute Bahn- und Busverbindungen.

Parkplätze: Südwestlich der »Fortezza« bzw. des Viale Vittorio Veneto, in den Seitenstraßen der Viale Trento: eventuell Viale Enrico Toti oder Viale Trieste. Von dort zu Fuß 10 Minuten (Viale Vittorio Veneto – Viale dei Mille) am Stadio Comunale vorbei zur Kirche San Domenico.

Gehzeit: Etwa 2 Stunden.

Unterkunft: Hotels, Gasthöfe. *Jugendherberge: Ostello Guidoriccio,* Via Fiorentina 59 im 2 km entfernten Stadtteil Stellino; Buslinie 15 ab Piazza Gramsci. 120 Schlafplätze, geöffnet vom 1. April bis 30. September; Tel. 0577/52212. *Camping Colleverde,* Strada Scacciapensieri 47, nordöstlich des Bahnhofs, gut beschildert von den Ausfahrten der Umgehungsstraße. Busverbindungen im 30-Minuten-Rhythmus ab Piazza Gramsci, Linie 8. Geöffnet von Ende März bis Oktober; Tel. 0577/280044.

Auskunftsbüro: Am Campo, Haus Nr. 56, Tel. 0577/280551.

Verpflegung: Italiens kulinarischer »Papst« Luigi Veronelli empfiehlt die *Antica Trattoria Bottega Nova* (Strada Chiantigiana 29), Tel. 0577/284230; *Osteria Le Logge* (Via del Porrione 33), Tel. 48013; *Trattoria il Giuggiolo* (Via Massetana 32), Tel. 284295. – Pizzeria *Al Gallo Nero* (Via San Martino 67). Nudelspezialität *»pici«: Trattoria Papei* (Piazza del Mercato 6). Imbiß: *Joe's Dining Club* (Via dei Rossi 2b). *Uni-Mensa* (Via Sant'Agata 1). *Pasticceria-Gelateria Nannini* (Piazza Matteotti 21), Geburtshaus der Rocksängerin Gianna Nannini und des Autorennfahrers Sandro Nannini.

Öffnungzeiten der wichtigsten Sehenswürdigkeiten:

Dom: 7.30 bis 13.30 Uhr, 14.30 Uhr bis Sonnenuntergang. *Domkrypta (Cripta delle Statue):* 10.00 bis 13.00 Uhr, 14.30 bis 18.00 Uhr. *Dombaumuseum (Museo dell'Opera Metropolitana):* 9.00 bis 19.30 Uhr. *Libreria*

Piccolomini: 9.00 bis 19.30 Uhr. *Baptisterium San Giovanni:* 10.00 bis 13.00 Uhr, 15.00 bis 18.00 Uhr. *Pinakothek* (Palazzo Buonsignori): 8.30 bis 19.00 Uhr, Sonntag bis 13.00 Uhr. *Staatsarchiv (Archivio di Stato)* (Palazzo Piccolomini): Montag bis Samstag 9.00 bis 13.00 Uhr. Studiensaal: Montag bis Donnerstag 9.00 bis 14.00 Uhr, 15.00 bis 18.00 Uhr, Freitag 9.00 bis 14.00 Uhr, Samstag bis 13.00 Uhr. *Rathaus (Palazzo Comunale):* 9.30 bis 19.45 Uhr, Sonntag bis 13.45 Uhr. *Rathausturm (Torre del Mangia):* 10.00 bis 17.00, 18.00, 19.00 Uhr (monatlich verschieden).
Santuario di Santa Caterina: 9.00 bis 12.30 Uhr, 15.00 bis 18.00 Uhr.
Weitere Sehenswürdigkeiten: *Museo Archeologico Etrusco,* wird zur Zeit (1991) verlegt in das Spedale Santa Maria della Scala am Domplatz; Auskunft im Museums-Sekretariat, Tel. 491 53. *Enoteca Italica* in der Fortezza (Forte Santa Barbara), eingerichtet 1960 in den Kellergewölben der im 16. Jahrhundert unter Großherzog Cosimo I. erbauten Zwingburg.
Ständige Ausstellung und Verkostung rund 600 italienischer Qualitätsweine; gemütliche Räumlichkeiten, geöffnet von 15.00 bis 24.00 Uhr, Tel. 0577/288497.
Literatur: Rosella Vantaggi, Siena und seine Provinz. Im örtlichen Buch- und Kioskhandel erhältlich.

15 Monteriggioni: Atmosphärisches Mittelalter

Rund um Dantes »Höllenkreis«

Unschwierige Rundwanderung.
Nach Regenfällen sind die Wege in der Staggia-Niederung sehr rutschig.
Reine Gehzeit: 1¾ Stunden.
Beste Jahreszeit: Frühjahr bis Spätherbst.

Dante Alighieri verstrickte den mittlerweile längst in Belanglosigkeit abgesunkenen Ort in seine um 1320 während des Exils vollendete, 1472 erstmals gedruckte »Göttliche Komödie«. Im Canto XXXI des »Inferno« schreibt der 1265 in Florenz geborene Dichter: »...wie in ihrem Umkreis sich die Stadt Montereggion mit einem Kranz von Türmen« schützt und erhob diese symbolhaft zu Giganten des Höllenkreises.

Der nach innen offene Haupttorturm der befestigten Ortschaft Monteriggioni nordwestlich von Siena an der Schnellstraße Florenz-Siena.

Ähnlich einer Krone trägt die mit Olivenbäumen und Terrassenkulturen bedeckte isolierte Anhöhe Monteriggioni, nordwestlich von Siena über dem Staggiatal, das bezaubernde Festungsstädtchen. Etliche Zacken sind aus der Krone herausgebrochen worden, das heißt drei der 14 in unregelmäßigen Abständen hochragenden Mauertürme. Dies geschah im ewig schwelenden (seit 1114), immer wieder blutig aufflackernden Streit der Sieneser Löwin mit dem Florentiner Löwen.
Monteriggioni war 1203 als militärischer Vorposten Sienas gegen Florenz entstanden, als eine der ersten derartigen Satellitenanlagen. Eine weitere Absicht war dabei die *conquista del contado*: Die Stadtrepubliken brauchten in ihrem Umfeld landwirtschaftlichen Besitz und sie wollten die Adelsmacht vor ihren Toren mindern. Den Feudalherren

– sie herrschten dort seit langobardischer Zeit – wurde mit Privilegien (Steuerfreiheit usw.) die Stadt schmackhaft gemacht. Weigerten sie sich, zerstörte man ihren Sitz und errichtete an dessen Stelle eine Burg: *terra murata* (befestigtes Land). Die Rechtfertigung der Kommunen lautete: *riconquista* (Rückeroberung), unter Berufung auf Etrusker und Römer, unter denen die Landgebiete zur jeweiligen Stadt gehörten.
Die 570 Meter umfassende Ringmauer entstand von 1213 bis 1219 und erfuhr 1260 bis 1270 eine Verstärkung. Architektonisch gleicht Monteriggioni den mauerbewehrten Plätzen italienischer Stadtburgen, ist allerdings nicht wie meist üblich im Viereck, sondern in Ovalform dem Gelände angepaßt, ausgerichtet von Südosten (Siena) nach Nordwesten (gen Florenz), beide Tore verbunden durch das Rückgrat einer Hauptgasse. Die innen offenen Türme – typisch für solche Stadtburgen, damit sich ein eventuell eingedrungener Feind nicht in den Türmen verschanzen konnte – waren ursprünglich höher und durch Wehrgänge verbunden, worauf die seitlichen Turmeingänge in Höhe des Mauerrandes hinweisen. Das Haupttor orientiert sich verständlicherweise in Richtung Siena, die entgegengesetzte kleine Toröffnung zum Erzfeind hin.
Innerhalb des Mauerkreises rücken die einstöckigen Häuschen eng zusammen, ergeben allerdings kein mittelalterliches Bild, wie man aus der Ferne erwartet. Auf dem Hauptplatz, der Piazza Roma, steht der Brunnen. Hier stören Autos, zumal vor dem Tor genügend Parkraum ist. Die schlichte Kirche im Übergangsstil Romanik-Gotik. Rund 40 Familien mit ungefähr 80 Personen, überwiegend ältere Leute, leben in diesem urbanen Kleinod der Toskana. Am frühen Vormittag erscheint der Ort verschlafen, wie ausgestorben im Schatten seiner Türme, die heute nur mehr leere Drohungen darstellen.
Außer als Bremse wider florentinische Territorialgelüste hatte Monteriggioni die Aufgabe, ein Teilstück der »Frankenstraße« von Pavia (bei Mailand) nach Rom zu überwachen. Vermutlich unter den Langobarden angelegt, ab dem 10. Jahrhundert »Via Francigena« genannt, zogen auf ihr Könige und Kirchenfürsten, Dichter und Gelehrte in die antike Herzkammer am Tiber. Überdies ist die Fernstraße identisch mit der »Via sancti Petri«, dem frequentiertesten Pilgerpfad des Abendlandes, der im 7. Jahrhundert einen starken Aufschwung verzeichnete und den heutzutage namhafteren Jakobsweg nach Nordspanien übertraf.
Beide Routen verliefen anfänglich über San Gimignano – Colle di Val d'Elsa und im Bogen südlich zu Füßen von Monteriggioni. Bis ins 12. Jahrhundert. Erst als die Mönche der Abadia Isola das Sumpfgelände und die Seenplatte zwischen Colle di Val d'Elsa trokkengelegt und kultiviert hatten, nahm die Straße ihren Verlauf aus dem Arnotal, östlich von San Miniato, direkt durch das Val d'Elsa (deshalb verlor San Gimignano an Geltung). Indes verdankt Siena diesem wichtigsten Handelsweg im Italien des Mittelalters seinen Aufschwung.
Der zusätzlich gebräuchliche Name »Via Cassia«, aufgekommen im 19. Jahrhundert bei den italienischen Einigungsbestrebungen, ist irreführend, denn die Römerstraße befand sich weiter östlich: Bolsena – Lago Trasimeno – Arezzo – Florenz. Sie wurde lediglich im Mittelalter infolge der Versumpfung des Chianatales über Siena umgeleitet, bis in die erste Hälfte des 18. Jahrhunderts.
Die auf der Schnellstraße angespannt Dahinrasenden sehen und ahnen nichts vom Zauber des Städtchens, zumal die ihnen zugewandte Flanke turmlos ist. Um Monteriggioni zu erfassen, komplex zu sehen, sollte man auf Distanz gehen und die Festung von allen Seiten mustern.

Der Wegverlauf

Von der Nordwestpforte auf breitem Weg 5 Minuten hinunter zur Autostraße. Links, nach 100 Metern rechts und bergauf zum Bauernhof *Compassini*, von dem Monteriggioni ein lohnendes Fotomotiv bietet.
Weiter auf dem Feldweg – im Vorblick die höchste Waldkuppe des Monte Maggio – zu einer Kuppe. Jetzt links, begleitet von ungestörten Ausblicken. Der Weg dringt in dichten Laubwald ein. Wenige Minuten später nicht geradeaus aus dem Wald hinaus (Wellblechschuppen), sondern links. Kurz darauf geradeaus über eine kleine Lichtung und

zum Gehöft *Ripa*, an dem es links vorbeigeht. Abwärts – und schon wieder stehen wir im Bann von Monteriggioni. Auf dem Hang wachsen Ölbäume, anschließend Rebstöcke: Malvasia-Trauben, in der Toskana vielfach kloniert (Abarten gezüchtet), früher hauptsächlich im Chianti-Wein verschnitten. Nun setzt sich immer mehr die Erkenntnis durch, daß sich diese alte Rebe sowohl für trockene wie für süße Weißweine (»Vino Santo«) besser eignet.

Ein Stück vor der Autostraße rechts spitzwinkelig abbiegen. An der Wegegabel bei der Waldspitze links. An der Rückseite des Hofes *Casetta* herum, vor den Taubenverschlägen links, abwärts zur Straße. Sie wird unweit der beiden Häuser von *La Posta* betreten, einst Posthalterei und Pferdewechselstation. Von Monteriggioni 3/4 Stunde.

Auf der Straße rechts – eine Reklametafel wirbt für »Spatenbiere« – in 5 Minuten zu einer Rechtskurve. Hier wird der Asphalt links verlassen. Entlang des Bächleins durch ein hübsches Tälchen, zu beiden Seiten filziges Strauchwerk. Nach 10 Minuten bringt uns eine Unterführung der Schnellstraße zu

So zeigt sich Monteriggioni dem Wanderer von Westen. Die Stadt wurde 1203 von Siena als Vorposten im Kampf gegen Florenz gegründet.

einem wackligen Holzsteg über die *Staggia.* Anschließend vorsichtig den Bahnkörper überschreiten und geradeaus. Dann beschreibt der Weg einen schwachen Linksbogen. Rechts oben zeigen sich die Häuser von Rencine. Weißdornhecken und Brombeersträucher säumen den Weg. Reben gedeihen in der Niederung. Südwestlich zeigt sich Monteriggioni ohne Mauertürme.

Nach insgesamt 1¼ Stunden nicht links zur Eisenbahnunterführung, sondern rechts neben dem Gleiskörper zu einem verlassenen Bahnwärterhäuschen. Links über den Schienenstrang, gleich nach dem Gärtchen links, dann rechts und auf schmalem Weg entlang der Böschung zu einem Querweg. Mit ihm links, abermals die *Staggia* überschreiten. Rechts an der Autoreparaturwerkstatt vorbei, durch die Straßenunterführung. Kurz vor der Straße (Bar) scharf links über den Hof der *Fattoria Castello Monteriggioni.* Vor dem Abfüllgebäude erneut links und auf breitem Weg ansteigen. Schon 5 Minuten später treten wieder die Mauern von Monteriggioni ins Blickfeld. Auf dem höchsten Punkt des Weinbergweges geht man rechts durch das Rebenspalier, hinauf zu einem Querweg. Links (rechts kürzester Rückweg) in aussichtsreichem Spaziergang, den Friedhof sowie den Parkplatz passierend, zum Haupttor.

Touristische Angaben

Ausgangsort: Monteriggioni (274 m), 14,5 km von Siena, 2 km ab Ausfahrt Schnellstraße, 55 km von Florenz. Bushaltestelle (Strecke Siena – Colle di Val d'Elsa) an der Staatsstraße 2, etwas unterhalb des Ortes.
Gehzeit: 1¾ Stunden.
Unterkunft: Auf dem Parkplatz vor dem Haupttor Stellplätze für Wohnmobile; Wasserhahn vorhanden. Gasthöfe und Hotels in Siena, Colle di Val d'Elsa, Poggibonsi.
Verpflegung: *Bar* bei der Fattoria Castello Monteriggioni. Restaurant *Il Pozzo* (toskanische Küche) in Monteriggioni.
Sehenswürdigkeiten: *Abbadia Isola* (200 m), Kloster, 2 km westlich von Monteriggioni. Die einstige Zisterzienserabtei wurde 1001 von Ava di Staggia, Witwe des Grafen Zenobius gestiftet. Damals war die Abtei von Sumpfgelände umgeben (deshalb der Name

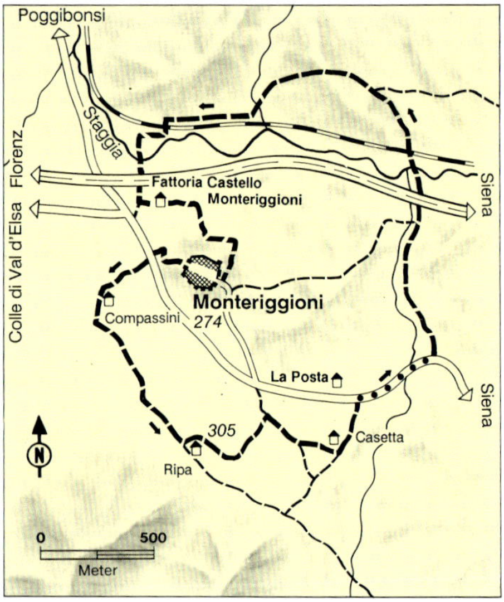

»Isola«). Lombardisch-romanische, dreischiffige Basilika mit drei Apsiden und sechs Jochen aus der Zeit um 1200; heute Pfarrkirche. Kirchenschlüssel im Haus rechts, unmittelbar nach dem Tor.
Karte: Kompass-Wanderkarte 1 : 50 000, Blatt 661 (Siena – Chianti – Colline Senesi).

16 San Galgano: Der Himmel als Gewölbe

Unschwierige Wanderung.
Nach Regen rutschiger Boden.
Reine Gehzeit: 1 Stunde.
Beste Jahreszeit: Frühsommer bis Herbst.

Wer kennt die Tausende von Chorälen, die dort zum Himmel geschickt wurden. Ich spaziere ins Tal der Merse und schaue zurück auf San Galgano. Ein schwüler Spätnachmittag. Über dem Mirakel steinerner Symmetrie ziehen gewitterschwangere Wolken heran und rufen gespenstische Effekte hervor. Groß und klar und eindeutig hebt sich die Kirchenruine ab vom dunkel-violetten Hintergrund, in unerbittlich genauem Maß. Insel völliger Klarheit, wo weltentrückte Stille herrscht und selbst im morbiden Rahmen kühle und stren-

Hauptschiff und Apsis der ehemaligen Klosterkirche San Galgano in klarer Zisterzienser-Gotik des 13. Jahrhunderts.

ge Feierlichkeit herrscht, gemäß zisterziensischer Regeln. Die Landschaft läßt keine Unruhe aufkommen. Liturgie und Arbeit haben den Tageslauf der Mönche bestimmt, der Chor- und Laienbrüder des 1098 durch den Benediktiner Robert von Molesme im burgundischen Cîteaux gegründeten Ordens. Cîteaux heißt lateinisch »Cistercium«. Davon stammt Zisterzienser, italienisch »cistercensi«.

Ugo Saladin, Bischof von Volterra, vermachte den Flecken einem Häufchen Zisterziensern. Der Platz war günstig gewählt. Hier verlief nämlich die »Massetana«, eine Straße von Siena nach Massa Marittima, zu den erzreichen Bergwerken der Colline Metallifere sowie an die Gestade des Mare Tirreno. Überdies führte die »Maremmana« an San Galgano vorbei, die Nabelschnur Sienas mit den Maremmen und ihrem Hauptort Grosseto. Dadurch mauserte sich San Galgano zu einem wichtigen Warenumschlagplatz und durfte Märkte abhalten.

Das Zönobium auf dem Monte Siepi konnte bald nicht mehr die Anforderungen erfüllen. Um 1224 kam es zum Bau der etwas tiefer gelegenen Abtei. Man kooperierte fleißig mit dem Nachbar Siena. Die Stadtrepublik vertraute auf Rat und Tat der universell gebildeten Mönchsgemeinschaft, ob beim Bau ihres

An der Wirkungsstätte des hl. Galgano entstand auf dem Monte Siepi im späten 12. Jahrhundert eine romanische Rundkirche.

Domes, in juristischen Streitfällen, in Finanz-, Steuer- und Ökonomiefragen oder auf dem Gebiet der Medizin. Schenkungen brachten dem Kloster beachtlichen Grundbesitz.

Zisterzienser hatten die gotische Architektur nach Italien exportiert. Wir können annehmen, daß der Meister von San Galgano ein im Latium geschulter Zisterzienser war. Der Grundriß läßt sich rekonstruieren: An der Südseite des Kirchenschiffes der Kreuzgang *(chiostro)*. Am südlichen Querschiff (Sakristei) sind Kapitelsaal *(capitolare)*, Sprechzimmer *(parlatorio)*, Refektorium und Skriptorium angegliedert. Alle übrigen Baulichkeiten ersehen Interessierte aus dem Plan der empfohlenen Broschüre von Vito Albergo.

Den Niedergang der glanzvollen Stätte brachte die Pfründenwirtschaft (Ausstattung geistlicher Ämter mit Grundbesitz und Einkünften) Mitte des 15. Jahrhunderts. Äbte saugten geldgierig den Fundus des Klosters aus, eigneten sich hemmungslos Kunstschätze an. Girolamo Vitelli verkaufte Mitte des 16. Jahrhunderts, als nur mehr fünf Brüder in den heruntergekommenen Gebäuden hausten, gar das Schutzblei des Daches (samt dem von Monte Siepi). Damit war der Verfall programmiert, beschleunigt noch durch den Einsturz des 36 Meter hohen Glockenturmes (neben dem nördlichen Seitenschiff) im Jahre 1786, der Dach und Gewölbe endgültig in die Tiefe riß. Den letzten Mönch registrierte man um 1600. Heute leben in San Galgano rund 30 junge Menschen, Weltliche, in der »Comunità Incontro«. Sie pflegen den Garten, sorgen für Ordnung und Sauberkeit auf dem Klostergelände, knien mittags zum Gebet nieder, wo sie gerade stehen.

Wie die Kirche auf einem Foto 1895 aussah,

kann man sich heute nicht mehr vorstellen, denn die Fassade wurde mittlerweile rekonstruiert; andere Schäden wurden durch neues Mauerwerk ausgebessert. Eine packende, aufwühlende Hülle ohne Zierat, abgesehen von den annähernd hundert akkurat gehauenen Säulenkapitellen, dem Akanthusfries im Türsturz des Portals, der Rosette darüber, den Spitzbögen der Fenster (ein Teil der geretteten Kunstschätze befindet sich in den Museen Sienas). Dennoch – vielleicht gerade deshalb – hat mich kein anderer Sakralraum der Toskana stärker beeindruckt. An Stelle des einstigen Marmorfußbodens wuchern magere Grasbüschel. Nach längerem Regen spiegelt sich die Architektur in großen Wasserlachen. Unendlichkeit im Gewölbe – dem Himmelszelt. Statt süßlichem Weihrauch ein frischer Wind von draußen, zugig, wenn das Portal offen ist. Geist und Gedanken sind den kühlen Mauern entflohen. Wohin? Gebete sind verhallt, Choräle verklungen. Haben sie den Gepriesenen erreicht? Ich höre helle Vogelstimmen …

Der Wegverlauf

An der Nordseite der Klosterkirche auf breitem Weg in Richtung der sichtbaren Rundkirche auf dem Monte Siepi. Wo der breite Weg halblinks anzusteigen beginnt, gehen wir rechts auf einem Feldweg weiter, mäßig abwärts entlang eines unter dichtem Gestrüpp murmelnden Bächleins in guten 5 Minuten zur Uferböschung der *Merse*. Davor links dem Flurweg folgen. Ein Fasanenpärchen fliegt aufgeschreckt hoch.
Durch ein kurzes Waldstück zur Wiese *Campo Guazzeroni*. Jetzt links, entlang dem Waldrand. Bald tritt schwach nordwestlich die Häusergruppe von Podere Ticchiano ins Blickfeld. Etwa 50 Meter vor der Furt über den Bach halten wir uns links, parallel zum Bach. Anschließend weglos am linken Rand der langgestreckten Talwiese. Vor dem Ende der Wiese links in einen Waldweg, aufwärts in 5 Minuten zu einem Querweg. Links, mit dem nächsten Querweg rechts, vorbei an einem gemauerten Hüttchen (Unterstand möglich) und bergan, wenig später auf der Straße zur Kuppe des *Monte Siepi*. Schöne Aussicht! Westlich, den wogenden Forsten

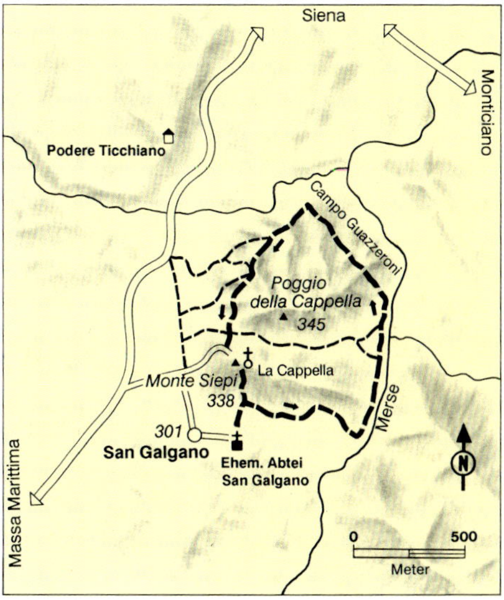

der Colline Metallifere vorgelagert, sieht man Chiusdino, den Geburtsort (1148) von Galgano Guidotti. Der junge Adelige flüchtete, wie viele gesellschaftsverdrossene Vornehme seiner Zeit (z. B. Franz von Assisi) in die Waldeinsamkeit, auf den Monte Siepi, in eine aus Zweigen geflochtene Rundhütte. »Seine Mutter Dionisia und seine Verlobte Polissena di Civitella baten ihn inständig heimzukehren«, erzählt Vito Albergo, »seine ritterlichen Genossen verspotteten ihn; doch er stieß sein Schwert in eine Spalte des Felsens, der in seiner Hütte aus der Erde ragte, und schwor, daß es ihm fortan nie mehr als Waffe, sondern einzig und allein als Kreuz dienen sollte, vor dem er beten wollte.« Galgano half Verzweifelten mit Ratschlägen. Hungrige Wölfe bekamen zu fressen. Als ein Landstreicher versuchte, den Einsiedler zu überfallen, sollen die ihm hörigen Wölfe dem Räuber beide Hände abgerissen haben (Skelette in der linken Seitenkapelle, links hinter dem Altar; Vitrine mit einem Tuch bedeckt). Das sei im Jahre 1180 vorgefallen, ein Jahr vor dem Tode des Eremiten am 3. Dezember 1181. Vier Jahre später ließen sich die ersten Zisterzienser auf dem Monte Siepi nieder: 1185 gleichzeitig Heiligsprechung durch Papst Lucius III. und Weihe der Rundkirche, eines eigenwilligen romanischen Bauwerks, einzigartig im Raum der mittleren Toskana.

Über dem Eingang das Medici-Wappen. Rechts im Verkaufsraum duftet es nach Kräutern. Die Liköre sind nach alten Mönchsrezepten hergestellt, versichert die Verkäuferin. Die zweifarbigen Kreise der Kuppel symbolisieren die Steigerung nach oben hin, ins All. Der Schwertgriff ragt noch aus dem Fels. Fresken von Ambrogio Lorenzetti aus der Mitte des 14. Jahrhunderts. Aussagekräftiger ist jedoch zweifellos die moderne Kunst: Nino Gorni aus Brescia schnitzte 1979 eine Skulptur des Heiligen. Der Goldschmied Bino Bini fertigte 1977 das Silberreliquiar. Und die Terrakotta-Pietà in der Vorhalle ist Ausdruck unseres Jahrhunderts in Trost und schreiender Verzweiflung!
Auf der Rückseite der Rotunde geht es in 5 Minuten hinunter zur Klosterkirche.

Touristische Angaben

Ausgangspunkt: San Galgano (ca. 300 m), südwestlich von Siena, nahe der Staatsstraße 441. Von Siena 34 km, von Massa Marittima 30 km, von Grosseto 66 km. Parkplätze um die Ruine der ehemaligen Klosterkirche sowie auf dem Monte Siepi. Bushaltestelle (u. a. von Siena) an der nahen Staatsstraße 441.
Gehzeit: 1 Stunde.
Unterkunft: Gasthöfe und Hotels an der Staatsstraße 441 in Richtung Massa Marittima sowie in Siena (siehe Tour 14).
Karte: Kompass-Wanderkarte 1 : 50 000, Blatt 661 (Siena – Chianti – Colline Senesi).
Literatur: Vito Albergo, Die Abtei San Galgano und die Rundkirche von Monte Siepi. Erhältlich im Kloster und am Monte Siepi.

Typisch toskanische Hügellandschaft bei dem mittelalterlichen Städtchen Montepulciano.

17 Montepulciano: Bergnest voller Kunst

Stadtrundgang: Porta al Prato – Piazza Savonarola – Loggia del Mercato – Santa Maria dei Servi – Dom – Rathaus – Piazza Grande – Via Ricci – San Francesco – Santa Lucia – Porta al Prato.
Reine Gehzeit: 1 Stunde (ohne Besichtigungen).
Beste Jahreszeit: Frühjahr und Herbst; infolge enger Gassen aber auch im Sommer verhältnismäßig angenehm.

Die *poliziani* mögen mir verzeihen! »Nest« ist keineswegs negativ oder abwertend gemeint, im Gegenteil, es bezeichnet ein solides soziales Gefüge mit Nestwärme und Geborgenheit. Geborgen im starken Mauernsaum, auf gratähnlichem Tuffsteinmassiv, Nord-Süd gerichtet, zwischen der Porta al Prato und der Kirche Santa Maria dei Servi 1,4 Kilometer lang, nirgendwo breiter als 400 Meter. Westlich der Valdichiana, in Höhe des Lago Trasimeno, von der Autobahn umrißhaft wahrzunehmen, über welligem Vorland und Weingärten, betört Montepulciano mit Sirenengesang.
Die Natur als spontane Baumeisterin mag dort schon das Etruskervolk erspäht haben. Schließlich lag eine Metropole ihrer »Dodekapolis« (Zwölf-Städte-Bundes), Chiusi, nur 15 Kilometer Luftlinie südöstlich. Sagen erzählen von einer Gründung durch den Etruskerkönig Porsenna im 6. vorchristlichen Jahrhundert. Spuren davon sind jedoch bisher nicht ans Tageslicht gekommen. »Castrum Politianum« erscheint auf urkundlichem Pergament erstmals im Jahre 715 n. Chr.
Lange war das strategisch bedeutungsvolle, reiche Städtchen ein Zankapfel von Siena und Arezzo. Später mischte sich Florenz ein. Montepulciano genoß zwar seit dem ausklingenden 8. Jahrhundert Unabhängigkeit, stand aber militärisch auf schwachen Beinen. Außerdem stifteten Adelsfamilien ständig Unfrieden. Ihren Anführern ging es einzig und allein um die Regierungsgewalt in der Stadt. Notgedrungen arrangierte sich der Rat alternierend mit den Machtblöcken, zu guter Letzt mit Florenz, und wurde 1511 selbständiger Teil der »Signoria dei Medici«. Das politische Lavieren der Vergangenheit findet auf künstlerischer Ebene darin seinen Ausdruck, daß sienesische Gotik und Florentiner Renaissance wie brüderlich nebeneinander wirken, wobei die Renaissance, verglichen mit dem monströsen Florenz, in Montepulciano vornehme Zurückhaltung übt.
Durch die Medici stellte sich Entfaltung in mancherlei Hinsicht ein. 1561 kehrte der Bischof von Chiusi den fiebergefährlichen Sümpfen der Valdichiana den Rücken und wählte die Frische der Höhe. Stadtrecht! Leider hemmten verkrustete Adelsstrukturen ein Gedeihen des Bürgertums und, damit einhergehend, pluralistische Gesellschaftsformen. Der Bauer blieb ohnehin Knecht. Noch Anfang der achtziger Jahre, nachdem die »Mezzadria« (Halbpacht) bereits zwei Jahrzehnte endgültig abgeschafft war, bezifferte Humbert Fink den Anteil der von hiesigen Grundbesitzern sozial und wirtschaftlich Abhängigen auf annähernd 40 Prozent: »Es gibt mehr Pächter als Besitzer ...«
»Perla del cinquecento!«, lautet ein Werbespruch des Tourismusbüros. Die zwischen dem 14. und 16. Jahrhundert entstandenen Kunstwerke beweisen die ökonomische und finanzielle Macht der Adeligen. Fraglos zählt die Altstadt zu den interessantesten *centri storici*. Innerhalb der Mauern leben 6000, im gesamten Stadtgebiet ca. 14000 Menschen.
Auch die Moderne hat Einzug gehalten. Die Stadtverwaltung griff 1976 eine Anregung des deutschen, in Italien lebenden und der dortigen PCI (Kommunistische Partei) nahestehenden Komponisten Hans Werner Henze auf und gründete den »Cantiere Internazionale d'Arte«, frei übersetzt »Internationale Werkstatt für Kunst«. Sie findet seitdem – 1992 zum siebzehnten Male – alljährlich Ende Juli/Anfang August statt: zweiwöchige Festspiele zur »Erhöhung des allgemeinen kulturellen Bewußtseins«, heißt es. Bis zu 400 Kunstschaffende aus aller Welt folgen jedes Jahr den Einladungen. Erfahrene und bekannte Künstler arbeiten honorarfrei in der Art einer Renaissance-Werkstatt mit »Schülern« zusammen, proben Aufführungen – Experimentiertheater, reifende Produkte ebenso wie in Vergessenheit geratene Werke.

1980, als Henze ausgeschieden war, orakelten Kritiker vom Ruin. Damals sicherlich zu Recht! Mittlerweile ist jedoch wieder ein hoher Standard gewonnen worden. Darüber hinaus beachtenswert sind die Begleiterscheinungen des »Cantiere«, vornehmlich die pädagogischen Aktivitäten des »Istituto Comunale di Musica«. Es erteilt qualifizierten Musikunterricht an den Grund- und Hauptschulen, was im sonst so musikalischen Italien eine Rarität darstellt. Mitverdienst von Bürgermeister Colaianni.

Stadtspaziergang

Nördlich außerhalb der Stadtmauer an der gängigen Auffahrtsstraße steht die *Kirche Sant' Agnese* mit schönem gotischen Portal. Sie entstand noch zu Lebzeiten der 1317 verstorbenen hl. Agnes von Montepulciano. Die Stadtheilige wurde im Alter von 15 Jahren ihrer Frömmigkeit wegen auf päpstliche Anordnung hin zur Äbtissin erhoben und war später Priorin des hier von ihr gestifteten Dominikanerinnenklosters.

Von der Kirche zur nahen *Porta al Prato* (auch Porta di Gracciano) des im 16. Jahrhundert von Antonio Sangallo d. Ä. entworfenen Befestigungssystems. Anschließend durch das mittelalterliche Stadttor (14. Jahrhundert). Und schon verheißt die erste Weinstube exklusive Gaumenfreuden – »Vino Nobile di Montepulciano«, der unter Kennern globalen Ruhm genießt. Granatfarben funkelt er im Glas, als älterer Herr ziegelrot oder orangeschimmernd. Man darf ihn unbekümmert zehn Jahre lagern. Die Flasche sollte man mindestens zwei Stunden vor dem Trinken entkorken! Serviertemperatur 18 bis 20 Grad. Typisch im Bukett – ähnlich dem »Chianti-Riserva« – ist der delikate, mehr oder weniger intensive Veilchenduft; trokken, gerbsäurehaltig, im Nachgeschmack leicht bitter, aber höchst angenehm. Der »Nobile« erhielt als erster Wein das höchste Prädikat DOCG (Denominazione di origine controllata e garantita). Rund 1,8 Millionen Liter werden pro Jahr abgefüllt. Vom Chianti zum Vergleich 343 Millionen.

Montepulciano, Schulzentrum mit mehr als 2000 auswärtigen Schülern, besitzt seit dem 14. Jahrhundert drei Terzieri (Stadtviertel), die sich wiederum in acht Contrade (Stadtbezirke) gliedern. Uns übernimmt die Via Roma im Terzo San Agostino.

In Form der *Piazza Savonarola* erfuhr der Dominikaner-Bußprediger Girolamo Savonarola späte Rehabilitation. Er hatte fanatisch versucht, in Florenz eine Demokratie auf theokratischer, gottesherrschaftlicher Grundlage durchzusetzen, wurde deshalb gefoltert und vor dem Rathaus verbrannt, seine Asche vom Ponte Vecchio in den Arno gestreut.

Links neben der Marzocco-Säule (Florentiner Löwe) auf der Piazza Savonarola steht der ovale Zentralbau *San Bernardo,* rechts das dreigeschossige Renaissance-Schmuckstück *Palazzo Avignonesi* (Haus Nr. 91). Weitere Paläste folgen, neben anderen der verputzte Backsteinbau des *Palazzo Bucelli* (Nummer 73). Sein einstiger Besitzer, der leidenschaftliche Altertumsammler Pietro Bucelli, ließ im Sockel seines Hauses etruskische Travertinurnen sowie etruskisch und lateinisch beschriftete Architekturfragmente einmauern.

Piazza Michelozzo. Auf der Plattform des *Torre di Pulcinella* schlägt die typische langnasige, maskierte, einen hohen Hut tragende Figur des Pulcinella an der Glocke die Stunden. Pulcinella, ursprünglich der freche, fuchsschlaue Diener im süditalienischen Volksschauspiel, gelangte über die Commedia dell' arte zum Puppentheater.

Michelozzo di Bartolommeo (1396–1472) betrieb in Florenz eine Werkstatt gemeinsam mit Donatello und stand als Architekt in der Nachfolge Brunelleschis. Er skizzierte den Entwurf – Mischstil Gotik-Renaissance – der hellen Marmorfassade von *San Agostino* und formte das Terrakotta-Relief (Maria zwischen Johannes dem Täufer und Augustinus) im Tympanon des Portals. Kurz danach gedenkt, wie in vielen Städten der Toskana, eine Steintafel eines von deutschen Soldaten ermordeten italienischen Widerstandskämpfers.

Um die Mittagszeit wird es durch Autos eng in den schmalen Sträßchen. Schutzsuchend drückt man sich so flach wie möglich an die nächstbeste Hausmauer. Die *Loggia del Mercato* aus der zweiten Hälfte des 16. Jahrhunderts diente früher als Getreidehalle, deshalb auch Loggia del Grano. Auf der *Piazza delle Erbe* fand der Gemüsemarkt statt. Am unvollendeten *Palazzo Cervini* (Sitz der Banca Po-

polare) erweckt der nach außen gekehrte Hof Interesse. Auftraggeber war Kardinal Marcello Cervini, der 21-Tage-Papst Marcellus II. (1555). Sein Vorgänger, Papst Julius III. (1550–1555), stammte ebenfalls aus Montepulciano.

Der »Corso« bringt uns nach 200 Metern zum barocken Zentralbau der *Chiesa del Gesù*. An der linken Straßenseite folgt ein Palast mit dem Büro des »Partito democratico della sinistra« (PDS), wie die größte kommunistische Partei Westeuropas seit 1991 heißt. Die ehemalige KP hat im streng katholischen Montepulciano das Sagen. Sie blieb bei den Wahlen 1987 zweitstärkste (26,6 Prozent) politische Kraft in Italien, nach den Christdemokraten (CDI, 34,3 Prozent), vor den Sozialisten (PSI, 14,3 Prozent), den Neofaschisten (MSI, 5,9 Prozent), den Republikanern (PRI, 3,7 Prozent), den Sozialdemokraten (PSDI, 2,9 Prozent), den Grünen (Verdi, 2,5 Prozent) und den Liberalen (PLI, 2,1 Prozent).

Beiderseits der winzigen *Piazzetta di Cagnano* münden dunkle, kühle Gäßchen: Vicoli.

Am Beginn der Via del Poliziano steht links das Geburtshaus des Lyrikers Angelo Ambrogini (1454–1494), Lehrer für lateinische und griechische Literatur an der Universität Florenz. Ihn stuft der patriotische Literat Carducci als Wegbereiter moderner Dichtkunst ein. »Politianus«, wie sich Ambrogini nach seinem Heimatort nannte (italienisch »Poliziano«), hatte Montepulciano als Junge verlassen und als Student am Hofe des Lorenzo de' Medici Aufnahme gefunden. »Er schreibt, wie Botticelli malt«, charakterisiert der französische Kunst- und Literaturkritiker Marcel Brion, »doch findet sich bei ihm über die Reinheit von Umriß und Farbe hinaus jener schwermütige Ton, der, der Renaissance im

Die Renaissance-Kreuzkuppelkirche San Biagio steht zu Füßen des Städtchens Montepulciano. Am rechten Bildrand der Turm des Rathauses.

allgemeinen fremd, später die barocke Kunst durchdrang.« Hauptwerke: »Le Stanze per la Giostra« und »La Favola d'Orfeo«.
Links geht es hinab zur Porta di Cagnano, der Stadtmauer des 14. Jahrhunderts. Wir laufen geradeaus. *Palazzo Angelotti* (Nr. 7) aus dem 16. Jahrhundert. Über die *Piazza di Santa Maria* zur Kirche *Santa Maria dei Servi*, im 14. Jahrhundert errichtet (gotische Fassade), aufwendige Barockisierung 1702 abgeschlossen. In dem der Kirche angeschlossenen ehemaligen Klosterkomplex lagern die Weine in Gewölben des 12. Jahrhunderts.
Unmittelbar nach der Kirche gabelt sich die Straße: links kurz mit der Via di Colazzi, bis sich ein herrlicher Tiefblick auf San Biagio unterhalb von Montepulciano ergibt. St. Blasius gilt als einer der signifikantesten sakralen Hochrenaissancebauten, Hauptwerk des Antonio da Sangallo d. Ä. aus Florenz, 1520 erster Mitarbeiter Raffaels am Petersdom. Der Zentralbau hat als Grundriß das griechische Kreuz und kommt durch seine freie Lage besonders zur Wirkung.
Unser Stadtspaziergang setzt sich an der erwähnten Gabelung halbrechts fort (Via di San Donato), unter der Fortezza Medicea (Schule) vorbei, die Cantina Contucci passierend, zur *Piazza Grande*. Der *Palazzo Comunale* erinnert auf den ersten Blick an das Rathaus in Florenz. Panoramaschau vom Turm: An klaren Tagen südöstlich der Gran Sasso, Perugia, Assisi; südwestlich der Monte Amiata, westlich Pienza, nordwestlich Siena, nördlich Arezzo. Vor dem Dom wird an Mariä Himmelfahrt (15. August) der *»Bruscello«* aufgeführt, hervorgegangen aus bäuerlichem Laientheater der Umgebung, gespielt in Tennen, später auf Plätzen bei Märkten und Feiern für die Schutzpatrone. Die Themen sind religiöser Art, beinhalten Rittersagen und örtliche Legenden, rezitiert in achtzeiligen Reimen, begleitet von Ziehharmonika oder Geige.
Durch den Zuzug des Bischofs von Chiusi 1561 bedurfte es natürlich eines repräsentativen Domes. Ihm fiel die Pieve Santa Maria zum Opfer. Das neue dreischiffige, florentinisch geprägte Renaissance-Gotteshaus wuchs zwischen 1592 bis 1630. Der Campanile wurde in abgeänderter Form übernommen. Die geplante Marmorfassade blieb jedoch im Entwurf stecken. Den Hochaltar bildet ein Sockel des Aragazzi-Grabmales. Dieses bildhauerische Hauptwerk (1437/38) Michelozzos wurde im 18. Jahrhundert auseinandergenommen und im Dom verteilt; u. a. links des Portals im Innenraum der liegende Bartolommeo Aragazzi, Sekretär von Papst Martin V. (1415–1431). Beiderseits des Hauptaltares die Michelozzo-Statuen »Glaube« (rechts) und »Wissenschaft«. Über dem Altar, als Glanzstück, ein in solchem Erhaltungsgrad seltenes gotisches Triptychon (Mariä Himmelfahrt), gemalt von dem Sienesen Taddeo di Bartolo in den ersten Jahren des 15. Jahrhunderts.
Gegenüber der Domfassade besticht der manieristische *Palazzo Tarugi* mit einer raffiniert konstruierten Scheinbalustrade oberhalb des ersten Obergeschosses *(piano nobile)*. Hier tagen seit 1959 alljährlich während der letzten Juliwoche internationale Gelehrte anläßlich der Renaissance-Kongresse im »Centro Studi Umanistici Angelo Poliziano«.
Kardinal Giovanni del Monte, 1550 bis 1555 Papst Julius III., ließ ab 1519 von Antonio Sangallo d. Ä. auf der Ostseite der Piazza Grande den *Palazzo Contucci* hinstellen, wodurch die unregelmäßige Bebauung des Platzes betont wird. Im Palast sowie nebenan arbeiten Mosaik-Werkstätten, originell modern-abstrakt. Montepulciano ist nach Ravenna eines der Zentren dieser byzantinischen Kunst in Italien.
Am 1520 errichteten Brunnen »stolpert« man – zum wievielten Male in der Toskana? – über das Medici-Machtemblem; zwei Florentiner Löwen, flankiert von zwei Greifen, halten den Schild mit den sechs *»palle«* (Kugeln) des Wappens. Etruskische Säulen tragen den Querbalken.
Von der Nordwestecke der Piazza Grande in die Via Ricci. Links (Haus Nr. 9) das *Ufficio turistico comunale*. Anschließend birgt der *Palazzo Ricci* die im 17. Jahrhundert gegründete »Biblioteca comunale«: 21 000 Bände. Auf der anderen Straßenseite gefällt der reine sienesisch-gotische Backsteinbau des *Palazzo Neri-Orselli*: Museo Civico e Pinacoteca Crociani (Städtisches Museum und Bildersammlung).
Über dem Barockportal des *Palazzo Benincasa* (Haus Nr. 1) begegnet uns Gian Gastone

de'Medici: eine Büste des letzten Großherzogs der Toskana aus der Familie Medici. Der kluge, kränkelnde Mann war 1723 seinem Vater Cosimo III. in der Regierung gefolgt, als Zweiundfünfzigjähriger. Er war mehr Botaniker als Staatsmann und züchtete im Boboligarten lieber seltene Pflanzen. Mit seinem Tode 1737 verschwanden die Medici von der politischen Bühne. Ihre Besitzungen fielen, unter den Großmächten im Wiener Vertrag ausgehandelt, an das Haus Habsburg-Lothringen (Kaiserin Maria Theresia). Das private Gut – Vermögen, unschätzbare Kunstwerke – blieb jedoch laut eines klugvoraussehenden Testaments der Schwester und Erbin Gian Gastones, Anna Maria Ludovica, am Arno, und kam nicht an die Donau.
Am Ende der Via Ricci links zur Aussichtsterrasse vor *San Francesco*, einer Klosterkirche des 14. Jahrhunderts (spätbarock umgebaut), deren Fundamente tief in den Steilhang greifen. Die Via del Poggiolo leitet auf die *Piazza degli Archi* in der Contrada Poggiolo. Ihr blauweißes Wappen mit drei Hügeln ist am Haus Nummer 43 angebracht.
Unmittelbar danach durch die Via dell' Erbe zur *Piazza di Santa Lucia*, beherrscht von dem prächtigen, 1653 gestalteten Barockportal der *Chiesa di Santa Lucia*. Nun rechtshaltend (Via delle Caldaie) auf den Herweg.

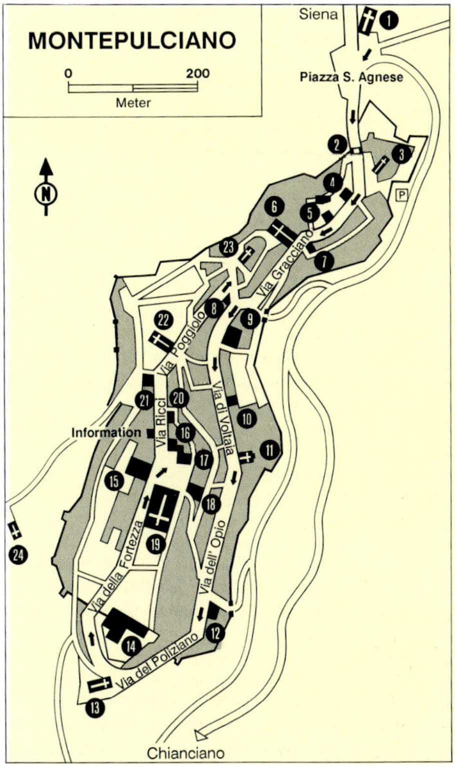

1 Sant'Agnese, 2 Porta al Prato, 3 San Bernardo, 4 Palazzo Avignonesi, 5 Palazzo Bucelli, 6 San Agostino, 7 Torre di Pulcinella, 8 Loggia del Mercato, 9 Palazzo Cervini, 10 Palazzo Grugni, 11 Chiesa del Gesù, 12 Casa del Poliziano, 13 Santa Maria dei Servi, 14 Fortezza, 15 Palazzo Comunale, 16 Palazzo del Capitano, 17 Palazzo Tarugi, 18 Palazzo Contucci, 19 Dom, 20 Palazzo Neri-Orselli (Museo Civico), 21 Palazzo Ricci (Stadtbibliothek), 22 San Francesco, 23 Santa Lucia, 24 San Biagio

Touristische Angaben

Montepulciano (605 m), Provinz Siena, Bischofssitz, Umschlagplatz landwirtschaftlicher Güter. Von Florenz 119 km, von Siena 65 km, von Arezzo 60 km, von Rom 176 km. Gute Busverbindungen (Haltestelle vor der Porta al Prato). Bahnhof 12 km nordwestlich (an der Autobahn). Geparkt wird am besten an der Umfahrungsstraße (nach der Piazza Sant' Agnese bzw. vor dem Giardino di Poggiofanti halblinks).
Gehzeit: 1 Stunde.
Unterkunft: In der Altstadt empfehlenswert *Il Marzocco* (Piazza Savonarola), Tel. 0578/757262. Beim Bahnhof (Montepulciano Stazione) drei Hotels; billig *Il Poliziano,* Tel. 738146. Auskünfte: Ufficio turistico, Tel. 0578/757935.
Verpflegung: *Ristorante-Pizzeria Il Cantucci* (Via delle Cantine 1) in rustikalen Backsteingewölben; Spießbraten am Kamin. *Trattoria Diva* (Via di Gracciano nel Corso 36), hausgemachte Nudeln. *Ristorante Cittino* (Via di Voltaia 2), billig, auch Zimmer.
Öffnungszeiten: *Palazzo Ricci* (Biblioteca comunale): Von Mittwoch bis Samstag 10.00 bis 13.00 Uhr, 15.30 bis 18.30 Uhr. *Palazzo Neri-Orselli:* 9.20 bis 13.00 Uhr, 16.00 bis 19.00 Uhr, Montag geschlossen.
Weitere Sehenswürdigkeiten: *Il Bravio,* letzter Augustsonntag. Zweiermannschaften der acht Contrade rollen 80 Kilogramm schwere Holzfässer durch die Hauptstraßen um die Wette. Früher: Pferderennen (Regeln 1372 erlassen, ähnlich dem Palio in Siena.) – 1. Mai: Jahrmarkt zu Ehren der hl. Agnese.

18 Rundwanderung um den Monte Amiata

Größter Vulkankegel Mittelitaliens

> Unschwierige Rundwanderung.
> Ausgezeichnet beschildert.
> *Reine Gehzeit:* 8 bis 9 Stunden.
> *Beste Jahreszeit:* Frühsommer bis Herbst.

Vor ungefähr 2,3 Millionen Jahren, im Erdzeitalter des Neozoikum, schuf die Natur den Monte Amiata, und vor rund 400 000 Jahren erlosch der Vulkan im Krater. Die weltalte Majestät, allgegenwärtig im weiten Umkreis, zwischen Siena und Grosseto einen Grenzeckpfeiler bildend, ist zur Ruhe gekommen. Doch tief drinnen brodelt es immer noch gewaltig: In den Magmakammern wird Sickerwasser erhitzt, der Dampf strömt durch Bohrungen an die Erdoberfläche. Kraftwerke wandeln den Dampf in Energie um, im Sennatal südöstlich zu Füßen des Monte Amiata. Damit werden Gewächshäuser auf einer Fläche von 30 Hektar beheizt, der größten dieser Art in Italien. In diesem Blumenproduktionszentrum ermöglichen modernste Technologien die Züchtung von Zierpflanzen im Reagenzglas.
Die boraxhaltigen, nach Ammoniak stinkenden Gase der Anlage von Piancastagnaio sind bei Westwind schon während der Anfahrt nach Abbadia San Salvatore zu riechen. Bereits die Etrusker wußten die Erdwärme auf ähnliche Art zu nutzen (siehe auch Tour 23).
Die Zierpflanzenerzeugung erfolgt neben anderem (Tourismus, Waldwirtschaft, Preßspanplattenherstellung, industrielle Viehhaltung, Verarbeitung von Schweine- und Truthahnfleisch) im Rahmen der Wiederbelebungsmaßnahmen des wirtschaftlichen und sozialen Gefüges, das auf Bauern und Knappen beruhte, aber nach dem Zweiten Weltkrieg in eine Krise strudelte. Das Quecksilberbergwerk bei Abbadia San Salvatore, ab 1846 fördernd, 1860 modernisiert, stellte seinen Betrieb vor einem Jahrzehnt endgültig ein. Es waren die zweitgrößten Quecksilberminen der Welt. Sie lieferten zeitweise (1929) 35 Prozent der globalen Produktion. Harte, gesundheitsschädigende Schwerstarbeit! Kein Wunder, daß 90 Prozent der Einwohner von Abbadia San Salvatore Kommunisten waren.
Die Menschen um den Monte Amiata sind seit altersher anders als die übrigen Toskaner, obrigkeitssatter, ähnlich wie die der Maremmen: stets besitzlos, geschunden, belogen, enttäuscht, unterdrückt. Überall wohin sie blickten, ängstigten die Burgtürme der Aldo-

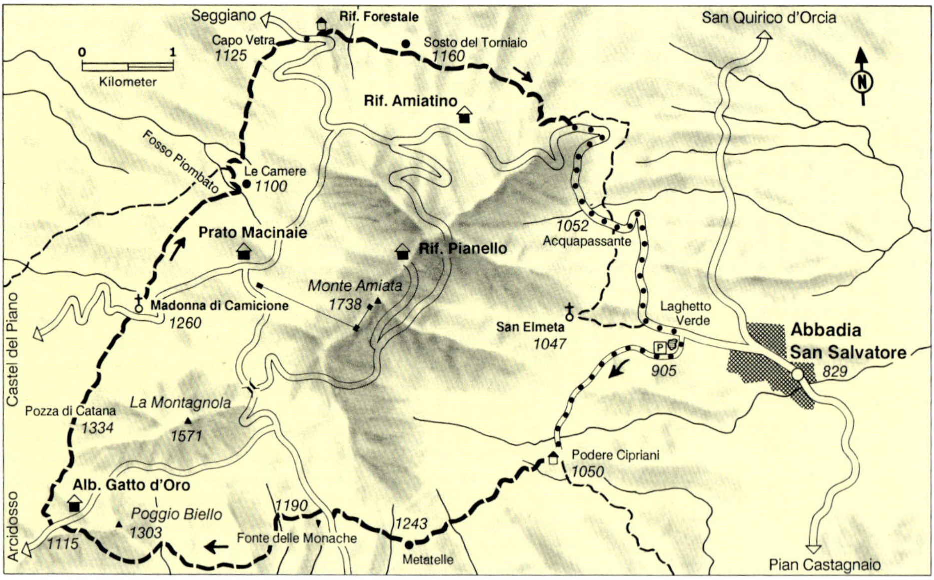

brandeschi – in Radicofani, Piancastagnaio, Roccalbegna, Santa Fiora, Semproniano, Castiglion d'Orcia, Castell'Azzara, Castel del Piano, Arcidosso, Seggiano.
Abbadia San Salvatore war zu Anfang Klosterbesitz, später gehörte es den Grafen Aldobrandeschi und kam 1347 durch Verkauf an Siena. Das Kloster, das dem Ort seinen Namen gab, wurde – als eines der ersten toskanischen überhaupt – im Jahre 743 von dem Langobardenkönig Ratchies gestiftet, nachdem ihm hier bei der Jagd über einem Tannenwipfel der Erlöser erschienen war. Unter Benediktinern wuchs Abbadia San Salvatore zu einer der bedeutendsten Abteien Mittelitaliens, zur begütertsten der Toskana. Ihr Grundbesitz reichte bis an die Maremmenküste. 1228 übernahmen Zisterzienser das Kloster und führten es bis zur Aufhebung, 1782, durch Großherzog Pietro Leopoldo. Erst 1939 zogen wieder Zisterzienser am Monte Amiata ein. Die romanische Kirche wurde 1035 geweiht. Der rechte, unvollendete Turm gehört dem Vorgängerbau an und stellt ein für Italien nicht alltägliches Beispiel karolingischer Architektur dar. Trotz miserabler Modernisierung (1925–1930) spürt man in dem weiten, einschiffigen Innenraum, dessen Dach von Holzbalken getragen wird, noch einen Hauch der Romanik in ihrer geheimnisvollen Ausstrahlung. Dazu haben zweifellos die Restaurierungen 1969 bis 1971 beigetragen. Zu den Kunstwerken zählen das große Holzkruzifix sienesischer Schule (12. Jahrhundert) an der rechten Wand sowie eine Reliquienbüste des hl. Papstes Marcus, Schutzpatron der Ortschaft, eine Goldschmiedearbeit des Jahres 1381, die in der geplanten, ständigen Sakralkunstausstellung neben der Kirche zu sehen sein wird. Unter dem erhöhten Presbyterium erwartet uns die 770 fertiggestellte Krypta: prächtigste der ganzen Toskana, versichert mir leise ein Mönch, eine der beachtenswertesten Italiens. Fesselnd das harmonische Wechselspiel von Kreuzgewölben und Säulen: 35 an der Zahl, 24 davon ursprünglich erhalten, unterschiedlich strukturiert.
An den Ortsrändern steigt der Monte Amiata an in einem grünen Mantel. Den unteren Saum, bis etwa 1000 Meter, bilden Kastanienwälder. Aus dem Mehl der stacheligen Früchte stellen die Bäcker der Umgebung den *castagnaccio* (Kuchen) her, und am Herd wird eine süße Polenta gekocht. Die Kastanien gehen in einen Buchengürtel über, dessen Blätter im Herbst gelb und dunkelrot leuchten. Der Kragen besteht aus Tannen und hebt sich durch dunklere Farbtöne ab vom Mantel. Leider haben Skipisten und Lifte dauernde Wunden in den Wäldern gerissen. Und auch das eiffelturmähnliche Kreuz auf der Gipfelkuppe (1738 m) paßt zur Landschaft wie die Faust aufs Auge. Damit werden wir Gott sei Dank nicht konfrontiert auf dem »Anello dell' Amiata«, dem rund 30 Kilometer langen »Ring des Amiata«, wie der vom Verkehrsverein der »Comunità Montana Monte Amiata« trassierte und beispielhaft betreute Rundweg heißt.

Der Wegverlauf

Vom Parkplatz (905 m) am *Laghetto Verde* auf breitem Weg bergan, rechts vorbei an einem hohen Kamin des ehemaligen Quecksilberbergwerkes, in 35 Minuten zum *Podere Cipriani* (1050 m), ein dem Verfall preisgegebenes Gebäude. Hier mündet ein Zugangsweg von Piancastagnaio.
An der Wegegabel halbrechts, einen Rastplatz passieren (gelber Pfeil) und nun auf schmalem Waldweg. Nach 5 Minuten an der Teilung links, weiterhin auf die gelben Markierungspfeile achtend. Nach insgesamt 1½ Stunden bietet sich ein freier Blick zum Monte Labbro (1193 m) im Südwesten: schwach südöstlich soll man an klaren Tagen den Lago di Bolsena sehen. Eingeschränkt hingegen ist die Schau vom eigens dafür hergerichteten *Aussichtsplatz Metatelle* (1243 m).
Wieder in den Buchenwald. Der Weg senkt sich. Aufpassen, es geht nämlich gleich rechts, auf Steinen über ein Bächlein und auf schmaler Spur wieder bergan, zusätzlich rotweiß-rot (an den Bäumen) bezeichnet. Von Metatelle ist es ¼ Stunde zur Asphaltstraße. Etwa 20 Meter links, dann halbrechts und im Wald abwärts bis zu einem Stacheldrahtzaun

Folgende Abbildung:
Der Monte Amiata von Nordwesten.

vor zwei Wellblechhütten. Davor rechts zur nahen *Fonte delle Monache* (Nonnenquelle), einem gepflegten Rastplatz (1190 m) mit Steinbänken und Grillanlage. Vom Parkplatz 2 Stunden.

Am Forstdiensthaus vorbei zur Straße. Bei dem Wegweiser nicht aufwärts, sondern halblinks abwärts am Rande des *Fosso dell' Inferno* (Höllengraben). Später, bei einem Wabenfels, rechts und gerade zu einer Kreuzung. Geradeaus weiter, jetzt auf einem uralten Holzabfuhrweg. Zwischendurch flattern Waldtauben auf. Der Weg führt durch einen Pinienwald: Pino nero, Pino silvestre. Beim *Gatto d'Oro* (Goldene Katze) sind wir 3¼ Stunden unterwegs. Unweit der Straße bietet das *Albergo Gatto d'Oro* gute Einkehrmöglichkeit (siehe touristische Angaben).

Die Straße überqueren. In Höhe des Rastplatzes rechts, 5 Minuten abwärts und die querverlaufende Waldstraße kreuzen. Etwa 150 Meter nach einem verfallenen Forstdiensthüttchen leiten die gelben Pfeile rechts vom breiten Weg ab durch eine Felstrümmerhalde. Nach 20 Minuten senkt sich der Weg. Wir kommen zu der gefaßten Quelle bei *Pozza di Catana* (1334 m). Vom Gasthof 35 Minuten. Dann quert man einen Graben voller Schutt und folgt den Markierungen zur Asphaltstraße, die bei einer Brücke betreten wird: Wir sind bei der *Madonna di Camicione* (1260 m), dem Gnadenbild im Schatten eines mächtigen Wabenfelsblockes. Vom Parkplatz 4¼ Stunden.

Auf der Straße etwa 100 Meter nördlich. Beim Wegweiser halblinks ab. Links begleitet uns der *Fosso Piombato* (Bleigraben), in dessen Bett die Felsen glattgewaschen sind. Bei einigen Felsblöcken stößt man auf einen breiten Querweg. Links, 10 Minuten später an der Gabelung halblinks. Ungefähr 1 Stunde nach der Madonna di Camicione trifft man am Platz *Le Camere* (1100 m) ein. Auf dem Querweg rechts, abermals einen wilden Graben queren, dem pittoresk geformte Felsen folgen. Hinab zu einer langgestreckten Lichtung. Etwa 5 Minuten danach an der Gabelung links halten, ein Stück weit sehr aussichtsreich dahin. Über den nächsten Kahlschlag, erneut von einer Aussichtspromenade geführt, und zum Rastplatz (Quelle) *Capo Vetra* (1125 m) an der Straße.

Der rot-weiß-rot markierte Forstfahrweg leitet rechts am Forsthaus vorbei zur Straße, die aber nicht betreten wird. Gleich links geradeaus, ansteigend in 10 Minuten zum *Sosto del Torniaio* (1160 m).

Und wieder erwecken Felsgruppen unser Interesse, ähnlich wie bei einigen Wanderungen auf Elba, auch hier von der Erosion gezeichnet. An einem Felsen ist das lateinische Kreuz eingemeißelt.

Ungefähr 1 Stunde nach Capo Vetra wenden sich die rot-weiß-roten Farbzeichen links (längere Strecke), wir indes laufen geradeaus zur 200 Meter entfernten Straße, die, so komisch es klingen mag, die interessanteren Eindrücke vermittelt. Abwärts. Rechts oben ragen im Wald zerklüftete, schätzungsweise 40 Meter hohe Felsbastionen empor.

Nach 20 Minuten auf dem Asphalt mündet von links die Originalroute. Danach (200 m) an der Straße der *Rastplatz Acquapassante* (1052 m, Quelle). Ich bin bis hierher 7¼ Stunden marschiert. Der »Anello« setzt sich zwar auf der gegenüberliegenden Straßenseite fort (Wegweiser), über das (verschlossene) Kirchlein Elmeta (auch Ermeta), was ich nach persönlichem Augenschein wegen mangelnder Aussicht nicht empfehle. Von der Straße – noch ½ Stunde zum Laghetto Verde – ergeben sich herrliche Blicke östlich über das Pagliatal hinweg zu der im 16. Jahrhundert von den Medici ausgebauten Burg auf der Basaltkuppe von Radicofani. Außerdem steht nach 600 Metern an der Straße das *Ristorante Brusto*. Hungrig hat der »Marathon« um den Monte Amiata sicherlich gemacht!

Touristische Angaben

Ausgangsort: Abbadia San Salvatore (829 m), 7900 Einwohner, Provinz Siena, Sommerfrische und Wintersportort am Osthang des Monte Amiata. Gute Busverbindungen. Von Florenz 143 km, von Siena 75 km, von Grosseto 80 km, von Rom 181 km. An der Staatsstraße 2 (Pagliatal) gelbe Hinweisschilder »Abbadia S. Salvatore«.

Ausgangspunkt: Wanderparkplatz am Laghetto Verde, westlich (1,5 km) des Zentrums; braune Hinweistafeln »Lago Verde«, »Vetta Amiata«. Große Übersichtstafel des »Anello dell' Amiata«.

Gehzeit: 8 bis 9 Stunden.
Unterkunft und Verpflegung: *Albergo Gatto d'Oro* (nach etwa 3¼ Stunden). Geöffnet Juli, August, September, sonst nur an Samstagen und Sonntagen. Auch Übernachtung. Tel. 0564/967074 oder 967279. Auskünfte: Azienda Autonoma di Soggiorno, Via Mentana 97, Tel. 0577/778608.
Karte: IGM-Karte (Istituto geografico militare) 1 : 100000, Blatt 129. Dient nur zur Übersicht, da veraltet (1953).

19 Sovana: Ins Totenreich der Etrusker

Unschwierige Rundwanderung.
Bei Nässe oftmals rutschig. Im Sommer heiß und schwül. Achtung: giftige Vipern!
Reine Gehzeit: 2¾ Stunden.
Beste Jahreszeit: Frühjahr und Herbst.

Hunderte von Etruskergräbern schlummern an den Talhängen von Calesina, Picciolana und Folgana um Sovana. Geheimnisumwittert gähnen die Öffnungen im weichen Tuffstein hinter teilweise dschungeldichter Vegetation. Einzelne Gräber erinnern äußerlich an Tempelgiebel, im Inneren an die Wohnräume städtischer Adeliger.
Die Etrusker glaubten fest an das Weiterleben eines Teiles ihres Ichs und sahen im Tod nur einen scheinbaren Bruch in der Kontinuität des Lebens. Das bringt die Grabtypologie zum Ausdruck: beständige Totenhäuser, den Wohnstätten nachempfunden, so daß die ganze Familie Platz fand. Außerdem sprechen dafür Grabbeigaben von Dingen, welche der Tote zu Lebzeiten besaß und benutzte: Speisen, Getränke, Haushaltsgeräte und -gegenstände, Kleider, Waffen, Schmuck etc.; vielfach auch in gemalter Form sowie auf Flachreliefs an den Kammerwänden. Selbst bei Urnenbestattungen verfuhr man dementsprechend.
Über die Jenseitsvorstellungen der Etrusker müssen wir uns mit Hypothesen zufrieden geben. Bewiesen ist allerdings ein fester Glaube an die Göttlichkeit und Unsterblichkeit der Seele. Dr. Ambros Josef Pfiffig, Dozent für Etruskologie und italienische Altertumskunde an der Universität Perugia, geht in seiner Publikation »Religio Etrusca« (Graz 1975) von einer Zweiheit der Seele aus. Er nennt eine »Vitalseele« – sie existiere im Grabe in »irgendeiner Form« fort – und eine »Ichseele«, die als »Totenseele« oder »Totengeist« ins Elysium entschwebe, im griechischen Mythos die »Insel der Seligen«, zu der auserlesene Helden entrückt wurden. Er stützt seine Ansichten auf ähnlich gestaltete Darstellungen in Gräbern. Daraufhin wirft der Kunsthistoriker Herbert Alexander Stützer ein, »ob Pfiffig nicht allzu kühn in seinen Schlußfolgerungen ist«. Waren die Inseln der Seligen nicht allein »den Heroen vorbehalten und für gewöhnliche Sterbliche unzugänglich? Ist es ganz ausgeschlossen, daß sich die Etrusker in ihrer frühen Zeit damit zufriedengaben, mit einem Teil ihrer Individualität am Ort des Grabes fortzuleben?«
Ein ausgesprochen positiver, zuversichtlicher Jenseitsglaube herrschte zumindest während der orientalisierenden, archaischen Hochblüte (7. und 6. Jh. v. Chr.), als die Ausmalungen der Grabkammern ungehemmten Frohsinn, rauschende Feste, üppige Gelage, Musizierende und Tanzende zeigten. Später, in hellenistischer Epoche (4. bis 2. Jh. v. Chr.) hingegen, treten grausige Darstellungen auf, furchterregende Dämonen mit unheilverkündenden Fratzen. Zeichen des Wandels in Todesangst? Das Jenseits nun als Strafe, statt des Paradieses die Hölle?
Die Stadt der Lebenden – Suana oder Sveama – lag auf der durch vulkanische Ablagerungen entstandenen Tuffsteinklippe von Sovana. Sie umfaßte ein Terrain von sieben Hektar, auf dem rund 1100 Menschen innerhalb einer eineinhalb Kilometer langen Ringmauer heimisch waren. Vermutlich war Suana als Polarisation kleinerer Siedlungen und Bauernhöfe des Umkreises hervorgegangen, es sollte ein landwirtschaftlicher, aber auch militärischer Schwerpunkt entstehen.
Suana unterstand dem Stadtstaat Vulci und war dort im höchsten Magistrat (Lucumon), der die Regierungsgeschäfte ausübte, vertreten. Und es war auch im Schicksal damit verknüpft, nachdem Vulci 280 v. Chr. vor den Truppen des römischen Konsuls Caius Tiberius Coruncanius kapituliert hatte. Suana er-

hielt zwar den Status eines *»municipium«* (Stadt), war aber der römischen Präfektur im nahen Saturnia untergeordnet. Trotzdem erfuhr es ausgerechnet zwischen dem 3. und 1. Jahrhundert eine Blütezeit, was die aufwendigen Gräber unterstreichen. Bis ins 1. Jahrhundert, als die großen Etruskerstädte nahezu vollkommen romanisiert waren, wurde sogar die alte Schrift gepflegt.
Mit Ausnahme etlicher Stadtmauerreste findet man keine Etruskerspuren mehr in Sovana. Dafür Bauwerke aus dem Mittelalter: am einen Ende die mächtigen, im 17. Jahrhundert geschleiften Befestigungen der Aldobrandeschi-Burg, am anderen den Dom.
Mittelpunkt des 1783 Sorana angegliederten Städtchens: Piazza del Pretorio. Hier stehen die wichtigen öffentlichen Gebäude: Palazzo Comunale (Rathaus), geziert von einem Glockentürmchen; Palazzo Pretorio mit den neun Wappen der von Siena beziehungsweise Florenz eingesetzten Kommissare zwischen 1482 und 1686. An der niedrigen, zweibogigen Loggia del Capitano verdeutlicht ein großes Mediciwappen, daß Sovana seit 1558 zum Großherzogtum Toskana gehörte. Die Kirchenruine San Mamiliano – mit etruskischer Basis – gilt als ältestes Gotteshaus Sovanas. Es beherbergte bis Ende des 18. Jahrhunderts den Sarkophag des Schutzheiligen (zu Lebzeiten Bischof von Palermo), ehe ihn der Dom aufnahm. Unbedingt eintreten sollte man in die romanisch-gotische, von achteckigen Pfeilern in drei Schiffe unterteilte Kirche Santa Maria, denn sie enthält das einzige erhaltene, vorromanische Ziborium der Toskana, einen auf vier Pfeiler gesetzten Altarbaldachin aus weißem Marmor, aus dem 8. oder 9. Jahrhundert. Zwischen Santa Maria und San Mamiliano zwängt sich der Palazzo Bourbon Del Monte, an dem der ursprüngliche Eingang von Santa Maria zu erkennen ist.

Der Wegverlauf

Rechts neben dem ehemaligen Rathaus (auch Palazzo dell' Archivio) in die *Via del Duomo*, das westliche Teilstück der Via di Mezzo. Eine Tafel berichtet vom entschlossenen Durchhaltevermögen der papsttreuen Sovaner, die vom Juni 1240 bis Juni 1241 der Belagerung des deutschen Kaisers Friedrich II. trotzten. Auf der rechten Straßenseite arbeitet ein Korbmacher. Links stößt man auf das angebliche Geburtshaus (Nr. 43) von Hildebrand (Ildebrando, möglicherweise mit den Grafen Aldobrandeschi verwandt), später Papst Gregor VII. (1073–1085). Er stärkte, unversöhnlich im Charakter, die päpstliche Autorität wie kein anderer, und erniedrigte Heinrich IV. zum berühmten »Gang nach Canossa«.
Der *Dom* verlor seine Funktion 1777. Bischof und Klerus entschieden sich für Pitigliano und überließen das immer hoffnungsloser verelendende Sovana – deshalb der Name »Stadt des Jeremias« – ihren armen Schäfchen. Die Petrus geweihte Kathedrale steht auf dem höchsten Punkt des Ortes, umgeben von stocksteifen Zypressen. Eingang durch den Bischofspalast. Sehenswert ist das alte Portal aus dekorativen Fragmenten des Vorgängerbaues. Sie bilden ein ungewöhnliches, originelles Mosaik. Die wesentliche Bauphase der Romanik war die frühe zweite Hälfte des 12. Jahrhunderts, am Übergang zur Gotik. Zweifarbige Pfeiler stützen die Kreuzgewölbe des Mittelschiffes. Sachgerechte Restaurierungen der achtziger Jahre gaben dem Inneren seine Stilreinheit zurück. Das Taufbecken (1434) steht wieder am angestammten Platz, ebenso der Bischofsstuhl im Presbyterium. Im rechten Seitenschiff ruht der kleine Sarkophag mit den sterblichen Überresten des hl. Mamiliano. Er hat nach der Legende Sovana anfangs des 4. Jahrhunderts zum christlichen Glauben bekehrt. Unter der geosteten, einst freskogeschmückten Apsis kann die Krypta besichtigt werden.
Rechts am Dom vorbei auf dem steingepflasterten historischen Stadtweg, den einst das Haupttor (Porta Santa Croce) bewachte. Rechts folgt der Friedhof. Dann gleich links drei große, miteinander verbundene, jeweils von einem Pfeiler gestützte Kammern in hellgelbem Tuff, vielleicht etruskische Vorratskammern, die beim Straßenbau angeschnitten wurden.
Anschließend durch den Straßentunnel. Oberhalb des Ausganges entdeckt man die Löcher eines *Kolumbariums*: nischenartige Vertiefungen zur Aufnahme von Urnen, ein Bestattungsbrauch, wie er im Jahrhundert vor

Die Vorderfront der etruskischen Tomba Ildebranda (2. Jahrhundert v. Chr.) in der Nekropole von Sovana.

und nach Christi Geburt bei den Römern üblich war.
Unmittelbar nach dem Tunnel rechts ab, 20 Schritte auf Pfadspuren, dann rechtshaltend, über künstliche Felsstufen empor, eine Grabkammer passieren, zu drei Höhlungen nebeneinander. In der rechten *Kolumbarium-Nischen.* Der mittleren und linken wird die Aufgabe eines *frühchristlichen Oratoriums* zugeschrieben, wegen des teilweise erhaltenen Kreuzes im Gewölbe (Rest abgebrochen), den Sitzbänken (?) rechts sowie dem apsisähnlichen Hintergrund mit einem Tuffsteinblock (Altar?). Die linke Kammer weist rechts Freskoreste und im Gewölbe Malereien auf aus dem 14. oder 15. Jahrhundert auf.

Wieder zur Straße. Kurz danach, links am Parkplatz, verkündet ein Schild »Tomba della Sirena«: Mit dem Fußweg über den Bach, in wenigen Minuten zur *Tomba della Sirena* im felsigen Hang des Costone di Sopraripa. Es handelt sich um ein Ädicula-Grab (Tempelform) aus dem späten 3. oder frühen 2. Jahrhundert v. Chr., erstmals 1848 eingehend erforscht von George Dennis, englischer Konsul in Rom. »Sirena« nimmt Bezug auf die nackte, geflügelte Hauptgestalt am überwachsenen, verwitterten, skulpturengeschmückten Giebel. Die Beine der Sirene (oder Scylla) enden in fischförmigen Schwänzen. Nicht mehr erhalten sind die Gestalt des auf einer Liege ruhenden Verstorbenen, der etruskischen Todesdämonin Vanth und einer anderen Figur, wahrscheinlich die der Culsu (Hüterin der Hadespforte) oder eines männlichen Dämons. Das Scheintor symbolisiert den Eingang der Totenwelt. Links von der Fassade führen Stufen hoch in die enge Grabkammer.

Talauswärts folgen am Hang u. a. zwei *Halbwürfelgräber* mit etruskischen Weiheinschriften, darüber ein Altarstein für Totenkultfeiern beziehungsweise zur Ablage von Opfergaben. Und noch ein Stück weiter stößt man auf die *Cava di San Sebastiano.* Dieser eingekerbte etruskische Verkehrsweg (wie der gegenüberliegende »Cavone«), gesäumt mit Gräbern aus dem 7. Jahrhundert v. Chr., leitet links auf die südliche Hochfläche des Tales.

Zurück zur Straße. Links 700 Meter zum nächsten Parkplatz, an der Mündung eines Tälchens. Neben der Tafel »Tomba Ildebranda« geht es über Holzbohlenstufen zur *Tomba del Tifone,* einem sehr beschädigten Ädiculagrab des 2. Jahrhunderts im rötlichen Tuff, innen verziert durch eine Kassettendekke (Spuren bemalten Stucks). Wir sind am Poggio Stanziale. Für die Erschließung der hiesigen Gräber sorgte Anfang der achtziger Jahre Giuseppe Santerelli, Wirt der »Taverna Etrusca« in Sovana. Er rettete das Gelände vor vollständiger Überwucherung, was wir am Weiterweg erleben: links, begleitet von Halbwürfel- und Schachtgräbern zu einem Querweg. Er dringt – »Prisca« genannt – rechts in eine schmale Tuffsteinschlucht (etruskisch?) ein, zur nördlichen Hochebene.

Den Querweg kreuzen und Gegenanstieg zum Poggio Felceto. Dort erwartet uns die monumentalste Grabstätte von Sovana, eines der bedeutungsvollsten Beispiele spätetruskischer Architektur: *Tomba Ildebranda* (im Gedenken an Ildebrando, Papst Gregor VII.), wahrscheinlich aus der ersten Hälfte des 2. Jahrhunderts, unverkennbar im Ädiculatyp.

Zwei seitliche, ausgetretene Treppen leiten auf das Podium des »Tempels«, den an drei Seiten zwölf kannelierte Säulen umgaben – sechs an der Vorderfront –, die einen dreiteiligen Fries stützten. Neben den Stümpfen steht noch eine Säule. Der Zugangskorridor (Dromos) senkt sich unter dem Podium in die kreuzförmige, gemessen am Gesamtkomplex, kleine Grabkammer. Sie hat nur ein Lager. Das ließ die berechtigte Vermutung keimen, das Mausoleum könne ausschließlich für eine Person gebaut worden sein, selbstverständlich eine von Rang und Namen, »vielleicht im Begräbnisareal einer Familie«, sinniert Angelo Biondi, bezugnehmend auf die unmittelbare Nachbarschaft: Rechts die *Tomba a lacunari* (4. Jahrhundert) im Grundriß eines griechischen Kreuzes mit Kassettendecke. Ihr Dromos beginnt mit dem der Tomba Ildebranda. Neben dem Eingang liegen die Steinplatten, welche die Gruft verriegelten. Vom unteren Dromos ausgehend links entdeckte man erst 1974 eine dreiseitig mit Liegebänken versehene Grabkammer (2 × 2 m). Die Beigaben waren unangetastet: 31 unverzierte Gegenstände aus Bronze und Terrakotta, u. a. eine aufschlußreiche Bronzeplatte. Sie hatte als Henkel einen Faun sowie eine Medusa, eine weibliche, geflügelte Schreckgestalt (Gorgo), bei deren Anblick der Mensch vor Entsetzen versteinerte ... Die Grabbeigaben erlauben eine zeitliche Einordnung in die erste Hälfte des 2. Jahrhunderts v. Chr. (wie Tomba Ildebranda).

Für die Rückkehr zum Parkplatz an der Mündung des Tälchens nehmen wir den gängigen, breiten Spazierweg. Beim Parkplatz entdeckten Wissenschaftler 1912 einen Opferaltar und zahlreiche Votivgaben, offenbar von Reisenden dargebracht.

Jetzt nimmt uns der *Cavone* auf, die denkwürdigste Etruskerstraße von Sovana, bis zu 15 Meter im Tuffstein. Selbst bei hohen Temperaturen herrscht im Halbdunkel des feuchten Hohlweges angenehme Kühle. Moose kriechen über den Fels, Farne wuchern, Lianen umschlingen dichtes Strauchwerk, das kaum Sonnenlicht einläßt. Ungeheuer eindrucksvoll! Die Straße wird noch heute befahren bis hinauf zum *felcetto* (Farnfeld), oder von dort ins Tal. Früher stellte sie ein Verbindungsglied des wichtigen Verkehrsweges zu den Zinnober-Abbaustätten am Monte Amiata dar. Nach etwa 100 Metern ist an der linken Seitenmauer das mittelalterliche *»Bild der Jungfrau«* kaum noch zu erkennen unter zwei archaischen Grabkammern (7. Jahrhundert). Weitere Gräber folgen, allesamt oberhalb der Wegsohle, die im Laufe der Jahrhunderte immer tiefer geworden ist.

Mitten im Cavone, 5 Minuten nach seinem

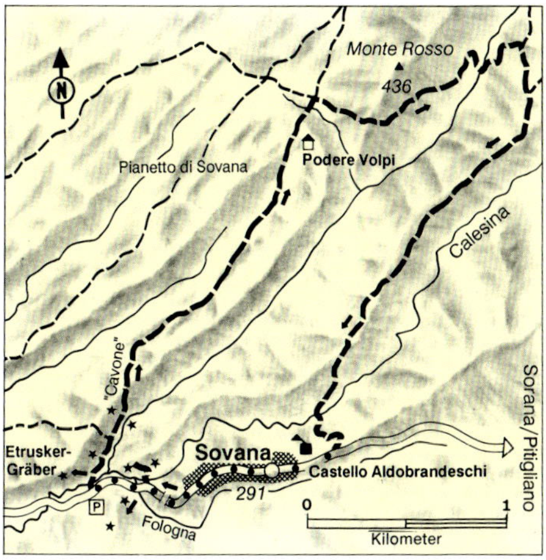

Betreten, sieht man links oben ca. 3 m in der Höhe ein umgekehrtes *Hakenkreuz*: »Swastika« im Sanskrit, gilt als Sinnbild der Sonne. Rechts daneben eine etruskische Inschrift. Sie wird, wie die meisten epigraphischen Zeugnisse, von rechts nach links gelesen. Manchmal jedoch schrieben die Etrusker »auch *bustróphedon*«, schreibt der Archäologe Lucio Passerini, das heißt abwechselnd rechts- und linksläufig – »wie der Ochse pflügt«. Insgesamt sind rund 7500 verschiedene Texte bekannt und fast 300 Wörter in ihrer Bedeutung. Das Alphabet, und zwar das westgriechische, haben die Etrusker zwischen 800 und 700 v. Chr. von den griechischen Kolonien am Golf von Neapel übernommen und es den phonetischen Bedürfnissen ihrer Sprache angepaßt. Sie gehört nicht wie das Griechische und Lateinische zum indoeuropäischen Stamm. »Ihr Ursprung liegt«, so Passerini, »im dunklen (vielleicht hat sie sich in einer sehr frühen Zeit in Italien herausgebildet).« Allerdings weist die vorgriechische Sprache der Ägäisinsel Lemnos genetische Verwandtschaft mit dem Etruskischen auf, erkannte Helmut Rix, ordentlicher Professor für Sprachwissenschaften an der Universität Freiburg i. Br. Vom »Lemnischen sind freilich bisher nur zwei etwas längere Paralleltexte und vier Textfragmente bekannt – alle aus dem 6. Jahrhundert v. Chr. –, so daß die Sprache selbst der Erhellung durch das viel besser bezeugte Etruskische bedarf«. (Die Etrusker, Belser Verlag, Stuttgart 1985.)

Der Cavone bringt uns auf die *Pianetti di Sovana*. Links dem Fahrweg folgen – rechts schöner Blick zum Dom von Sovana – in Nordostrichtung. Etwa 35 Minuten nach dem Parkplatz erreichen wir die kleine Häusergruppe des *Podere Volpi* mit einem Brunnen. Fünf Minuten später biegen wir bei der Eiche rechts ab, entlang von Gebüsch durch die Süd- und Südostflanken des Monte Rosso. Bald senkt sich der Weg. An der Gabelung halblinks auf der sandigsteinigen Böschung. Obwohl stark überwachsen, kann der Verlauf nicht verfehlt werden – in guten 10 Minuten hinunter zu einem Bächlein. Am anderen Ufer steil empor auf breitem Weg in ¼ Stunde zum flachen Rücken der Hochebene zwischen den Tälern. Nun mit dem Fahrweg rechts. Sovana tritt erneut ins Blickfeld.

Nach 5 Minuten rechts an Weingärten entlang. Links Steilabbrüche ins Calesinatal. Am Bauernhof rechts vorbei, schwach linkshaltend, worauf ein breiter Weg ins grüne Calesinatal führt. Rechts begegnen uns zwei gut erhaltene Kammergräber (Liegebänke). Die landschaftlichen Eindrücke steigern sich. Am linken Talhang schnellen steile Tuffsteinwände hoch. Der Burgturm taucht auf. Kurz danach links über den Bach, hinauf zu einer schattigen Felsenge. Rechts oben im Tuff mehrere Kolumbarium-Nischen in Längsform; dann am Weg zwei ansehnliche Kammergräber.

Der Anstieg aus dem Tal zur Straße dauert 10 Minuten. Abschließend rechts zum Bollwerk der *Aldobrandeschi-Burg*. Sie bewacht seit dem 10. Jahrhundert die Ostpforte Sovanas. Das Geschlecht der Aldobrandeschi, langobardischer Abstammung aus Lucca, hatte sich im Laufe des 9. Jahrhunderts weiter Teile der Südtoskana innerhalb des Dreiecks Lago di Bolsena – Maremmen – Monte Amiata bemächtigt. Unter Ildebrandino I. besaß die Grafschaft »so viele Burgen, wie das Jahr Tage hat«. Sovana war Sitz der Herrschaft, ab dem Jahre 1000 auch Hauptort der Maremmen – fünfhundert Jahre lang, bis zum Untergang der Familie.

Touristische Angaben

Ausgangsort: Sovana (291 m), Provinz Grosseto. Von Florenz 180 km, von Siena

120 km, von Grosseto 82 km, von Orvieto 61 km, von Rom 149 km. Busverbindungen. An der Ortseinfahrt informative Übersichtstafel der wichtigsten Gräber.
Parken: Gleich nach der Ortseinfahrt rechts (Via di Sopra) zum geräumigen Parkplatz; gegenüber ein Stück etruskischer Stadtmauer.
Gehzeit: 2¾ Stunden.
Unterkunft: *Albergo Taverna Etrusca,* Tel. 0564/616183 oder 615539. *Albergo Scilla,* Tel. 0564/616531. Auskünfte: Tel. 0564/633023.
Verpflegung: *Taverna Etrusca* (Piazza del Pretorio), rustikal eingerichtetes Speiselokal. Im offenen Kamin Zubereitung des *»Arrosto misto«* (gemischter Braten) auf Holzkohle. *»Acqua cotta«* (Gekochtes Wasser), Suppe aus Gemüse, Gewürzen, Pilzen ist eine ausgesprochene Spezialität der Maremmen. *Ristorante Scilla; Pizzeria Il Sileno; Pizzeria La Tavernetta.*
Literatur: Angelo Biondi, Sovana. Die Stadt des Jeremias (Broschüre, im Ort erhältlich).
Karte: IGM-Karte 1:100000, Blätter 136 und 129; veraltet, letzte Überarbeitung 1953.

20 Ansedonia: Wo römische Ingenieurskunst noch funktioniert

An der Küste des Silbers

> Spaziergang.
> *Reine Gehzeit:* ¾ Stunde (Hinweg).
> *Beste Jahreszeit:* Frühjahr bis Herbst.
> Im Sommer sehr heiß!

Die Küste des Silbers – *Costa d' Argento* – zwischen der Landspitze von Talamone im Norden und dem Lago di Burano im Süden, nahe der Grenze zum Latium, noch zu den Maremmen gehörend, bildet ein Stück des insgesamt 329 Kilometer langen Gestades der Toskana am Tyrrhenischen Meer. Argento hängt mit dem Monte Argentario (Silberberg) zusammen: Benannt wahrscheinlich nach den »argentarii«, der wegen ihres Silberreichtumes berühmten römischen Grundbesitzer- und Bankiersfamilie Ahenobarbus, welcher das Gebiet des »Argentarius« nach der Niederwerfung der hiesigen Etrusker gehört haben soll (wie die Inseln Giglio und Giannutri). Der Monte Argentario, gipfelnd im Telegrafo (635 m), an dem es nie Silberminen gegeben hat, war eine Insel. Erst die im Laufe von Jahrhunderten durch Sand und Schlick angespülten Nehrungen Tombolo di Feniglia und Tombolo della Gianella Fibbia beziehungsweise der Straßendamm von Orbetello verbanden das Eiland mit der toskanischen Küste.

Dem Argentario gegenüber, auf einem kleinen, kapähnlichen Vorgebirge, liegt der exklusive Villenort Ansedonia. Auf die Kuppe (113 m) setzte das Imperium 273 v. Chr. eine Stadt lateinischen Rechts: Cosa (oder Cosae), die erste in Italien auf fremdem Territorium, nämlich dem der 280 v. Chr. unterworfenen Etruskermetropole Vulci – knapp 30 Kilometer östlich, landeinwärts.

In Cosa lebten rund 9000 Personen in 300 Häusern und Wohnblöcken *(insulae).* Letztere entsprachen im Grundriß (82 m lang, zwischen 32,50 und 37 m breit) dem regelmäßigen Rastersystem des rechtwinkeligen, kalksteingepflasterten Straßennetzes. Jedes Haus besaß eine Zisterne.

Die Grabungen (1948–1972) der römischen »Scuola di Studi Classici dell'Academia Americana« unter Frank E. Brown lieferten den Beweis, daß Cosa auf unbebautem Platz entstanden war, und nicht, wie angenommen, als Nachfolgerin einer Etruskersiedlung. Die Stadt als solche existierte bis ins 1. christliche Jahrhundert, »wenn auch der Kapitolstempel noch weitere zwei Jahrhunderte in Benutzung blieb«. Cosaner ließen sich am Hafen nieder beziehungsweise gründeten unterhalb des Vorgebirges den Ort Succosa an der Via Aurelia, wo ein Tempel stand. Die Via Aurelia, streckenweise identisch mit der heutigen Küstenstraße, war 241 v. Chr. von Rom bis Cosa trassiert worden (später Verlängerung nach Pisa, Genua, Marseille).

Östlich, zu Füßen des Hügels, lag der Portus Cosanus: halbrund nach Südosten geöffnet. Dahinter erstreckte sich, zwischen Via Aurelia und Strand, eine Lagune etwa 20 Kilometer zur Mündung des Tafoneflusses, ungefähr bei Marina Pescia Romana. Für die Nivellierung der Lagune, aber auch zum Schutz der

Hafeneinfahrt vor drohenden Anschwemmungen, schufen Steinmetze einen teilweise 20 Meter tiefen, 140 Meter langen, schleusenregulierten Kanal *(»Tagliata Etrusca«)* in der Art etruskischer Tuffstein-Hohlwege aus dem Kalkfels. Mit Hilfe dieses Kanales und seiner Querstollen wurde niedriger Wasserstand der Lagune durch einströmendes Meerwasser ausgeglichen, erhöhter Spiegel samt Schlick im Spüleffekt abgeleitet. Gleichfalls spielte die *»Tagliata«* in der Fischzucht eine wichtige Rolle. Das ausgetüftelte, komplizierte System ist Gegenstand einer 400 Seiten starken Untersuchung (»The Roman Port and Fishery of Cosa«) der Princeton University, New Jersey; erschienen 1987.

Heute noch, seit mehr als 2000 Jahren, fließt das Wasser aus dem Hinterland und vom Lago di Burano, einem Relikt der Lagune, ins Meer – als funktionierender Beweis römischer Ingenieur- und Hydraulikerkunst.

Dort, beim Torre Puccini, in dem der Komponist an seiner »Tosca« gefeilt hat, am Portus Cosanus, treten wir den Spaziergang nach Cosa an.

Der Wegverlauf

Vom Parkplatz am Kanal entlang. Dem seichten Wasser der antiken Hafenbucht entragen klobige Reste römischer Piere in der Technik des *opus reticulatum*, bei der das Gußmauerwerk mit geglätteten, kleinen Steinplättchen mosaikähnlich verkleidet wird. Rechts führt ein Steg (Blick in die Tagliata Etrusca) über den Kanal zum finster klaffenden *Spacco della Regina*, der erst durch Steinbrucharbeiten in Erscheinung trat und mit dem Kanalisierungssystem überhaupt nichts zu tun hat. Er verengt sich in seinem Verlauf (260 m); Taschenlampe notwendig. Steinschlaggefahr!

Diesseits weiter, auf künstlichem, geländergesichertem Weg zur Mündung der *Tagliata Etrusca* in eine Felsbucht. Der Schacht rechts des Wegleins diente als »Ventil«, wenn brandende See den Auslauf überschüttete.

Kurz zurück, dann links empor (Steinstufen), über den 30 Meter tiefen Spalt des *»Spacco della Regina«* hinweg, zu einer Asphaltstraße in *Ansedonia*.

Zypressen begleiten uns zur breiten Querstraße. Links. Der mittelalterliche Torre San Biagio erscheint. An der Straßengabel geradeaus. Vor dem Turmgrundstück die Rechtskurve ausgehen.

Mit der ersten Querstraße weiter bergauf, über die Kuppe, dann rechts (Viale delle Ginestre). Hinter der nächsten Kuppe abwärts. Bald sehen wir rechts die Zyklopenmauer von Cosa sowie zwei der ursprünglich 18 vorstehenden, unregelmäßig plazierten Mauertürme des Befestigungsgürtels.

Etwa 100 Meter nach dem *Hotel Hermitage* spitzwinkelig rechts einschwenken. Tafel: »Ansedonia Area Archeologica di Cosa.« Den Parkplatz rechts passierend, zum Gittertor und hinauf zum efeuumrankten, 1982 eröffneten *Museo nazionale di Cosa* auf dem Gelände der Römerkolonie. Man spürt den unaussprechbaren Reiz, von dem Ruinen der Vergangenheit umhüllt sind. Im Schatten altersgezeichneter, windgebeugter Olivenbäume suchen Pferde gesenkten Kopfes Schutz vor Sonnenglut. Scheinbar nahe brüllen Maremmenbüffel. Im Frühjahr blühen gelbe Krokusse. Klatschmohn leuchtet aus borsti-

Die sogenannte »Tagliata Etrusca«, ein für die Toskana einzigartiger Be- und Entwässerungskanal aus römischer Zeit.

gem Gras. Dorniges Gestrüpp bedeckt einstmals blühende Antike.
Neben dem Museum sind aufgehende Rudimente eines Gebäudes (Schutzdach) konserviert. Es ist das sogenannte *Atrium-Haus*, das wegen seiner prachtvollen Ausstattung einem reichen Bürger zugeschrieben wird.
Links am Atrium-Haus vorbei, ein Stück den Straßenspuren folgen, dann schwach links halten. Die ausgemauerte *Zisterne* zur Versorgung der *Thermen* (städtisches Bad) ist eindeutig zu erkennen. Ungefähr 50 Meter danach an der Kreuzung rechts, nun auf einer der sechs Meter breiten Hauptstraßen, der vom Nordwesttor, zum ehemals dreitorigen Bogendurchgang (beiderseits Stümpfe erhalten) auf das *Forum* (90 × 30 m), den politischen Mittelpunkt. Hier standen die wichtigsten öffentlichen Gebäude. An der Nordostseite des Forums fanden in der *Basilica* Gerichtsverhandlungen statt, Handel und Geldverkehr. Rechts schloß sich wahrscheinlich das *Comitium* (Wahlen-, Versammlungsstätte) an. Noch etwas weiter rechts nimmt man wegen der massiven Mauerung das *Aerarium* (Schatzkammer) an, daneben das *Macellum* (Marktgebäude). Am Museum rechts vorbei, schräg rechts, gelangen wir zur *Stadtmauer*. Parallel, im Abstand von rund sechs Metern, verlief eine 4,45 Meter breite Ringstraße, vermutlich für die schnelle Verlagerung der Streitkräfte im Ernstfall.

Reste des Kapitoltempels auf der Akropolis der von den Römern 273 v. Chr. gegründeten Stadt Cosa (heute Ansedonia).

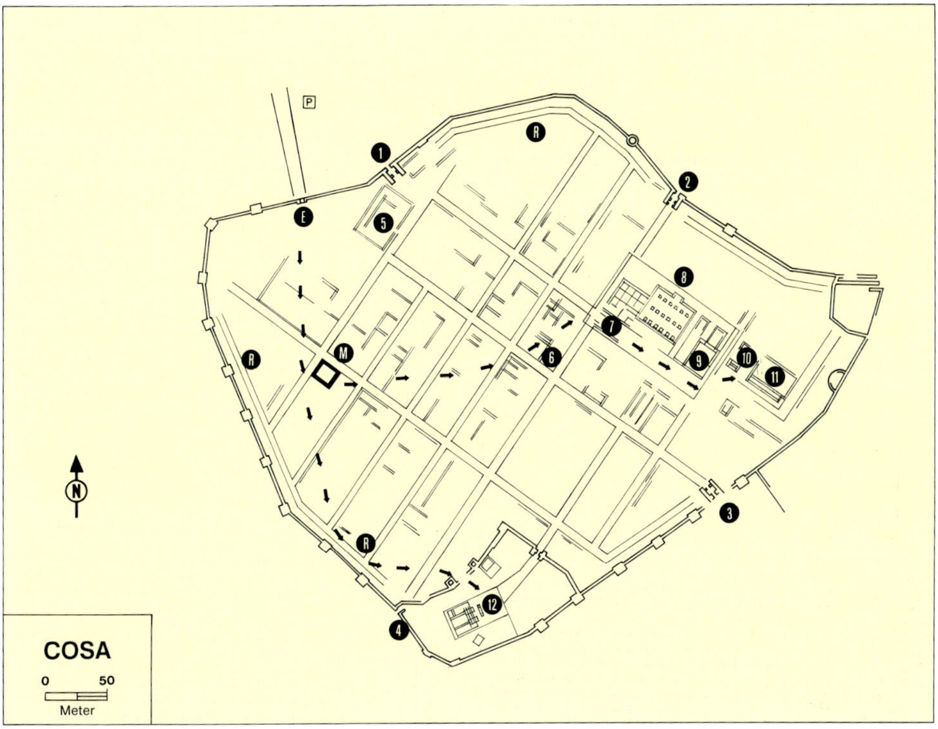

Plan des römischen Cosa (nach F. E. Brown und V. J. Bruno) mit den beschriebenen Exkursionen ab dem Museum: E Eingang, M Museum mit »Atrium-Haus«, R Ringstraße. 1–3 Stadttore, 4 Posterula (kleines Tor), 5 großer Tempel, 6 Zisterne und Thermen, 7 Bogendurchgang zum Forum, 8 Basilica, 9 Comitium(?), 10 Aerarium(?), 11 Macellum(?), 12 Kapitol auf der Akropolis

Mäßig bergan zur *Akropolis*. Die im späten 2. vorchristlichen Jahrhundert errichteten Mauern des *Kapitolstempels* entwachsen noch sechs bis sieben Meter dem Fels: Hauptheiligtum, ausgestattet mit drei Zellen *(cellae)* wie beim großen Vorbild am Tiber. Auch in Cosa wurden Jupiter, Juno und Minerva verehrt. Zwei andere, kleinere Tempel sind im Grundriß vorhanden. Nach dem Verfall der Stadt, wahrscheinlich im 5. christlichen Jahrhundert endgültig zerstört, kam Cosa unter Karl dem Großen als Lehen an Benediktiner.

Fast ein Jahrhundert hausten Sarazenen in den Trümmern. Im 13. Jahrhundert entwikkelte sich das Kastell Ansedonia. Der Kapitolstempel diente als Kirche, bis Siena die Höhe 1330 schleifte.

Die Akropolis ist der herrlichste Aussichtsplatz von Ansedonia. Stets weht eine kühle Brise vom Meer her. Im Westen der gedrungene Monte Argentario.

Touristische Angaben

Ausgangsort: Ansedonia, zu Orbetello gehörend, Provinz Grosseto. Von Florenz 186 km, von Grosseto 45 km, von Orbetello 10 km, von Rom 145 km. – Archäologische Zone und Museum von Cosa sind offiziell von 9.00 bis 14.00 Uhr, an Sonn- und Feiertagen von 9.00 bis 13.00 Uhr geöffnet (Montag geschlossen), doch kann man sich erfahrungsgemäß darauf nicht verlassen. Das Eingangstor ist meist offen!

Ausgangspunkt: Torre Puccini. Parkplatz und Badebucht östlich unterhalb von Ansedonia. Das Zufahrtssträßchen (1,5 km, Bahnunterführung nur 2 m hoch!) zweigt von der Via Aurelia (SS 1) 4,8 km südöstlich der Anschlußstelle Orbetello rechts ab. Vom Parkplatz ist westlich auf der Anhöhe bereits eine Mauer des Kapitolstempels zu sehen.

Gehzeit: 1½ Stunden.

Unterkunft und Verpflegung: Zwei Hotels in

Ansedonia. Am Parkplatz ein Kiosk mit Erfrischungen (Getränke, Panini etc.).
Sehenswürdigkeit der Umgebung: Lago di Burano, etwa 7 km östlich des Ausgangspunktes. Vom Bahnübergang Stazione Capalbio Scalo 650 m zu den ländlichen Gebäuden (»Rifugio Faunistico di Lago di Burano«) der »Riserva naturale Lago di Burano« (300 ha). Der World Wildlife Fund erkor hier eines der wenigen, übriggebliebenen Sumpfgebiete der Maremmen zum Tierreservat. Führungen Anfang August bis Ende Mai am Donnerstag und Sonntag um 10.00 und 16.00 Uhr. Es empfiehlt sich, vorher anzurufen: Tel. 0564/898829. Unweit, westlich des Lago di Burano leiten Schilder zum »Lido di Macchiatonda«; Sandstrand.
Literatur: Anita Rieche. Das antike Italien aus der Luft. Gustav Lübbe Verlag, Bergisch Gladbach.

21 Im Naturpark Maremmen

Unschwierige Rundwanderung. Festes Schuhwerk ratsam! Badegelegenheit.
Reine Gehzeit: 5 Stunden.
Beste Jahreszeit: Der Naturpark darf von Wanderern nur zwischen 1. Oktober und Mitte Juni besucht werden; übrige Zeit ausschließlich im Rahmen von Führungen (siehe touristische Angaben).

Die toskanische Kornkammer der Antike, erschlossen von den Etruskern, kultiviert und bewirtschaftet von Gütern mit vielen Sklaven, versank, nachdem Rom preiswerteres Getreide aus Ägypten importierte, in Sümpfen, weil die Be- und Entwässerungssysteme nicht mehr funktionierten. Einfallende Sarazenen taten das übrige. Oft litten 90 Prozent der Maremmenbevölkerung an Malaria. Das Fieber dezimierte im 16. Jahrhundert die Einwohnerschaft Grossetos von 10000 auf 1000 Köpfe. Trockenlegungsmaßnahmen der toskanischen Großherzöge ab dem 16. Jahrhundert blieben zunächst im Sumpf stecken, im wahrsten Wortsinn. Die Situation besserte sich während des 18. Jahrhunderts allmählich. Frei von Malaria waren die Maremmen allerdings erst nach dem letzten Weltkrieg.
Die in die Maremma gingen, waren arme Schlucker aus den Bergdörfern, billige Arbeitskräfte für Großgrundbesitzer während der Ernte – Getreide, Oliven –, von frühmorgens bis zum Einbruch der Dämmerung auf den Feldern, angetrieben von Berittenen, nachts in Lager unter freiem Himmel gepfercht. So kennzeichnet der Sozialwissenschaftler Professor Roland Günter die Verhältnisse, »vor allem in der Zeit der Verarmung der gesamten Region nach 1620«. Lohn für eine Saison: gewöhnlich ein Scheffel (ca. 22 Liter) Öl oder der Gegenwert in bar. Manch einer schlich, von Wegelagerern ausgeraubt, mit leeren Taschen heim, jetzt hoffnungsloser als vorher. Maßlos Enttäuschte schlossen sich trotzig, aus Protest wider Obrigkeit und Geldadel, in Scharen dem namenlosen Heer der *briganti* und *bracconieri* (Wilderer) an. Schinderhannes- wie Bayerischer-Hiasl-Typen, gedemütigte, rechtschaffene Leute mit leidenschaftlichem Rechtsgefühl wie Michael Kohlhaas wurden in schilfgedeckten Hütten und elenden Stuben heimlich verehrt und besungen. Robin Hood im wilden Westen der Toskana! Mitte des 19. Jahrhunderts durchstreiften 300 bis 500 »Sozialbanditen« (Günter) die Maremma, Carabinieri auf den Fersen, Schlupfwinkel suchend bei Gleichdenkenden.
»Maremma« ist ein Dialektwort und hängt zusammen mit *»Marittima«* (Meergebiet). Sie steigt von der Alta Maremma südwestlich des Monte Amiata über urwüchsige Bergdörfer hinab ins Flachland von Grosseto und grenzt im Süden an das Latium.
Reisenden aus der lachenden Toskana in die schwermütig anmutende Marschlandschaft mit ihren wortkargen, biederen Menschen fällt auf, daß Zypressen rar werden. Dafür dehnen sich kilometerlange Pinienwälder hinter Sandstränden. Pinienkerne sind als Kuchengewürz geschätzt. Es gibt Eichenwälder und Macchia. Auf fruchtbaren Böden wird intensive Landwirtschaft betrieben, seit den sechziger Jahren nicht mehr von Großgrundbesitzern, sondern durch Kleinbauern. Rapsfelder im Gelb van Goghs. Halbwilde Pferdeherden. Weiße Büffel, deren Hörner Angst einflößen. Die Cowboys der Maremma,

»*Butteri*« genannt, berittene Rinderhirten, sind eigentlich nur noch Folkloreattraktionen. Sie stammen, wie auch die Schafhirten, hauptsächlich aus Sardinien, von wo sie den würzigen *Pecorino* (Schafskäse), heute eine Spezialität der Provinz Grosseto, mitgebracht haben. »Und an der Küste zieht die auswechselbare Allerweltskultur ein«, resümierte Roland Günter im Jahre 1986. Eine löbliche Ausnahme bildet der am 5. Juni 1975 durch die Region genehmigte »Parco Naturale della Maremma« südlich von Grosseto zwischen Ombronemündung und Talamone: 20 Kilometer vollkommen naturbelassene Küste, bis acht Kilometer landeinwärts greifend, hart an die Via Aurelia (SS 1) heran, ein Terrain von rund 70 Quadratkilometern. Aus dunklem mediterranen Grün treten vereinzelt mittelalterliche Wach- und Wehrtürme hervor. Eine Abtei verbirgt sich seit 1000 Jahren vor neugierigen Blicken. Steinzeithöhlen geben ihre letzten Geheimnisse nicht preis. Geschichte und lebendige Natur verschmelzen miteinander am Meeressaum der Uccellina, wo im Ombronedelta mehr als 130 Vogelarten ihr Winterquartier beziehen. Das Aushänge-

Talamone am Südrand des Parco Naturale di Maremma. Oben auf der Kuppe der mittelalterliche Wachturm Torre Capo d'Uomo.

schild toskanischen Naturschutzes wird gepflegt, gehegt und behütet wie ein Augapfel. Dort haben gebietsspezifische Fauna und Flora artenreich vor menschlichem Vernichtungswahn überlebt, Herzstück sind die bewaldeten, über 400 Meter hohen Kuppen der Monti dell'Uccellina.
Aus verständlichen Gründen gibt die Verwaltung den Park nur eingeschränkt frei, in der Zeit von Mitte Juni bis Ende September ausschließlich in Begleitung örtlicher Führer. Ansonsten – pro Tag höchstens 500 Personen – wird man von Albarese mit dem Bus nach Pratini gebracht, dem Ausgangspunkt der vier markierten Rundwege. Ich habe aus diesem Angebot eine Rundwanderung kombiniert. Sie läßt uns den Naturpark in seiner üppigen Vielfalt und Eigenart erleben.

Der Wegverlauf

In *Pratini* orientieren wir uns am Wegweiser »Intinerario 1 San Rabano«. Ab den Rastbänken schwach linkshaltend (ausgetretene Spuren) in 5 Minuten zum Laubwald aus Eichen und Ahornen. Nach insgesamt 20 Minuten erste Blicke über das Meer sowie auf den Torre di Collelungo (links) und den Torre di Castelmarino, den unsere Tour berührt. Dann ist die Steigung vorläufig geschafft. Ein Stück eben dahin, ½ Stunde später erneut spürbar aufwärts, durch Mischwald und über Lichtungen. Etwa 1½ Stunden nach dem Ausgangspunkt erwartet uns ein aussichtsreicher Wiesenfleck. Der Wegweiser zeigt links. Wir schlendern links am Poggio Lecci vorbei, dem »Gipfel« (417 m) der Monti dell'Uccellina, und erreichen *San Rabano* in einsamer Lage. Die genaue Bauzeit des Klosters liegt im dunkeln. Man nimmt das frühe 12. Jahrhundert an.
Der *»Torre Federiciana«* in der Südwestecke stammt aus dem 13. Jahrhundert. 1303 wurde San Rabano zur Kommende der Ritter des Hl. Kreuzes von Jerusalem. 1307 kam das Benediktinerpriorat von Pisa hierher. Das änderte sich 1321 mit der Machtergreifung der Abati, Tyrannen von Grosseto. Unter ihnen erfuhr die Anlage einen wehrhaften Ausbau. Nach der Vertreibung der Abati beziehungsweise der Unterwerfung Grossetos 1336 durch Siena mußte das Kloster jedes Jahr dem Dom in Siena eine zehn Pfund schwere Wachskerze stiften. Siena ließ 1438 die Wachtürme auf den Monti dell' Uccelina errichten und San Rabano noch wehrhafter ausbauen. Zwar ging das Leben im Kloster seinen gewohnten Gang, doch sank sein Einfluß erheblich. Und als 1474 das Priorat nach Albarese verlegt wurde, bedeutete dies seine Auflassung. Wald und Macchia holten sich ihren Besitz zurück, so daß von den Kultivierungsmaßnahmen der Mönche kaum noch etwas zu sehen ist.
Die romanische Klosterkirche wird in keinem mir bekannten deutschsprachigen Kunstführer auch nur mit einer Silbe erwähnt. Schade! Ihren Grundriß bestimmt das lateinische Kreuz, ergänzt von drei Apsiden, gekrönt von einer herrlichen Kuppel. Das kleine Portal bildet ein auf zwei Sandsteinsäulen gestützter Tragbalken. In der Lünette ornamentale Reliefs. Zeitliche Einordnung: 11. Jahrhundert. Den Turm zierten einst Schwalbenschwanzzinnen, wie überhaupt die Integration des Gotteshauses in die Wehranlage ersichtlich ist: Wallgräben vor den Mauern, mitten in der Befestigung eine Zisterne. Im Licht der Taschenlampe kann man die 56 Steinstufen (Geländer) im Kirchturm hochsteigen und dabei die kunstvollen Kapitelle der Säulen betrachten. Der Gesamtkomplex wird seit 1975 mit Unterbrechungen restauriert. Von Pratini 1¾ Stunden.
Bei San Rabano geht es rechts (westlich) weiter. Wenige Minuten später steht links ein jägerstandähnliches Aussichtspodest. Kurz danach eine zweite derartige Konstruktion. Bald senkt sich der Waldpfad, vorbei an den Mauerfragmenten der einstigen *»Tre Fonti«* (rechts), zu einem ausgedehnten Olivengarten und zur asphaltierten *Strada degli Olivi.* Von San Rabano 50 Minuten.
Auf der Straße links, wenig später links dem Feldweg folgen, der den Straßenbogen abkürzt. Im Vorblick erscheint auf felsiger Klippe der Torre di Collelungo. Rechter Hand breitet sich der weitläufige, feuchte Piano dei Cavalleggeri aus. Vor einer gemauerten Durchfahrt zweigt links Intinerario 4 ab (zum Torre di Collelungo). Wir tippeln auf der Straße zu den Rastplätzen im Schatten stattlicher Schirmpinien; Wendekreis der Asphaltstraße. Von San Rabano 1¼ Stunden.

Links auf sandigem Weg neben dem *Entwässerungskanal Scogliette-Collelungo* her in 5 Minuten zum breiten Platz, von dem der Kanal unterirdisch ins Meer floß (er ist versandet). Hinter den Dünen erstreckt sich kilometerlang ein paradiesischer Sandstrand!
Wir spazieren nun am orographisch rechten (westlichen) Ufer des Kanales in Nordwestrichtung unter mächtigen Pinien. Nach ¼ Stunde hält man sich an der Wegegabel rechts und gelangt auf den Damm des Kanales. Von der Höhe grüßt der Torre di Castelmarino.
Ungefähr 40 Minuten nach dem Strand führt rechts ein Holzsteg über den Kanal, in dem es zwischen Gräsern und Schilf wimmelt von europäischen Sumpfschildkröten: ein numerierter gelber Punkt auf dem Panzer neben dem anderen, wissenschaftlicher Erkenntnisse wegen. Wirft man Brotkrumen ins brackige Wasser, paddeln die niedlichen Tiere hurtig herbei.
Jenseits klaffen im steilen Kalkfels drei gewaltige Eiszeithöhlen *(grotte)*. War hier vor drei- oder viertausend Jahren ein prähistorisches Spital? Dementsprechende Funde aus der Bronzezeit, u. a. ein chirurgisches Besteck, ließen diese Meinung aufkommen. Und ein durchbohrter Schädel wird kannibalischen Riten zugeschrieben, könnte aber auch auf

Pinienallee am Nordrand des Maremmen-Naturparkes, identisch mit der Straße nach Marina d'Albarese.

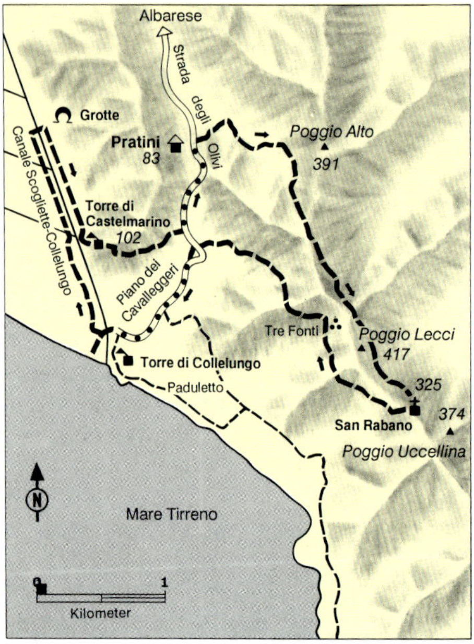

anderweitige Gewaltanwendung zurückzuführen sein. Anschließend auf der orographisch linken Seite des streckenweise stark verlandeten Kanales. Vereinzelte Pinien werfen kreisrunde Schatten auf die Wiesen. Am Abbruch dahinter weitere Höhlenlöcher. Voraus spornt der Torre di Castelmarino an.

Etwa 25 Minuten nach den grotte geht es an der Gabelung halblinks, 50 Meter zu einem pinienbewachsenen Platz. Erneut links. Den felsigen Steig sichern Holzgeländer. Knapp 20 Minuten dauert der Aufstieg zum *Torre di Castelmarino.* Wie von den benachbarten Ausguckposten gab das Wachpersonal bei Piratengefahr festgelegte Rauchsignale, die ins Binnenland flogen. Es ist die prachtvollste Aussichtskanzel der Wanderung! Scheinbar unendliches Blau aus Himmel und Wasser, mal in kräftigen, klaren Farben, mal sanftverschwommen. Noch hinreißender: das leichtgewellte, dichte Kronenmeer des grandiosen Pinienwaldes zu unseren Füßen.

Seit dem Aufbruch sind effektiv etwa 4½ Stunden vergangen: Rückweg nicht auf dem Herweg, sondern am bruchsteingemauerten Gebäude links vorbei. Nach 10 Minuten an der Wegeteilung links, mäßig bergan durch Laubwald in 5 Minuten zur Asphaltstraße. Hier trennt uns, links marschierend, nur mehr ¼ Stunde von *Pratini.* Wenn Sie Glück haben, trottet gemächlich eine Landschildkröte über den Weg!

Touristische Angaben

Ausgangsort: Albarese am Nordostrand des Naturparkes, zu Grosseto (14 km) gehörend (Busverbindungen). Von Florenz 155 km, von Siena 87 km, von Livorno 148 km, von Orbetello 34 km. Parkplätze bei der Administration (Centro Visite di Albarese; Tel. 05 64/ 40 70 98) des »Parco Naturale della Maremma«, östlich, etwas abseits der Durchgangsstraße. Im Büro erhält man das Bus- und Eintrittsticket (1991 6000 Lire pro Person). Besuchszeiten des Parkes für die beschriebene Route vom 1. Oktober bis 15. Juni jeweils am Mittwoch, Samstag und Sonntag von 9.00 bis 18.00 Uhr.

Ausgangspunkt: Pratini. Busfahrt Albarese – Pratini etwa 10 Minuten. Das schmale, asphaltierte Zufahrtssträßchen (9 km) ist für den öffentlichen Verkehr gesperrt! Letzter Bus nach Albarese um 17.00 Uhr.

Gehzeit: 5 Stunden.

Unterkunft und Verpflegung: In Albarese mehrere Bars. Hotels in Grosseto sowie an der Staatsstraße 1 in Richtung Orbetello.

Sehenswürdigkeiten: *Torneo dei Butteri:* Reiterspiel und Springreitturnier am 1., 2. und 3. Mai sowie am 15. August. – *Cavalcada* am 17. August: Reiterprozession nach Marina di Albarese.

Sehenswürdigkeiten der Umgebung: *Naturparkmuseum* (Museo della Rocca di Talamone) in der Burg von Talamone, 20 km südlich von Albarese. Besichtigungszeiten Mittwoch, Samstag, Sonntag 10.00 bis 13.00 Uhr, 16.00 bis 19.00 Uhr; Eintrittsgebühr (1000 Lire). In Grosseto *Kunstgeschichtliches und Archäologisches Museum der Maremmen (Museo Archeologico e d' Arte della Maremma)* an der Piazza Baccarini; Öffnungszeiten 9.30 bis 12.30 Uhr, 16.30 bis 19.00 Uhr, Mittwoch und Sonntagnachmittag geschlossen. Eintritt frei.

Karte: Siehe Literatur.

Literatur: Ilio Boschi, Il Parco Naturale della Maremma. Verlag Giunti Barbera, Florenz 1987. Das Büchlein in italienischer Sprache enthält instruktive Wegeskizzen. Erhältlich im Naturparkbüro in Albarese.

22 Populonia: Totenstadt und Industrierevier der Etrusker am Golf von Baratti

Unschwierige Rundwanderung.
Bei Nässe streckenweise rutschig, vor allem der Abstecher ans Meer.
Reine Gehzeit: Knapp 2 Stunden. Mit Abstecher zum Meer (Badegelegenheit) etwa ½ Stunde länger.
Beste Jahreszeit: Frühling bis Herbst.

Die schnurgerade Strada della Principessa vom Badeort San Vincenzo durchzieht den in Zusammenarbeit mit dem World Wildlife Fund eingerichteten Naturpark Rimigliano. Hinter der dünengesäumten Pinienmauer erstreckt sich ein bis zu 20 Meter breiter, drei Kilometer langer Sandstrand als Teilstück der Riva degli Etruschi. Das Asphaltband verleitet zum Gasgeben, wodurch man schnell die unscheinbare Rechtsabzweigung übersieht. Szenenwechsel! Ein ganz anderes Bild, erfüllt von Heiterkeit – die blendende Sichel des Golfo di Baratti am Meer der Etrusker. Piniengruppen. Getreidefelder. Von waldreicher Höhe winkt der Kastellturm des einem Vogelnest ähnlichen Populonia – 181 Meter über dem glitzernden Wasserspiegel, auf der nördlichsten Kuppe des im Monte Massoncello (286 m) gipfelnden Kapgebirges, das

Populonia: Ausblick von der Burg über den Golf von Baratti. Im Vordergrund die Kirche Santa Croce.

bei der total luftverschmutzten Hafenstadt Piombino ausläuft. Es bildete um die Zeitenwende eine Halbinsel, wissen wir von dem griechischen Geograph Strabo, durch einen schmalen Streifen mit dem Festland verkettet. Das zeigen auch noch die Karten der Renaissance, bis ins 18. Jahrhundert.

Das archaische Populonia entstand wahrscheinlich im 7. Jahrhundert aus dem Zusammenschluß zweier Dörfer und war, wie eine Münze darlegt, der Gottheit Fufluns (identisch mit Dionysos bzw. Bacchus) geweiht. Sie gab dem Ort seinen Namen. Obwohl er flächenmäßig (150 Hektar) die meisten Mitglieder im etruskischen Zwölf-Städte-Bund (Dodekapolis) übertraf, war er als Handelszentrum und Hafen »völlig anders organisiert« und dürfte deshalb den Rang eines autonomen, aber trotzdem vom 60 Kilometer südöstlich gelegenen Vetulonia abhängigen Marktes (emporion) eingenommen haben (nach Michael Grant). Erst nach der Zerstörung der Etruskermetropole Veji 369 v. Chr. durch Rom sei Populonia zum selbständigen Stadtstaat aufgerückt, meint Servius, Kommentator zu Vergil. Im 4. Jahrhundert lebten über dem Golf von Baratti rund 25000 Personen in der einzigen vom Meer umspülten Großstadt Etruriens. Sie gilt nach Veji (32000) und mit Caere (italienisch Cerveteri) als volksreichstes Gemeinwesen Etruriens.

Für Reichtum und daraus resultierende Macht sorgten die Vorkommen an Kupfer, Eisen, Zinn, Silber und Blei in den Bergen 20 Kilometer nordöstlich bei Campiglia sowie die Erze der mit bloßem Auge wahrnehmbaren Insel Elba. Als dort gegen Mitte des 5. Jahrhunderts v. Chr. der Waldvorrat nahezu vollständig erschöpft war, also Holzkohle für den Schmelzvorgang (700 Grad) fehlte, verlagerte man ihn nach Populonia, wo schon seit der zweiten Hälfte des 6. Jahrhunderts die Eisenindustrie in bedeutungsvollem Ausmaß florierte. Ruhrgebiet des Altertums! Unfaßbar: Schlacken begruben 200000 Quadratmeter der etruskischen Totenstadt am Golf von Baratti – es gab offenbar keine effizientere Möglichkeit der Entsorgung. Wegen der mangelhaften Technologie verblieben in den Schlacken 54 Prozent an Eisen. Das nutzte Italien für seine Rüstung im Ersten Weltkrieg und ließ die rund zwei Millionen Tonnen Ablagerungen aufarbeiten. Darunter kam die Nekropole ans Tageslicht: Gräber aus dem Zeitraum von 675 bis 450 v. Chr. – aus den Jahrhunderten fröhlicher Jenseitsvorstellungen.

Bruno, scherzhaft »Signore Etruschi« gerufen, wohlbeleibter Custode des Gräberfeldes seit Jahrzehnten, erklärt schwitzend die unterschiedlichen Konstruktionen in sprudelndem Italienisch, wobei er Skizzen aus einer abgegriffenen Broschüre vorzeigt. Einzelne Begriffe und Daten fallen in Deutsch. Für ein nachhaltiges Verständnis ist jedoch das bei der »Literatur« empfohlene Büchlein von Valeriano Cecconi unerläßlich.

Als größter Bau wölbt sich die *Tomba dei Carri:* 28 Meter Durchmesser, der runde Tambur 1,16 Meter hoch, aus der zweiten Hälfte des 7. Jahrhunderts, 1914 bis 1921 in zwei Arbeitsphasen erforscht. Vom Gang (Dromos) zweigen drei seitliche Zellen ab. Zwei davon bargen die beiden namengebenden zweirädrigen Kampfwagen (mit zahlreichen anderen Funden im Archäologischen Museum, Florenz). In der Hauptkammer (5 × 5 m) vier Totenlager, die Bettpfosten wie gedrechselt aus Stein gehauen. Sie war geplündert. Auch andere große Gräber benannte man nach wichtigen Funden oder typischen Merkmalen: zum Beispiel die *Tomba dei Colatoi* (Grab der Erzsiebe, 600–575 v. Chr.), *Tomba dei Letti Funebri* (Grab der Totenbahren, 650–600 v. Chr.), *Tomba delle Pissidi Cilindriche* (Grab der runden Dosen, 675–625 v. Chr.), *Tomba delle Attiche* (Grab der attischen Weinschalen, 5. Jh. v. Chr. Ädikulagrab mit erhaltener Basis). Als einzige widerstand die *Tomba del Bronzetto dell' Offerente* (Grab der Bronzestatue eines Opfernden, 530–450 v. Chr.), ein erst 1957 entdecktes Ädiculagrab, dem ungeheuren Druck und der Hitze des bis zu sieben Meter aufgehäuften Schlackenmaterials, war aber ausgeraubt. Die Ädicula-Architektur – rechteckige kleine Häuschen beziehungsweise Tempelchen mit Satteldach – trat am Übergang vom 7. ins 6. Jahrhundert v. Chr. die Nachfolge des Kammergrabtyps an. Neben diesen eindrucksvollen, zweifellos aristokratischen Familien gehörenden Begräbnisstätten stieß man in den fünfziger Jahren auf einen »Armenfriedhof«. Er vervollständigt, zusammen mit Kindergrä-

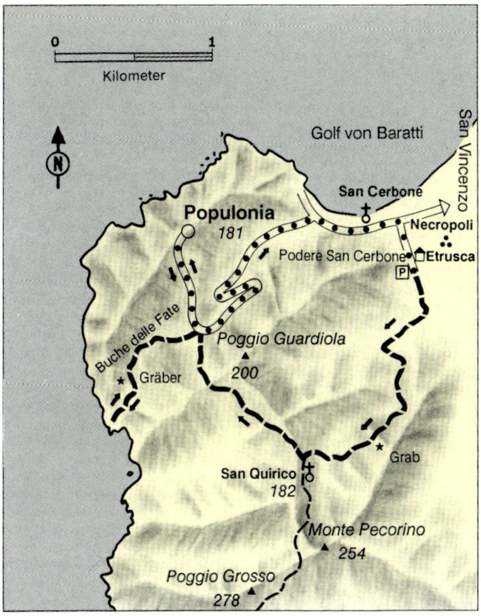

bern und Urnengräbern, das bisher Freigelegte.

Der Wegverlauf

Vom Parkplatz rechts am *Podere San Cerbone* vorbei und auf breitem Fahrweg in 5 Minuten zu einer Eiche. Rechtshaltend zum Waldrand. Auf einer Holzleiter den Drahtzaun überklettern. Dann nicht halbrechts auf breitem Weg, sondern 5 Meter links, worauf uns ein schmaler Weg übernimmt. Nach guten 5 Minuten rechts mit ausgeprägtem Weg in den Wald. Einige Minuten später links auf einen steinigen, felsigen Pfad überwechseln. Hier und dort ist der Waldboden von Wildschweinen aufgewühlt. Die Schwarzkittel sind jedoch sehr scheu!

Nach insgesamt 35 Minuten an der Wegegabel geradeaus, schwach rechtshaltend bergan. Kurz danach etliche Schritte links des Weges (20 m vor einem Jägerunterstand), sind die Wölbungen eines verhältnismäßig gut erhaltenen etruskischen *Fossagrabes* (*fossa* = Graben) mit südwestlich ausgerichtetem Eingang zu erkennen. In dieser Gegend wurden die Toten im 4. und 3. Jahrhundert v. Chr. beigesetzt, weil es die Schmelzhütten am Barattigolf dort nicht mehr erlaubten.

Etwa 5 Minuten nach den Grabresten an der Wegegabel geradeaus, in 5 Minuten zu einem Querweg, dem man rechts auf eine kleine Lichtung folgt. Links durch den Wald eben zum nahen, heruntergekommenen Kirchlein *San Quirico* (182 m). Vom Parkplatz knapp 1 Stunde.

Rechts mit dem Waldfahrweg in Nordwestrichtung. Er ist identisch mit einer spätestens im Mittelalter gebräuchlichen Verbindung Populonia – Piombino. Südwestlich wird Elba sichtbar. Wir passieren den Verlauf (keine Spuren) einer vorgeschobenen, mit Rechtecktürmchen bewehrten Mauer (4./3. Jahrhundert v. Chr.), die sich vom Golfo di Baratti in einer Linie über den Höhenrücken zur Cala San Quirico zog und dadurch Populonia ab dem 4. und 3. Jahrhundert v. Chr. landseitig vollständig abriegelte. Der Waldfahrweg mündet in die Asphaltstraße nach Populonia; vom Ausgangspunkt 1 1/4 Stunden.

Abstecher: Vom Parkplatz links. Mittels einer Holzstiege über den Maschendrahtzaun. Dann rechts dem Weglein folgen, aber nur wenige Minuten. Aufpassen: links abwärts. Der rinnenähnliche Pfad zeigt uns 5 Minuten später rechts die nächsten *Etruskergräber*, denen wohl der Platz seinen Namen verdankt: *Buche delle Fate – Feenlöcher.* Zwar sind noch die Stufen der bis zu 6 Meter tief aus dem Sandstein gehauenen Gräber des 4. nachchristlichen Jahrhunderts begehbar, die Eingänge jedoch halbverschüttet, spinnwebenverhangen, so daß wir nicht mehr in den Genuß der dekorativen Rötel-Wandmalereien in der Tomba del Corridietro oder der Tomba dei Delfini kommen. Etwas höher im Hang verbergen sich im Halbdunkel noch mindestens zwei Dutzend lokalisierbare Kammergräber. Sie verdanken ihre Erforschung dem Archäologen Alessandro François (1840, Funde im Museum Populonia).

Fünf Minuten danach entschlüpfen wir dem Gestrüpp. Erneut ist Elba zu sehen: »Aithalia«, die Rußgeschwärzte. So nannten die Griechen das Eiland der »Tausend Feuer«. Logengleich unsere Plattform oberhalb der wildzerklüfteten Küste, eine vorgeschobene Bastion der Cala San Quirico, an der weißgischtend Brecher tosen, die das heisere Geschrei der Möwen übertönen. Erosion hat aus den Kalkfelsen unzählige Löcher herausgefressen, wie Bienenwaben.

Die Asphaltstraße steigt an. Linker Hand war ebenfalls eine sekundäre Verteidigungsmauer, als Bindeglied der vorher erwähnten Mauer zur Oberstadt.
Nach 400 Metern begegnen uns beiderseits noch Reste der aus roh zu Quadern behauenen Steine im 6. und 5. vorchristlichen Jahrhundert errichteten, 2,5 Kilometer messenden Ringmauer der Akropolis. Am Stadttor bezeugt das Löwenwappen die gräfliche Familie Desiderio, durch Generationen Besitzer der Stadt und ihres Umfeldes. Die antike Ausstrahlung ist längst erloschen, gleich den Schmelzöfen am Golf, denen nicht zuletzt die Kärntner Eisenindustrie ihre Existenz geraubt hat. Populonia schlug als erstes etruskisches Gemeinwesen am Ende des 6. Jahrhunderts eigene Münzen. Rom, das heißt der Diktator Sulla, zerstörte um 80 v. Chr. die Stadt mit Feuer und Schwert, denn die Bürger hatten Partei für seinen Rivalen Marius ergriffen.
Das mittelalterlich geprägte *Populonia* wirkt in gnadenloser Sonnenglut wie ausgestorben. Am Haus Nummer 10 der Hauptstraße klingeln Interessierte nach Alberto Poli, zuständig für das »Museo Etrusco«. Es kennt keine offiziellen Öffnungszeiten! An der Piazza Curzio Desiderio die schmucklose *Kirche Santa Croce.* Links vom Eingang zeugt ein kleines Fresko hinter Glas von der ehemaligen Zier. Das Bild »Madonna di Populonia«

Nekropole der Etruskerstadt Populonia. Die Tomba del Bronzetto dell'Offerente stellt den Typ des Ädiculagrabes dar und ist ungefähr 2400 Jahre alt.

im linken Seitenaltar malte Gianpaolo Talani. Am rechten Seitenaltar ein Bild des hl. Zerbonius (San Cerbone), wie er am Golf von Baratti, wo heute das Kirchlein San Cerbone kauert, vom Schiff an Land getragen wird. Der Bischof von Populonia war vor plündernden Langobarden auf Elba geflüchtet und dort anno 573 (oder 575) gestorben.
Von der Piazza aus wird auch das *Kastell* betreten. Die Aussicht vom Turm bietet ein unvergleichliches 360-Grad-Panorama! Zwecks Führung an der Piazza im Haus Nummer 2 bei Linda Caselli läuten (unterste Glocke).
Rückweg: Auf dem Asphalt (identisch mit der Etruskerstraße) in 25 Minuten hinunter zur *Trattoria La Pergola* an der Uferstraße beziehungsweise am antiken Hafen. Rechts zum vernachlässigten Kirchlein *San Cerbone* und zum Ausgangspunkt.

Touristische Angaben

Ausgangsort: Populonia, Gemeinde von Piombino, Provinz Livorno. Von Florenz 164 km, von Siena 82 km, von Massa Marittima 48 km, von San Vincenzo 17,5 km, von Rom 254 km.
Ausgangspunkt: Parkplatz (22 m) bei der Nekropole am Golf von Baratti; Kiosk. Die Zufahrtsstraße (2 km) zweigt 12,5 km südlich von San Vincenzo rechts ab. Tafel »Necropoli Etrusca« zu dem von der Uferstraße 100 m entfernten Parkplatz. Besichtigungen im Sommer 9.00 bis 12.00 Uhr, 16.00 bis 20.00 Uhr, Frühjahr und Herbst 10.00 bis 13.00, 14.00 bis 16.00 Uhr. Jeweils nächste Führung abwarten. Montag geschlossen.
Gehzeit: 2½ Stunden.
Unterkunft und Verpflegung: An der Uferstraße Abstellplätze für Caravans; Wasserleitung meerseitig an der Ufermauer. Restaurants in Populonia. Außerhalb von Populonia, am östlichen Golf von Baratti, die Pensionen *Alba* (Tel. 05 65/2 95 21) sowie *Villa Marisa* (Tel. 05 65/2 95 24). Zahlreiche Hotels in San Vincenzo.
Karte: IGM-Karte (Istituto geografico militare) 1 : 25 000, Blatt 127, IV NO.
Literatur: Valeriano Cecconi, Populonia. Gesicht einer Etruskerstadt. Libreria Tellini, Pistoia (im Kiosk und im Ort erhältlich).

23 In den Colline Metallifere: Die Rocca di Sillano

Unschwierige Rundwanderung.
Reine Gehzeit: 1¾ Stunden.
Beste Jahreszeiten: Frühling bis Herbst.

Die Burg von Sillano ist ein feines Plätzchen, weil es nur ganz wenige kennen und das Panorama weiträumige Landstriche der Provinzen Pisa, Grosseto und Siena erfaßt. An klaren Tagen, wenn die Tramontana, ein kalter Nordwind, die Dunstschleier abgewischt hat, sei sogar Elba zu sehen. Der Ruinenkomplex hockt auf einer Kuppe inmitten der Colline Metallifere. Sie erstrecken sich in langgezogenen Wellen, durch spröde Kargheit das Klischeebild der Toskana kräftig störend, zwischen Siena und dem Tyrrhenischen Meer, südlich von Volterra, nördlich von Massa Marittima. Colline Metallifere – metallhaltige Hügel: ältestes Erzabbaugebiet des westeuropäischen Festlandes. Schon vor mehr als 2500 Jahren gruben Etrusker in engen, höhlenartigen Schächten von geringer Tiefe vor allem nach Kupfer in Form des Chalkopyrits (Kupferkiesel) sowie nach Eisen, Zinn, Silber, Blei, das den Wohlstand Etruriens garantierte. In unseren Tagen sind die Dörfer der Bergregion als Armenhaus der Toskana verschrien. San Dalmazio, Beginn

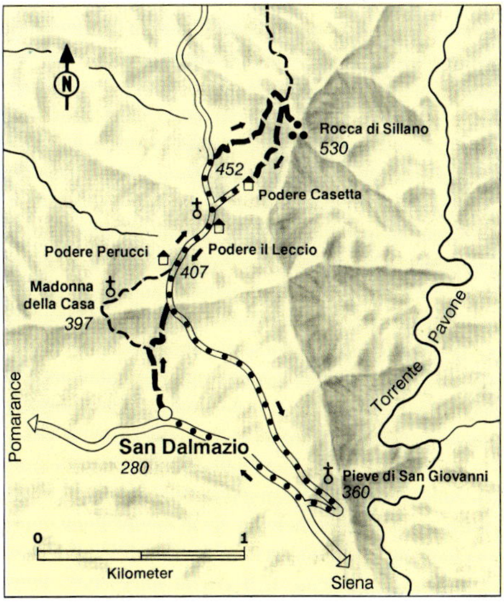

der Wanderung, mag als Beispiel gelten. Seit 1987 läuft ein Studienprojekt der Universität Venedig zur Lösung der infrastrukturellen Probleme.

Ausnahmen im wirtschaftlichen Schattendasein bilden die Kraftwerke der ENEL (Ente nazionale per l'energia) um Larderello. Wo bereits Etrusker in Erddämpfen und heißen Quellen Borsäure zur Metallveredelung (Emailleherstellung) fanden, befindet sich auf 200 Quadratkilometern das größte geothermische Feld auf dem Globus. Dreißig Kraftwerke, äußerlich Kernreaktoren ähnlich, versorgen das Eisenbahnnetz Mittelitaliens: 400 Megawatt Strom, soviel wie die bundesdeutsche Dreckschleuder Buschhaus oder ein Atommeiler mittlerer Kapazität.

Wie am Monte Amiata (siehe Tour 18) treiben die Dämpfe des durch glühendes Magma in 1500 Meter Tiefe erhitzten Sickerwassers die Turbinen der staatlichen Elektrizitätswerke. Zu ihnen kriechen wie futuristische Ungeheuer von überall meterdicke, silbern schimmernde Rohrschlangen aus Metall. Man kommt sich fast wie in der Vorhölle vor. Dante hätte das Bild sicher im »Inferno« verarbeitet. Der Leib der Erde gibt unentwegt seine Ausdünstungen frei: riesige Wolkenballen über hohen Kühltürmen. Daher auch die Bezeichnung »Valle del Diavolo« für das Tal.

Als »Vater« der Industrie unternahm François Larderel erste Bohrungen auf dem von ihm 1818 erworbenen Gelände und gründete etliche Fabriken. Sie gewannen aus dem borsäureangereicherten Dampfwasser Ammoniak. Und dieser Fäulnisgestank schwebt Tag und Nacht über der Landschaft. Die Bewohner indes haben dafür den Geruchssinn verloren...

Aus einer der Fabriken des in den Grafenstand erhobenen Franzosen entwickelte sich

Bei Larderello versorgt das größte geothermische Kraftwerk auf dem Globus das Eisenbahnnetz Mittelitaliens mit 400 Megawatt Strom pro Jahr (Blick von Castelnuovo auf Larderello).

der Ort, welcher seit 1846 seinen abgewandelten Namen trägt: Larderello. Das dortige ENEL-Museum (Museo de Larderel) vermittelt einen lehrreichen Querschnitt der technologischen Entwicklung.

Der Wegverlauf

Von der Piazzetta (Bar, Lebensmittelgeschäft) oberhalb der Kirche an der Durchgangsstraße geht es am Haus Nummer 205 linkshaltend aufwärts am Rande des verschachtelten Zentrums. Nach etwa 5 Minuten wird das Asphaltsträßchen links verlassen (rechts die Häuser Nr. 78, 79). Nun hohlwegähnlich bergan unter Laubbäumen. An der Wegeteilung geradeaus, noch immer am oberen Saum einer langgestreckten Hochtalwiese, in 5 Minuten zur Asphaltstraße. Links die Kirche Madonna della Casa (verschlossen), zu der ein geschotterter Fahrweg führt.

Unsere Route folgt der ansteigenden Straße in nördlicher Richtung. Die Burgruine erscheint im Blickfeld. Vorbei am *Podere Perucci* (407 m). Etwa ½ Stunde nach dem Ort steht rechts der *Podere il Leccio* (Ferienhaus). Links folgt eine kleine Kapelle. Hier mündet der Rückweg von der Rocca di Sillano.

Weiter auf dem Fahrsträßchen, ehemals ein wichtiger Verkehrsweg, den die Rocca bewachte. Knapp 5 Minuten später rechts ab (Tafel: Rocca di Sillano), die Schranke passieren und spürbar steiler aufwärts. Erneut zeigt sich die Burg. Etwa 5 Minuten nachher links durch die Reste des wehrhaften Vorbaues, vom Weg geleitet empor zur *Rocca di Sillano* (530 m). Von San Dalmazio ¾ Stunden.

Die im 11. Jahrhundert errichtete Anlage erfuhr, nachdem die Toskana 1531 unter Cosimo I. Großherzogtum geworden war, eine gründliche Umgestaltung durch den florentinischen Festungsbaumeister Antonio Sangallo d. Ä. in einen typischen Militärbau der Renaissance.

Links an der Mantelmauer entlang zur Pforte an der Nordostecke. Jetzt erkennt man die beachtlichen, tatsächlichen Ausmaße. Der Bergfried, an dem der ursprünglich hochgelegene Eingang noch zu erkennen ist, gehört der mittelalterlichen Burg an. In gutem Zustand, gefördert durch die 1989 abgeschlossenen Restaurierungsmaßnahmen, befinden sich die seitlichen drei Meter breiten Gewölbe, die wahrscheinlich als Stallungen dienten.

Der Bergfried im Burghof der Rocca di Sillano.

Danach geben wir uns der Aussicht hin: Westlich und südwestlich die Dampfwolken der Kraftwerke, die *Soffioni di Larderello.* Im Osten über dem Tal des Torrente Pavone haben Erderosionen die Kies- und Lehmhänge angefressen. Die Ortschaft Montecastelli grüßt mit ihrem pisanischen Festungsturm und der Pieve San Filippo e Giacomo aus dem 13. Jahrhundert.

Auf dem Herweg zurück, 70 Meter nach dem Torbau das Weglein links nehmen, durch Gebüsch und Felsen, rechts an einer Ruine vorbei zum *Podere Casetta* (452 m), von wo ein Fahrweg zum Asphaltsträßchen beim *Podere il Leccio* führt. Von der Burg ¼ Stunde.

In der Folge vorerst 25 Minuten auf der Straße. An den Rändern liegen vereinzelt Rükkenstacheln von Erdstachelschweinen (ital. *porcospino*), Nagetieren, die hier nachts durch die Gegend streifen.

Ein Hinweisschild deutet links zur 100 Meter entfernten *Pieve di San Giovanni*, im 10. Jahrhundert Johannes dem Täufer geweiht. Hinter der teilweise erhaltenen, normannisch-romanischen Portalfassade recken sich verwitterte Pilasterfragmente. Säulenstümpfe kennzeichnen das Mittelschiff der 20 Meter langen, kreuzförmigen Basilika im Grundriß eines regelmäßigen Kleeblattes, wozu die drei Muscheln des Konchenchores gehören. Weiter auf dem Asphalt in 5 Minuten zur Querstraße, auf der es rechts 800 Meter nach *San Dalmazio* sind.

Touristische Angaben

Ausgangsort: San Dalmazio (280 m), Ortschaft der Gemeinde Pomarance, Provinz Pisa. Die Zufahrt (4,3 km) zweigt von der SS 439 bei Croce Bulera ostwärts ab, 4 km südlich von Pomarance, 6,5 km nördlich von Larderello; Tafel: »S. Dalmazio, Firenze, Siena.« Von Florenz 84 km, von Siena 56 km, von Volterra 29 km, von Massa Marittima 32 km. Busse von Larderello, Volterra und Pisa.

Gehzeit: 1 3/4 Stunden.

Unterkunft und Verpflegung: Bar und Geschäfte in San Dalmazio. Im Ort keine Unterkunft.

Sehenswürdigkeiten: In San Dalmazio: Romanische Pfarrkirche (Tabernakel von Lucca della Robbia); Franziskanerkloster (heute Bauernanwesen) aus dem 13. Jahrhundert.

Sehenswert in der Umgebung: Auf der Straße in Richtung Siena. Nach 4 km herrlicher Anblick der Rocca di Sillano (Fotomotiv). Nach 4,7 km links der Straße ein 1988 freigelegtes Etruskergrab (*Buca delle Fate = Feenloch*) im Fels. Es weist auf drei Seiten sechs Grabkammern auf und besitzt an der Oberfläche kleine Grabschächte und Urnenlöcher

Nur noch die romanische Fassade ist von der Pieve di San Giovanni nicht weit vom Ausgangsort der Wanderung übrig.

in Quadratform, was auf eine Benutzung über Jahrhunderte, vermutlich ab dem 7. vorchristlichen Jahrhundert, schließen läßt. – ENEL Museum in Larderello: Besichtigung nach Voranmeldung (Samstag und Sonntag geschlossen), Tel. 0588/67372. Empfehlenswert ist der viersprachige Museumsführer.
Karte: IGM-Karte (Istituto geografico militare) 1:100000, Blatt 119.

24 Volterra: Stadt am Abgrund der »Balze«

Stadtrundgang: Porta a Selci – Akropolis – Porta all'Arco – Piazza – San Giusto – Balze – Piazza – Römisches Theater – Etruskisches Museum – Porta a Selci.
Reine Gehzeit: 1½ Stunden (ohne Besichtigungen).
Beste Jahreszeit: Frühjahr und Spätsommer; um Pfingsten und während der Sommerferien starker Rummel im Zentrum.

Im Centro storico Volterras empfinde ich jedesmal eine unterkühlte Atmosphäre, obwohl auch andere toskanische Plätze rein mittelalterlich sind, jedoch heller wirken.
Volterra ist in *12 Contrade* (Stadtgebiete) unterteilt. Ihre Bewohner ziehen seit 1979 wieder durch die Straßen, fahnenschwingend in bunten Kostümen aus der Zeit um 1400, anläßlich der Frühlingsfeier am Ostermontag sowie am ersten Septembersonntag. Die Gebäude rund um die Piazza sind beredte Zeugen und Zeichen einer Baukunst, mit denen die politische Macht ihre Ziele förderte. Darin spiegelt sich die Entwicklung der unabhängigen Kommune vom 12. bis ins 15. Jahrhundert, als Volterra am 18. Juni 1472 vor Lorenzo de' Medici, das heißt vor dessen Heerführer Graf Montefeltro, besiegt die Waffen streckte. 1193 war der erste Bürgermeister gewählt, 1208 der Bau des Rathauses (Palazzo dei Priori), eines der ersten im Lande, auf dem Gartengrundstück des Bischofs begonnen und Mitte des Jahrhunderts vollendet worden. Die selbstbewußte Volksbewegung schuf als Ausdruck breiter demokratischer Basis große Parlamente. Man organisierte sich in Parteien sowie in Zünften. Letztere trugen schon bald neben Adeligen das Gemeinwesen, frei von der straffen Kandare feudaler Bischöfe, von denen die des Clans der Pannocchieschi mit insgesamt 89 »Dienstjahren« das größte Stück aus dem Kuchen schnitten. Von 1319 an schloß ein Gesetz den Klerus, das Militär, die Patrizier von politischen Ämtern aus. Ungeachtet dessen blieben interne Intrigen und Positionskämpfe des konservativen, eigensinnigen Adels an der Tagesordnung.
Innerhalb des Mauerringes (3,2 km) lebten auf 26 Hektar rund 6000 Menschen im Mittelalter. Heute sind es dort 4400 der 14500 starken Gesamtbevölkerung. Unter den Etruskern war »Velathri« flächenmäßig viereinhalbmal größer: 17000 bis 20000 Einwohner. Die mörtellos gefügten, Ende des 6. Jahrhunderts angefangenen, im Endstadium (nach etwa 200 Jahren) 7,2 Kilometer langen »Mura Etrusche« umschlossen nicht nur die unvollständig bebauten Wohnviertel, sondern auch etliche ergiebige Quellen und landwirtschaftliche Zonen hauptsächlich im Norden. Die Porta Diana wachte als etruskisches Nordtor 800 Meter nördlich der mittelalterlichen Porta Fiorentina. Das erste bekannte, in Stein errichtete Gebäude gehört dem ausklingenden 6. vorchristlichen Jahrhundert an. Damals dürfte die Vereinigung zweier bäuerlicher Höhensiedlungen der Villanovakultur erfolgt sein. Es erwuchs eine der zwölf Metropolen des lose organisierten Staatenbundes Etrurien.
Der griechische Geograph Strabo sah um die Zeitenwende das römische Volaterrae (die »über die Landschaft Hinfliegende«) auf »dem ebenen Gipfel eines hohen Berges, der nach allen Seiten steil abfällt«. In der Tat: Die Stadt lag auf einer Hochfläche zwischen Cecinatal und Eratal. Diese Gegebenheiten, natürlichen Schutz gewährend, sind typisch für etruskische Gründungen. Hier brachten sie aber stellenweise eminente Gefahren, verursacht durch die von Strabo erwähnten Steilabfälle, »Balze« genannt, die infolge dauernder Erosion nach und nach abbrachen und Teile der archaischen Nordweststadt und die ältesten Nekropolen in die Tiefe gerissen ha-

ben. Regengüsse nagen noch immer beängstigend am sandigen Sockel. Volterra ist eine Stadt am Abgrund!
Die Zauberformel der modernen Wirtschaft Volterras heißt Alabaster, neben Kopien etruskischer Kleinplastiken. Dutzende von Geschäften sind überladen mit Kitsch und Geschmackvollem. Staubige Schleifereien, Polierwerkstätten. Nicht weniger als 800 Personen in 250 Produktionsstätten, meist Kleinst- und Familienbetriebe, sind vom Alabaster abhängig. Es gibt eine international gewürdigte Alabaster-Fachschule, angegliedert dem »Istituto Statale d' Arte«. 1895 entstand die »Società Cooperativa Artieri Alabastro« (Verkaufsstelle an der Piazza). Schon die Ägypter verarbeiteten eine marmorähnliche (weichere), feinkörnige, dichte Varietät des Gipses, die nach der ägyptischen Stadt Alabastron benannt wurde, zu Statuen, Salbengefäßen und Graburnen. In Europa wird dieses kristalline Material in eiförmigen Stöcken einzig bei Volterra gewonnen, und zwar in den Gruben von San Luca und Castellina Marittima – seit 2500 Jahren. Mittlerweile führten steigende, weltweite Nachfrage und dadurch bedingte Massenproduktion zur Herstellung eines halbsynthetischen Werkstoffgemischs aus Kunstharz und Alabasterpulver.

Der von einem Glockenturm überragte Palazzo dei Priori (Rathaus) in Volterra. Am Unterbau der Fassade die Terrakottawappen florentinischer Statthalter.

Stadtrundgang

Das Entree vermittelt im Südosten die *Porta a Selci* aus der Zeit um 1500. Durch sie marschierten am 9. Juli 1944 amerikanische Truppen als Befreier von der gehaßten deutschen Besatzung. Links thront halbellipsenförmig die *Femmina* (Frau), ein Turm der 1343 erbauten *Rocca Vecchia*: Kernburg und östlicher Teil der gigantischen, 1472 bis 1475 durch Lorenzo de' Medici entstandenen Festung: heute eines der gefürchtetsten Gefängnisse Italiens (ca. 200 Insassen).
Kurz nach dem Portal links in die Rampa di Castello (rechts zur Jugendherberge) und parallel zum westlichen Festungsabschnitt, der *Rocca Nuova* aus der Renaissancezeit. Der stattliche Rundturm heißt *Maschio* (Mann). Bei Hausnummer 13 halblinks in den *Parco Archeologico Enrico Fiumi*. Die Mauern entlang auf den *Piano di Castello*. Hier standen vor dem Festungsbau der Bischofspalast und das Kastell. Links, etwas oberhalb des Weges, ein Türmchen, unter dem sich eine römische, gewölbte Zisterne verbirgt. Das Regenwasser floß durch Kanäle in die Stadt. Hinter dem Türmchen legen zur Zeit Archäologen die antike *Akropolis* frei.
Den Park verlassen und links abwärts (Via di Castello) ins Zentrum. Links führt die Via Porta all'Arco (Alabasterwerkstätten) hinunter zu dem in der mittelalterlichen Mauer integrierten etruskischen Stadttor *Porta all'Arco*, das um ein Haar von deutschen Truppen gesprengt worden wäre. Doch die Volterraner verbarrikierten es innerhalb 24 Stunden mit Pflastersteinen, um, wie die Deutschen meinten, den anrückenden Alliierten den Einmarsch zu versperren.

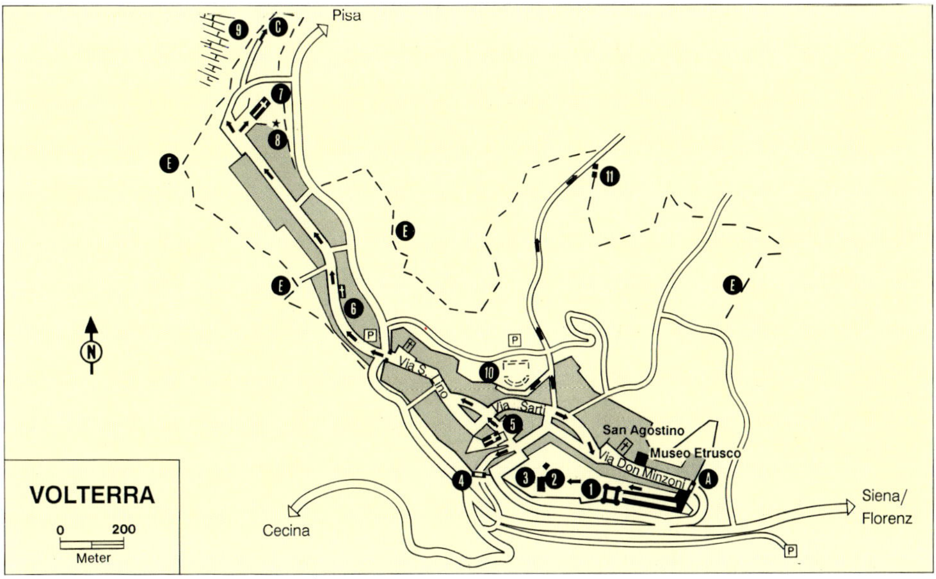

A Ausgangspunkt: Porta a Selci, 1 Rocca Nuova, 2 römische Zisterne, 3 Akropolis, 4 Porta all'Arco, 5 Piazza dei Priori, 6 Santo Stefano, 7 San Giusto, 8 Etruskergräber, 9 Balze, 10 römisches Theater, 11 Porta Diana, C Campingplatz, E Etruskische Stadtmauer

An der *Piazza* besticht der schwerlastige, dreigeschossige, von einem Glockenturm überragte *Palazzo dei Priori* (Rathaus). Am Unterbau zeugen emaillierte Terrakottawappen von Florentiner Statthaltern des 15. und 16. Jahrhunderts; die Löwen-Säulen (Marzocci) an den vorderen Ecken erinnern an die Bezwingung Volterras 1472 durch Florenz. Der »Volterraner Stab«, Längenmaß im Mittelalter, ist zwischen den beiden Erdgeschoßfenstern horizontal aus dem Mauerwerk gehauen. Gegenüber, im *Palazzo Pretorio*, saß einst der Capitano del Popolo (heute Verwaltung und Polizei). Den *Torre del Podestà* – er diente als Kerker und Richtstätte – nennt der Volksmund Torre del Porcellino (Schweinchen), wegen einer Skulptur rechts vom oberen Fenster.

An die Westseite des Priorenpalastes stoßen Chor und nördlicher Querarm des Domes: Mutterkirche der Diözese. Der 1120 geweihte *Dom* hat eine schlichte romanische Fassade. Das schwarz-weiß dekorierte Portal (1254) läßt pisanischen Einfluß erkennen. Prachtvoll die 1584 eingezogene, geschnitzte Kassettendecke – Paradies im theologischen Konzept der Kirche. Herausragendes Kunstwerk, bedeutendstes romanisches in Volterra, ist die 1974 restaurierte, farbige Kreuzabnahme aus der zweiten Hälfte des 13. Jahrhunderts in der Pauluskapelle neben dem Nischensarkophag des hl. Oktavian aus dem 9. Jahrhundert. In einer anderen Nische ruht der hl. Ugo (di Saladini), Bischof von Volterra zwischen 1171 und 1184. Er ist auch in der Kassettendecke verewigt. Die Kapelle der Schmerzhaften Muttergottes birgt zwei wundervolle Terrakotta-Krippen des volterranischen Bildhauers Zaccaria Zacchi aus dem frühen 16. Jahrhundert. Im Hintergrund des Chores steht unter der Orgel der Bischofsstuhl (1783 wurde Colle di Val d' Elsa Bischofssitz), überwölbt vom Kuppelfresko »Gottvater«, das Niccolò Cercignani aus Pomarance im späten 16. Jahrhundert malte. Er begegnet uns nochmals im Bogen (»Mariä Himmelfahrt«) über dem Hauptaltar des *Baptisteriums*: achteckiger Grundriß, romanisch. Das Weihwasserbecken war einmal ein etruskisches Grabmal. Rechts vom Altar das Taufbecken des Bildhauers Andrea Sansovino. Er ist zur selben Zeit (1502) im Baptisterium von Florenz vertreten (»Taufe Christi«) und erlangte seinen künstlerischen Höhepunkt in Rom zwischen 1514 und 1527.

Im südlichen Flügel des Domkreuzganges

(Eingang neben dem Campanile) befindet sich das *Diözesanmuseum* (Museo Diocesano d' Arte Sacra).
Weiterweg: Von der Piazza links am Palazzo Incontri vorbei in die Via Ricciarelli. Es folgt die »Incrociata«: Kreuzung der Vie Roma, Buonparenti, Ricciarelli. Der *Torre Buonparenti* (rechts) stammt aus dem 13. Jahrhundert. Anschließend ebenfalls ein Turmhaus der Buonparenti, das durch eine hohe Bogenbrücke mit dem Turm der Familie Buonoguido aus der Zeit um 1200 verbunden war. Dann rechts der *Palazzo dello Sbarba,* einst Wohnsitz der Familie Ricciarelli.
Die Kirche an der kleinen *Piazza San Cristoforo* ist dem hl. Christophorus geweiht. Jetzt übernimmt uns die Via San Lino. An der Stelle der Ende des 15. Jahrhunderts gestifteten *Chiesa San Lino* soll der hl. Linus gelebt haben, erster Nachfolger auf dem Stuhl Petri.
Die Via San Lino mündet in die *Porta San Francesco* aus dem Jahre 1260. Davor steht links die Kirche *San Dalmazio* (1584), Privatbesitz der Familie Inghirami, Nachfahren des berühmten Türkensiegers Admiral Jacopo Inghirami. Rechts, etwas abseits, die *Chiesa San Francesco.*
Wir verlassen das mittelalterliche Volterra und kommen in den Borgo San Stefano. Geradeaus abwärts. Nach einigen Minuten erweckt rechts die romanisch-pisanische Fassade der im 18. Jahrhundert aufgelassenen Kirche San Stefano unser Interesse. Ihre Grundmauern gehören zu einem Gotteshaus des 7. Jahrhunderts. Gegenüber von Haus Nr. 84 führt links der Vicolo della Penera als Abstecher (ca. 200 m) zu einem Teilstück der vernarbten *etruskischen Stadtmauer.*
Dann sind wir im Borgo San Giusto. Links folgt das *»Istituto Statale d' Arte«* (Fachschule des Handwerks). Hernach rechts als Überraschung *San Giusto*: eigenwillig das Bild durch die sanft hochziehende, baumgesäumte Wiese. Die flache Fassade besteht aus roh behauenem Stein. Beiderseits je zwei rötliche Säulen, angeblich aus der ersten Kirche San Giusto, die die »Balze« verschlungen haben. Der Neubau wurde 1628 begonnen, aber erst in der zweiten Hälfte des 18. Jahrhunderts vollendet.
Lohnend: Rechts an der Kirche vorbei, nach einigen Schritten rechts die Böschung hinab: zwei *Etruskergräber* (6.–5. Jahrhundert v. Chr.). Eine säulengestützte Felskammer ist trotz des sperrenden Eisengitters gut einzusehen. Die Bankreihen ringsum dienten als Urnenablage.
Weiter auf der Straße zur kleinen *Porta Menseri* aus dem Mittelalter. Davor rechts und nördlich zur *etruskischen Stadtmauer,* 2500 Jahre alt, im 4. Jahrhundert v. Chr. angesichts des Emporkommens Roms zusätzlich verstärkt. Von hier gewinnt man instruktive Einblicke in die mancherorts fast 100 Meter hohen Abbrüche, die *»Balze«.* Ein Szenarium von dramatischer Härte und Schroffheit. Wir sehen das 1030 gegründete, 1861 von den Kamaldulensern aus Angst vor den Balze endgültig verlassene Kloster. Am Platz der Abtei sollen die hl. Clemente und Giusto, legendäre Retter Volterras vor den Vandalen im 6. Jahrhundert, ihre Grabstätten gefunden haben. Der archaischen Mauer kann noch ein Stück weit nachgespürt werden bis an den Zaun des Campingplatzes.
Zurück auf die *Piazza.* An der Kreuzung (Apotheke) nun links in die reizvolle Via Giacomo Matteotti, geleitet von den Schildern »teatro romano« zur *Piazza San Michele.* Gleich rechts ragt der fensterlose *Torre Toscana* empor. Angelehnt daneben der Wohnturm von Giovanni Toscana, Schatzmeister des Königs von Sardinien. Links in strengen Formen der *Palazzo Maffei* (Haus Nr. 11, an der Ecke zur Via dei Sarti), 1527 hervorgegangen aus einem Geschlechterturm des Mittelalters. Die romanisch-pisanische Fassade von *San Michele* glänzt durch effektvolles Schwarz-Weiß.
Unweit der Piazza San Michele lag das römische Forum. Und die Via Guarnacci, durch die wir schlendern, verläuft gleich zum etruskisch-römischen *cardo maximus* (Nord-Süd-Hauptstraße). Kurz vor der Porta Fiorentina links, an der mittelalterlichen Stadtmauer etwa 100 Meter zu den Aussichtspunkten über dem *Römischen Theater.* Es entspricht der Theaterarchitektur augusteischer Zeit bezie-

Die »Balze« von Volterra, durch Erosion entstandene Steilabbrüche im sandigen Gestein, auf dem die Stadt von Etruskern errichtet wurde. Im Hintergrund die Kirche San Giusto.

hungsweise wird dem Beginn des ersten Jahrhunderts zugeordnet. Geldgeber waren Severo Ceicna und sein Sohn, reiche Mäzene etruskischer Herkunft. Die 19 aufgemauerten Sitzreihen bieten Platz für etwa 2000 Personen und sind halbkreisförmig angelegt, ab Spätnachmittag im Schatten. Der die oberste Reihe abschließende Gang führt zu den Zu- und Ausgängen. Im linken Teil der 34,6 Meter breiten Bühne hat man eine 15,5 Meter hohe Bühnenwand rekonstruiert. Ein Erdrutsch habe das *teatro romano* im 3. Jahrhundert verschüttet, wird angenommen, jedenfalls sind beim Bau der Thermen um die Wende 3./4. Jahrhundert hinter der Bühne Steine des Theaters verwendet worden. Die Ausgrabungen der Gesamtanlage laufen seit 1950 mit Unterbrechungen.

Zurück ins Mittelalter. Von der *Piazza San Michele* links in die stille Via di Sotto. Sie mündet in die *Piazza XX Settembre* mit der Kirche *San Agostino*. Durch die Via Don Minzoni zum *Etruskischen Museum (Museo Etrusco Guarnacci)*. Es war das erste Etruskermuseum Italiens und wurde 1761 gegründet. Vorbei an der Barockfassade der Kirche *San Pietro a Selci* zum Ausgangspunkt.

Touristische Angaben

Volterra (531 m), Provinz Pisa. Von Florenz 81 km, von Siena 57 km, von San Gimignano

Bei dem römischen Theater in Volterra aus dem ersten nachchristlichen Jahrhundert ist die Bühne verhältnismäßig gut erhalten.

29 km, von Pisa 64 km, von Rom 287 km. Gute Busverbindungen, günstigste Haltestelle: Piazza XX Settembre. Die *Parkplätze* sind mit P1 bis P8 ausgeschildert. Unterhalb der Medici-Festung ist bei der Porta a Selci meist Parkraum frei. Weitere Sehenswürdigkeiten siehe Literatur.

Gehzeit: 1½ Stunden.

Unterkunft: Hotels, Pensionen. Private Jugendherberge *(Ostello),* Via del Pogetto, Hinweise gleich nach der Porta a Selci, geöffnet ab 18.00 Uhr, Tel. 0588/85577. Billig: *Domus Aeoli,* im Borgo S. Lazzaro, Tel. 86041. *Villa Giardino,* 1 km außerhalb, Fraktion S. Girolamo. Tel. 85634. *Campingplatz »Balze«* (auch Bungalows), geöffnet von Mitte April bis 30. September, kleines Schwimmbecken, Tel. 0588/87880. Die Zufahrt ist am nördlichen Stadtrand, an der Straße nach Pisa, beschildert. Fremdenverkehrsbüro (Tel. 0588/86150), im Palazzo dei Priori.

Verpflegung: *Ristorante Etruria* (Piazza dei Priori 6/8). *Beppino* (Viale delle Prigioni 17), preiswert. – *Self Service* (Via Matteotti 17).

Öffnungszeiten der Museen: *Diözesanmuseum:* in den Sommermonaten von 9.30 bis 13.00 Uhr, 14.30 bis 18.00 Uhr. Montag geschlossen. *Etruskisches Museum:* 16. März bis 15. Oktober 9.30 bis 13.00 Uhr, 15.00 bis 18.30 Uhr; vom 16. Oktober bis 15. März 10.00 bis 14.00 Uhr.

Lohnender Autoausflug: Vom P4 am nördlichen Stadtrand (Porta Fiorentina) in die Via della Porta Diana, rechts am Friedhof vorbei zum etruskischen Stadttor *Porta Diana* (4. Jahrhundert v. Chr.). Etwa 500 m danach an der rechten Straßenböschung sind kleine, einfache *Grabhöhlen* (Urnen im Museum). Insgesamt 1,7 km nach dem P4 verweist eine Tafel (»Ipogei dei Marmini«) auf zwei nahegelegene, 1880 freigelegte *Kammergräber* aus hellenistischer Zeit (4. bis 2. Jahrhundert v. Chr.): Rechts einige Stufen hoch und am Holzzaun parallel zur Straße etwa 100 m zum Eingang der *Tomba Inghirami* (im Garten des Archäologischen Museum Florenz rekonstruiert). Treppen führen hinab in den beleuchteten, rundlichen Grabraum, gestützt durch einen starken Mittelpfeiler, versehen mit umlaufenden Bänken, auf denen 53 Urnen standen. Zum anderen Grab geht man zunächst ebenfalls die Stufen hoch, dann links, 100 Meter zum Vorraum mit zwei Seitenkammern, an den sich zwei weitere kleine Kammern im Sandstein anschließen.

Literatur: Volker Piasta, Volterra kennenlernen. Im örtlichen Buchhandel erhältlich.

25 San Gimignano: Im Banne der Türme

Unschwierige Rundwanderung.
Bei Nässe streckenweise sehr rutschig.
Reine Gehzeit: 5 Stunden.
Beste Jahreszeit: Frühjahr bis Herbst.

Die steinernen Ausrufezeichen locken Reisende magisch an, erscheinen zunächst wie eine Fata Morgana unter dem toskanischen Himmel. Von den 72 mittelalterlichen Geschlechtertürmen – welch eine Silhouette! – ragen noch 13 über das rötlich-braune Dächermeer. Konservative Symbole ortsansässiger Feudaladeliger des 11., 12. und 13. Jahrhunderts. »Ihre Türme sind reine Wehrbauten, zugleich Monumente des Familienstolzes, der Sippenüberheblichkeit«, analysiert Eckart Peterich treffend. »In ihnen hat sich die abscheuliche Hader- und Großmannssucht einer tief zerrissenen Zeit Denkmäler

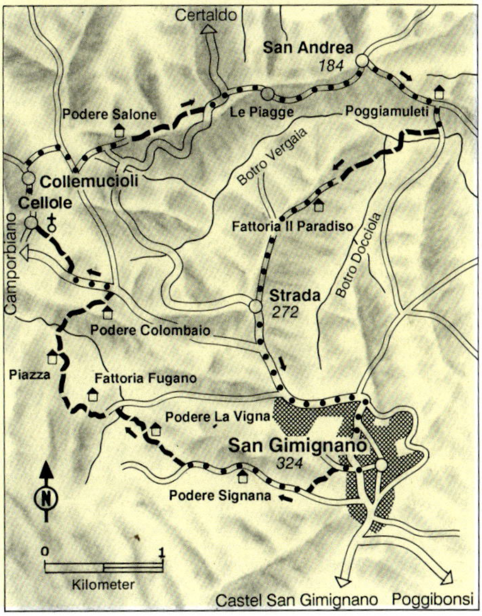

gesetzt.« Die sogenannte »weiße Gewalt« bestand hier am Schnittpunkt pisanischer, sienesischer und florentinischer Interessensphären aus unerbittlichen Fehden der päpstlich gesinnten Guelfen mit den alteingesessenen, kaisertreuen Ghibellinen, die vor allem von den rivalisierenden Familien Ardinghelli und Salvucci ausgingen.

Der 1298 ins Leben gerufene Große Rat – 1200 Mitglieder bei 6000 Einwohnern – ließ 1310 den Torre del Popolo, im Volksmund Torre Grasso (der Dicke), des gleichnamigen Palastes fertigstellen: 54 Meter. Er bestimmte zusammen mit dem 51 Meter hohen Torre del Podestà (Rognoso, der Räudige) das Maß beim Wetteifer privater Bauherren. Ihre Türme mußten mindestens zwei Meter niedriger sein; darüber hinausragende wurden entsprechend gestutzt. Übrigens unterlag auch die Hausbreite gesetzlicher Regelung: 8,40 Meter, nicht mehr, aus realistischen Platzgründen, während die Turmhöhe dem Adel zumindest optisch Zurückhaltung auferlegte.

In einem Turm wohnten bis zu 20 Personen, übereinander in Räumen zwischen 15 und 20 Quadratmetern: über dem Erdgeschoß (Gesinde) die Küche, ein Aufenthaltsraum sowie Schlafräume. Geschlechtertürme existierten auch in zahlreichen anderen Städten. Florenz beispielsweise besaß Anfang des 13. Jahrhunderts 150, Lucca 130. Doch nirgends haben sie in solcher Stattlichkeit und Anzahl die Epochen überdauert. Das drückt San Gimignano den Stempel der Einmaligkeit auf!

Den schönsten Blick genießt man von der »Rocca«, westlich der Collegiata Santa Maria Assunta. Die Burg ließ Florenz 1353 an der Stelle eines Dominikanerklosters auf fünfekkigem Grundriß errichten. In dem unveränderten mittelalterlichen Stadtbild dominieren im Zentrum die Salvucci-Türme neben den beiden städtischen Türmen. Spätnachmittags flutet warmes Licht über ihre fensterarmen Mauern. Raben flattern um die Giganten, die nachts, angestrahlt von bleichem Hell, sich gespenstisch aus dem Dunkel lösen. Erst dann, wenn der Touristenstrom des Tages verflüchtigt ist, erlebt man die versteinerte Ballade in ihrer ganzen Faszination.

San Gimignano, die »Stadt der Türme«, von Westen betrachtet. Links die Reste der einstigen Burg (»Rocca«).

Der Wegverlauf

Wir verlassen die Altstadt an ihrem Westrand durch die noch zum Teil erhaltene *Porta di Quercecchio*, eines von acht Toren des im 13. Jahrhundert errichteten äußeren Mauerringes. Die Umfahrungsstraße beim Parkplatz überqueren. Jenseits nicht mit der Asphaltstraße (zum Friedhof), sondern links davon auf dem Fahrweg abwärts. Nach 10 Minuten an der Gabelung halblinks zwischen Reben und Nutzgärten (Artischocken) durch, hinunter zu breitem Querweg. Rechts. Gegenanstieg – halbrechts sieht man das neue San Gimignano – aus einer Senke, vorbei am *Podere Signana.* Auf der Kuppe an der Wegeteilung vor dem Gehöft links. Vor dem nächsten Haus (Schranke) rechts durch Weingärten mit Vernacciatrauben, die typisch sind für die Umgebung von San Gimignano.

Abwärts, an der nächsten Gabelung rechts, zum *Podere La Vigna* und weiter zur Querstraße. Auf ihr links, ansteigend in 10 Minuten zur *Fattoria Fugano,* wo ein namhafter Vernaccia gekeltert wird. Herrlicher Blick auf das türmestarrende San Gimignano. Vom Ausgangspunkt 1¼ Stunden.

Links dem Fahrweg folgen. Nach etwa ¼ Stunde, bei einem verfallenen Anwesen, geht es rechts. Abwärts entlang der Telefonleitungsmasten. Unten über ein Bächlein. Dann halbrechts bergan auf überwachsener Spur. Kurz danach links halten zu den zwei Häusern von *Piazza,* bei denen man wieder auf einen Fahrweg stößt. Von San Gimignano 1¾ Stunden.

Rechts, im Abstand am *Podere Colombaio* vorbei, in 10 Minuten zur Autostraße. Gute 5 Minuten links. Etwa 100 Meter vor einem Bauernhof rechts ab und auf eine Kuppe. Beim Betonmast links, an der Blechgarage einige Meter rechts, dann links 150 Meter an der Hecke entlang und zum Haus Nr. 1 des weitverstreuten Ortes *Cellole.* Von San Gimignano 2¼ Stunden.

Dieser Platz inspirierte Giacomo Puccini bei der Komposition seiner 1919 in Rom uraufgeführten Oper »Schwester Angelica«. In der

Nähe sind Etruskergräber lokalisiert worden. Zypressen werfen lange Schatten vor den Eingang der Pieve, einem versteckten Kleinod sakraler Volkskunst: romanisch, wahrscheinlich zwischen 1190 und 1238 erbaut, auf den Grundmauern einer älteren Kirche, von der die Apsis stammt. Wunderschön die Ornamentik in der Apsis, einem »Höhepunkt des lombardischen, von Frankreich her beeinflußten Schmuckstiles« (Reclams Kunstführer). Die Restaurierung wurde 1990 abgeschlossen; Schlüssel im Haus nebenan.

Vom Eingang auf dem Fahrweg kurz westlich, worauf man rechts in 5 Minuten zu den Häusern von *Collemucioli* gelangt. Unterhalb des Turmes der einstigen Fattoria abwärts zur Asphaltstraße. Rechts, etliche Minuten später links mit der Straße, aber nur 5 Minuten, denn dann geht es halblinks zum *Podere Salone*. Vor dem ersten Gebäude halbrechts den unteren Weg nehmen, etwas später den kleinen Friedhof passieren. Am nächsten Haus links vorbei. Der folgende, zypressengerahmte Hof bleibt rechts liegen. Abermals wird die Straße betreten. Links, nach 5 Minuten bei einem einzeln stehenden Haus spitzwinklig rechts ab zur Höfegruppe *Le Piagge*. Kurz danach nicht geradeaus (zum nächsten Anwesen), sondern halbrechts und auf genußvollem Panoramaweg oberhalb des baumbestandenen Vergaiatales, vorbei an einem Marienbildstock zum Reitplatz und zur verschachtelten, das Kirchlein einschließenden Häusergruppe von *San Andrea*. Von San Gimignano 3½ Stunden.

Auf dem Fahrsträßchen rechts in 10 Minuten nach *Poggiamuleti*. Abwärts zur nahen Asphaltstraße. Kurz danach in der Linkskurve geradeaus mit dem Feldweg. Vor dem Bach rechts, wenige Minuten später links über den Bach und rechts weiter, bald ansteigend, unterhalb vom Podere Villuzza zum Fahrweg. Links folgt die *Fattoria il Paradiso*, Garant für gepflegten Vernaccia, wo außerdem auch ein Chianti erzeugt wird.

Dann tippeln wir wieder auf Asphalt zu den

Mächtige Türme zeichnen das einzigartige Stadtbild von San Gimignano, teilweise sind es »Geschlechtertürme«, wie links die paarweise gebauten Torri Salvucci.

San Gimignano: Ausblick von der »Rocca« (Burg) nördlich über die Altstadt zum Augustinerkloster.

Häusern von *Strada* (beim Kirchlein Bushaltestelle). Links, neben der Autostraße her. Nach 20 Minuten erwartet uns der Stadtteil *San Matteo.* Die Pizzeria Da Pietro schenkt offenen Vernaccia aus und Kulmbacher Bier vom Faß; Montag geschlossen.

Die Via Garibaldi kreuzen und durch die 1262 errichtete *Porta San Matteo* in die Altstadt. Dort übernimmt uns die Via San Matteo. Haus Nr. 24 bis 26 ist der aus zwei Gebäuden bestehende *Palazzo Tinacci,* Nummer 14 *Casa* und *Torre Pescioloni* aus dem 13. Jahrhundert. Der *Arco della Cancelleria* stellt einen Rest der alten Stadtmauer dar, die ab dem späten 11. Jahrhundert von der äußeren Mauer abgelöst wurde. Gegenüber von Haus Nr. 9 ist ein Hinweis angebracht, daß sich unter der Straße ein Etruskergrab befindet. Vor der Piazza Duomo links (Haus Nr. 2) *Palazzo* und *Torre Pettini,* gegenüber die *Torri Salvucci.*

Auf der *Piazza del Duomo* erleben wir Monumentalität in vielfältigen Perspektiven. Die außen schmucklose, romanische *Collegiata Santa Maria Assunta,* 1148 von Papst Eugen III. geweiht, wird landläufig »Dom« genannt, obwohl in San Gimignano niemals ein Bischof residiert hat. Es dürfte das am üppigsten freskierte Gotteshaus der Toskana sein. An der rechten Seitenschiffwand Themen des Neuen Testamentes, die Barna di Siena zugeschrieben werden. Die linke Seitenschiffswand trägt ungewöhnlich realistische Szenen des Alten Testamentes, von dem Sienesen Bartolo di Fredi (zweite Hälfte des 14. Jahrhunderts). An der Innenseite der Fassade malte Taddeo di Bartolo 1339 das »Jüngste Gericht«. Im quadratischen, nischengegliederten Anbau der *Cappella di Santa Fina* von 1468 schuf der Florentiner Domenico Ghirlandaio 1475 ein Meisterwerk der Frührenaissance: die legendäre Vita der hl. Fina (1238–1253), der Stadtheiligen, die hier begraben ist. Künstlerisch vielleicht sogar noch höherstehend sind die Steinmetzarbeiten von Benedetto da Maiano, vor allem die architektonische Synthese von Altar und Grabmal.

Im *Palazzo del Popolo* sind die Musei Civici untergebracht: Städtisches Museum (Rückgebäude etruskische Abteilung) und Gemäldegalerie. Die Wandmalereien – sie stellen symbolisch die Justiz dar – des Innenhofes, wo unter der Loggia die Urteile verkündet wurden, erfuhren 1988/89 eine gründliche Restaurierung. Schließlich umfängt uns das zauberhafte Ambiente der dreieckigen, im Fischgratmuster gepflasterten *Piazza della Cisterna.*

Touristische Angaben

Ausgangsort: San Gimignano (324 m), auf einem Hügel über dem Val d' Elsa, 7175 Einwohner, Provinz Siena.
Von Florenz 54 km, von Siena 38 km, von Pisa 79 km, von Rom 268 km. Gute Busverbindungen. Beschilderte (gebührenpflichtige) Parkplätze außerhalb der Mauern. Üblicherweise betritt man die Stadt von Süden durch die Porta San Giovanni; Bushaltestelle.
Gehzeit: 5 Stunden.
Unterkunft: Gasthöfe, Hotels. Besonders empfehlenswert *La Cisterna* an der Piazza della Cisterna sowie das *Bel Soggiorno.* Private *Jugendherberge (Ostello della Gioventù),* Via delle Fonti 1, geöffnet März bis 31. Oktober; Tel. 0577/941991. Einfache Übernachtung auch im *Convento San Agostino* bei Padre Giuseppe Pucci, Tel. 0577/940383. *Camping Boschetto,* 1,5 km südöstlich (Fraktion S. Lucia), geöffnet 1. Mai bis 30. September, Tel. 0577/940352. Verkehrsverein (Pro Loco) Piazza del Duomo, Tel. 0577/940008.
Verpflegung: *Pizzeria Le Vecchie Mura* (Via Piandornella), mittags Self-Service, billig.
Karte: Kompass-Wanderkarte 1:50000, Blatt 660 (Firenze-Chianti).
Literatur: Rosella Vantaggi, San Gimignano. In einschlägigen Geschäften erhältlich.

26 Der Schiefe Turm von Pisa steht immer noch

Stadtrundgang: Bahnhof – Santa Maria della Spina – Ponte di Mezzo – Domplatz – Piazza dei Cavalieri – Borgo Stretto – Ponte di Mezzo – Corso Italia – Bahnhof.
Reine Gehzeit: 1¾ Stunden (ohne Besichtigungen).
Beste Jahreszeit: Frühsommer und Herbst. Spätestens am Vormittag ab 10.00 Uhr starker Touristenandrang auf dem Domplatz.

Fragt sich nur, wie lange er die Gesetze der Schwerkraft verhöhnt. Letzte amtliche Meldung: 1991 ging das Weltwunder 4,42 Meter aus dem Lot, südseitig. Statiker gestehen ihm eine Maximalneigung von 4,74 Metern zu. Wann tritt das Unvorstellbare ein? Die Existenz des Campanile hängt offenbar von der Witterung ab: Badewetter forciert erfahrungsgemäß die Neigung, Niederschläge hemmen den Prozeß. Das regenreiche Jahr 1983 bewirkte bloß eine Zunahme von 0,4 Millimeter, die geringste seit einem halben Jahrhundert – trotz Erdbebens am Ostersonntag! »Wahrscheinlich haben die starken Regenfälle in diesem Frühjahr den Druck im Grundwasser unter dem Turm so verstärkt, daß sich seine Schräglage relativ stabilisierte«, meinte damals Giuseppe Toniolo, Vorsitzender des Komitees zur Beobachtung der Vorgänge, und fügte in diesem Zusammenhang hinzu, bereits seit 1970 dürfe drei Kilometer um den Turm nicht mehr in den Grundwasserspiegel eingegriffen werden.

Schon 1908 hatte eine Untersuchungskommission festgestellt, daß »die Sicherheit des Bauwerks begrenzt« sei. Alarmglocken läuten seit 1987/88: 1,3 Millimeter Neigungszunahme, erheblich über dem Durchschnitt (0,7–0,8 mm) bis dahin. 1989 waren es 1,8 Millimeter, 1990 dann 1,18. Laut Gero Geri von der Universität Pisa lastet auf den Fundamenten ein Druck, der weit über dem kalkulierten Limit von elf Kilogramm pro Quadratzentimeter liegt. Im übrigen Stadtgebiet erlaubt der Schwemmsandgrund höchstens ein Kilogramm Belastung, weshalb »Wolken-

Der Domplatz (»Piazza dei Miracoli«) in Pisa mit dem Dom und dem weltberühmten schiefen Glockenturm (Bauzeit von 1173 bis 1350). Die Abweichung von der Vertikalen beträgt an der Turmspitze gegenüber der Basis 4,42 Meter.

kratzer« fehlen, aber auch andere *torri pendenti* ihren Knicks machen. Pisa entstand nämlich – wie Venedig, Ravenna – aus einer Meereslagune, dem sumpfigen Delta (vor der Völkerwanderung) des Arno und Serchio. Die daraus resultierenden statischen Probleme dürfte Architekt Bonanus geahnt haben. Vorsichtshalber schichtete er auf pilotierte Hölzer Gesteinsmaterial von 18,5 Meter Durchmesser und setzte im August 1174 zylindrisches, vier Meter dickes Mauerwerk. Doch schon bei der dritten Galerie bekam der Turm Schlagseite, so daß die Säulen zum Ausgleich um sieben Zentimeter erhöht wurden. Ohnmächtige Ratlosigkeit. Stillstand ein Jahrhundert lang. 1275 sah sich Giovanni di Simone mit den Schwierigkeiten konfrontiert. Mittlerweile betrug die Neigung fast 30 Zentimeter.

Pisa konterte den beißenden Spott seiner Neider! Di Simone konstruierte gegenläufig zum Sinkwinkel und schuf die drei restlichen Geschosse. Die Glockenstube kam erst Mitte des 14. Jahrhunderts hinzu.

1935 sollten Betoninjektionen den Patienten aufrecht halten. Vergebens. Der oberste, nördliche Turmrand mißt 55,22 Meter, der südliche unterste 54,52 Meter. Ein komisches, irritierendes Gefühl, wenn man aus dem Drehwurm der 294 Stufen geschoben wird und plötzlich beängstigende Schräge unter den Sohlen spürt. Schwindelerregend ist der Blick in den haltlosen Abgrund! Wird er jemals wieder einen Besucher erschaudern lassen?

Seit Januar 1990 ist der Schiefe Turm, den jährlich 800000 erstiegen, aus Sicherheitsgründen gesperrt, vorerst bis 1994, wodurch dem Säckel des sozialistischen Bürgermeisters pro Jahr rund 210000 Mark an Eintrittsgeldern verloren gehen. 1991 wurde oberhalb der ersten Loggia brüchiges Mauerwerk durch Stahlringe gesichert. Wie es weitergeht? Professor Jamiolkowski aus Turin, der das internationale Beraterteam leitet, will sich in »Ruhe und Frieden« für einen endgültigen Eingriff entscheiden.

Campanile, Dom und Baptisterium bilden das glanzvolle, einzigartige – weil freistehende – Triumvirat der Piazza dei Miracoli: Einst war es demonstrativer Ausdruck militärischer und wirtschaftlicher Machtentfaltung im Zenit der Republik Pisa. Amalfi, Kalabrien, Karthago waren in die Knie gezwungen, Ägyptens Flotte besiegt, 1114 die Balearen mit 300 Schiffen und 45000 Soldaten erobert worden. Pisa war Herrin über den gesamten toskanischen Küstenbereich zwischen Portovenere und Civitavecchia sowie das westliche Mittelmeer.

Stets ghibellinisch, denn der Kaiser unterstützte die Raubzüge indirekt, dräuten durch das Ende der Staufer (1254) unheilverkündende Wolken am Himmel über der Weltmacht. Von Venedig gegen den Erzfeind Genua im Stich gelassen, führte die Seeschlacht vor Livorno am 6. August 1284 zum Niedergang: 20000 Tote, ebensoviele in genuesischer Gefangenschaft. Pisa verlor sein Kolonialreich wegen mangelnder Streitkräfte. Innenpolitisch waren die Parteien zerstritten. Mailand riß die Stadt an sich beziehungsweise Gian Galeazzo Visconti verkaufte sie an Florenz. Ab 9. Oktober 1406 regierte der Florentiner Löwe im ausgehungerten Pisa, das nun auch in seiner eigenständigen Kultur verkümmerte, dankbar für Brotkrumen der Mediceer.

Stadtrundgang

Vom *Bahnhof* in den Viale Gramsci (Marxist, Mitbegründer der KPI). Auf der *Piazza Vittorio Emanuele II* links, an der Kirche *San Antonio* vorbei zur *Piazza San Antonio.* Dort rechts der Via San Antonio im gleichnamigen Viertel folgen zum Kirchlein *Santa Maria della Spina* – des in Jerusalem erbeuteten Stachels der Dornenkrone Christi, der hier aufbewahrt wurde (heute im Ospedale di Santa Chiara). Ursprünglich stand das Juwel typischer pisanischer, romanisch-gotischer Baukunst tiefer am Flußufer, es wurde 1230 für Schiffsreisende und Fischer als Gebetshalle errichtet. 1871 zwangen Feuchtigkeitsschäden zum Abbau und Neubau (ohne Sakristei), Stein für Stein. Die Skulpturen an der Straßenseite – Jesus und die 12 Apostel – werden der Schule des Giovanni Pisano zugeschrieben. Rechts mit dem Lungarno Gambacorti am Arno entlang. Beiderseits stehen teilweise ansehnliche Paläste, u. a. rechts nach der kleinen Kirche Santa Cristina der gotische *Palazzo Gambacorti* (Rathaus).

Anschließend die *Logge di Banchi,* eine Halle auf zwölf Pfeilern aus dem frühen 17. Jahrhundert. Unter ihrem Dach fand der Woll- und Seidenmarkt statt.

Auf dem *Ponte di Mezzo* über den *Arno.* Alljährlich am ersten Junisonntag ist die Brücke Schauplatz des »Gioco del Ponte«, dem Wettkampf zwischen dem nördlichen Stadtteil Tramontana und dem südlichen Mezzogiorno. Jeweils sechs Mannschaften versuchen einen großen Karren ins gegnerische Feld zu schieben. Ausgesprochen sportlichen Charakter hat die »Regata di San Ranieri« der vier Stadtviertel in mittelalterlichen Kostümen am Nachmittag des 17. Juni über zwei Arnokilometer. Am Vorabend das Fest »La Luminaria«: Entlang des Flusses brennen hinter Fenstern unzählige *lumini,* Öllämpchen, neuerdings auch Kerzen, zum Gedächtnis an die Überführung des Schutzheiligen in den Dom.

Jenseits der Brücke erwartet uns die *Piazza Garibaldi.* Links (Arnoufer) sind es 100 Meter zum vielgepriesenen, 1794 eröffneten *Caffè dell' Ussero* im Erdgeschoß des dreistöckigen Palazzo Agostino (Haus Nr. 27) aus dem 15. Jahrhundert: einziges, noch erhaltenes relief-

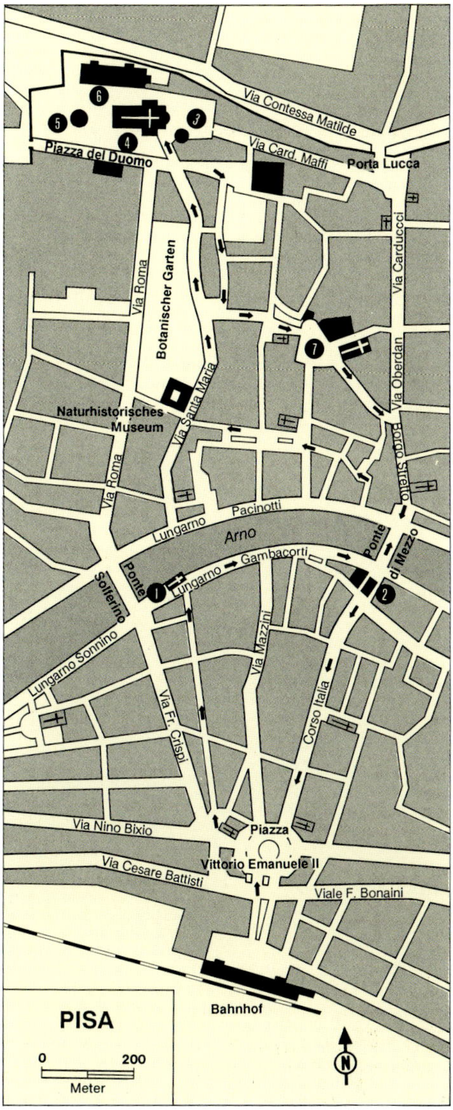

1 Santa Maria della Spina, 2 Logge di Banchi, 3 Schiefer Turm, 4 Dom, 5 Baptisterium, 6 Camposanto, 7 Piazza dei Cavalieri

und skulpturengeschmücktes Backsteingebäude. Es war während des »Risorgimento« studentischer Unruheherd und Diskussionstreff. Mittlerweile lebt der »Husar« meines Erachtens nur mehr vom verhallten Ruf.

Von der Piazza Garibaldi halblinks durch Gäßchen, links zur *Piazza della Vettovaglie.* Vormittags ist Markt. Impulsive Lebhaftigkeit, tausend Stimmen, Gerüche. Pisa pur!

Durch die Via Domenico Cavalca zum *Campone* (rechts), einem der mehr als hundert mittelalterlichen Geschlechtertürme. Kurz danach steht rechts die romanische, 1675 im Inneren barockisierte Kirche *San Frediano.* Links der Kirche in die Via l' Arancio. Sie leitet, unterbrochen von der Piazza Dante, zur lauten Via Santa Maria. Rechts zum *Domplatz,* dem Platz der Wunder. An der Südseite eine Front von Souvenirständen. Dahinter, im *Ospedale di Santa Chiara,* kann das *Museo delle Sinopie* besichtigt werden.

Piazza dei Miracoli – urbanes Juwel Italiens in zeitloser Schönheit. Aus den Altstadtgassen tauchend, wirkt der Anblick fast als Ästhetikschock. Der weite Raum ist grasbewachsen, so, als seien die Monumente durch Naturkräfte der Erde entsprossen.

Schiefer Turm! Man traut seinen Augen nicht. An der südseitigen Basis heißt es, den Kopf weit in den Nacken legen, um den Rand der obersten Galerie zu sehen. Gleich-stürzter-ein-Angst!

Der *Dom,* 1063 nach dem Sieg über die Araber bei Palermo begonnen, konnte um 1160 mit dem Beutegeld größtenteils fertiggestellt werden. Santa Maria Assunta gilt als wesentlichstes Beispiel der Pisaner Romanik, die zwar lombardische Impulse annahm, aber auch auf byzantinische und islamische Sakralarchitektur zurückgriff. Der Dom ist das erste Gotteshaus Italiens mit dem Grundriß des lateinischen Kreuzes und mit Vierungskuppel.

Allein den Bronzetüren sowie der Kanzel widmen Kunstführer seitenweise theologische Definitionen. Die Kanzel vollendete Giovanni Pisano nach zehnjähriger Arbeit, 1311. Sie stellt ein reifes, von Strenge gezeichnetes Alterswerk dar.

An den Schwingungen des Bronzeleuchters im Mittelschiff soll der 1564 in Pisa geborene Galileo Galilei die Unveränderlichkeit der Pendelbewegung studiert, am Campanile die Gesetze der Schwerkraft festgestellt haben.

Eingefleischte Pisaner schenken der Mittelschiffsdecke keinen Blick, heißt es, denn dort prangt das verachtete Mediciwappen an der nach dem Dachstuhlbrand 1595 eingezogenen barocken, vergoldeten Kassettendecke aus afrikanischem Holz.

Der Grundstein für das *Baptisterium* wurde

1152 gelegt, als der Dombau in seiner Endphase stand, die Arbeiten dauerten aber bis ins späte 14. Jahrhundert an. Entsprechend einer in Italien weitverbreiteten Tradition steht es von der Kirche völlig getrennt: Täuflinge, »Heiden« in kirchlichem Sinne, sollten durch ihre Anwesenheit das Gotteshaus nicht entweihen. Vorher zelebrierte man die Taufe wahrscheinlich in einem Römertempel an gleicher Stelle. Zur Finanzierung mußten 34000 Pisaner Familien eine 1164 erlassene Sondersteuer (ein Goldstück) entrichten. Ob davon auch *popoli minuti,* Tagelöhner, oder *ciompi* (eigentlich Wollschläger), d. h. die Armen, betroffen waren, ist nicht überliefert.

Das romanische Bauwerk verfälscht durch seine Masse optisch die Dimensionen. Es ist nämlich höher als der Schiefe Turm, etwa einen Meter. Und wie hoch schätzen Sie die Johannes-Statue auf der kürbisartigen Kuppelspitze? 3,30 Meter! Früher fiel durch eine Öffnung in der Kuppel Regen in das achteckige Taufbecken – symbolisches Himmelswasser. Die einzige runde toskanische Taufkapelle (Umfang 107,25 m) hat eine unglaubliche Akustik. Gelegentlich schließt ein Wärter die Portaltüre, bittet um Stille, und stimmt, die Hände vor dem Mund zum Trichter geformt, einen Dreiklang an. Ein zwölffaches Echo! Ebenso ratlose Bewunderung vor

Neben dem Dom zu Pisa steht isoliert das romanische Baptisterium (Bauzeit 1153–1358) – höher als der »Schiefe Turm«, die größte separate Taufstätte der Christenheit.

der Kanzel. Sie markiert das erste große Werk gotischer Bildhauerkunst in Italien, dem Gemeinwesen anno 1260 übergeben von Nicola Pisano. Nicola d'Apulia, gebürtig um 1220 in Apulien und demnach Wahl-Pisaner, ging teilweise eigene, neue Wege (z. B. erste freistehende Kanzel, sechseckiger Marmorkorpus, stärkere figürliche Betonung und vollständigere Reliefgestaltung), jedoch Antikes einflechtend, angeregt zweifellos von Motiven der Sarkophage des Camposanto.

Der *Camposanto* gerät meist ins Hintertreffen, weil man eigentlich schon gesättigt ist von Kunstgenüssen und Großartigkeit, weil eine Steigerung nicht mehr möglich ist. Im inneren Geviert des rechteckigen Friedhofes fand das Volk die letzte Ruhestätte, Adelige unter den Arkaden. Ein Erzbischof habe 1202 im Ersten Kreuzzug Erde von Golgatha auf 53 Schiffen hertransportieren lassen. Sie durfte auch Juden aufnehmen, allerdings getrennt durch die Stadtmauer.

Dutzende Sarkophage vermitteln einen Querschnitt römischer Grabmalarchitektur, vielfältig wie nirgendwo anders in der Toskana. Ende Juli 1944, als Pisa von alliierten Bomben zerstört wurde, explodierte auch eine Granate im Dachstuhl des Friedhofs und setzte das Gebälk in Brand. Dadurch erlitt der berühmte Freskenschmuck schwere Schäden, die erst Anfang der achtziger Jahre endgültig behoben werden konnten.

Vom *Domplatz* östlich, vorbei am *Touristikbüro.* Links das *Dom-Museum (Museo dell' Opera del Duomo).* Von der *Piazza Arcivescovado* rechts (Via Gaetano Boschi) zur *Piazza Felice Cavallotti.* Links die Kirche *San Sisto* passieren. Unverhofft öffnet sich die *Piazza dei Cavalieri.* Sie hieß im Mittelalter »Piazza delle sette vie« (Platz der sieben Straßen) und war Verwaltungszentrum, möglicherweise an der Stelle des römischen Forums. Cosimo I., Großherzog der Toskana, tilgte die Zeugen der Demokratie, indem er in der zweiten Hälfte des 16. Jahrhunderts von Giorgio Vasari eine Renaissancefassade entwerfen ließ. Aus dem Kommunalpalast entstand der den Platz beherrschende *Palazzo dei Cavalieri.* Rechts steht die Hallenkirche *San Stefano dei Cavalieri* (Siegestrophäen); links der *Palazzo dell' Orologio,* von Vasari aus zwei Türmen konstruiert. Im »Hungerturm« (Torre dei Gualandi) verhungerte Graf Ugolino della Gherardesca mit seinen Söhnen. Dante hat seine Höllenqualen beschrieben. Rechts neben der Stephanskirche in die Via Ulissi Dini. Anschließend umfängt uns die quirlige Enge der Arkadenstraße des *Borgo Stretto,* gegen Abend zunehmend belebt in scheinbarem Wirrwarr. Im Haus Nr. 44 die traditionsreiche Pasticceria Salza. Links, eingezwängt in die Häuserfront, steht *San Michele in Borgo* mit einer romanisch-pisanischen Fassade: 1044 geweiht, 1944 im Bombenhagel zertrümmert.

Abermals über die *Piazza Garibaldi* und die *Arnobrücke* zum *Corso Italia.* An der rechten Seite der Fußgängerzone zeigt ein Palast (Haus Nr. 87) venezianische Gotik. Links schaut seit 1862 Nicola Pisano auf die Leute herab. Die 1325 bis 1328 errichtete Kirche *Santa Maria del Carmine* sowie das dazugehörende Kloster vernichteten ebenfalls Fliegerbomben im Juli 1944. Der »Corso« mündet in die *Piazza Vittorio Emanuele II,* das Oval für den italienischen König.

Touristische Angaben

Pisa, Provinzhauptstadt, 103 900 Einwohner, Erzbischofssitz, 9 km vom Meer entfernt. Gute Bahn- und Busverbindungen, Flughafen Galileo Galilei (3 km südlich). Von Florenz 82 km, von Siena 106 km. Parkplätze beim Bahnhof; beste Autobahnausfahrt Pisa Süd.

Gehzeit: 1¾ Stunden.

Unterkunft: Hotels, Pensionen, Privatquartiere. Camping *La Torre Pendente,* Viale delle Cascine 86 (1,3 km westlich des Schiefen Turmes, Buslinie 4 ab Hauptbahnhof); geöffnet von Anfang April bis Mitte Oktober. Tel. 050/561704. Oft überfüllt. Alternativen: Camping *Fattoria San Piero* (5 km südwestlich an der SS 224 Richtung Marina di Pisa) sowie in Marina di Pisa (11 km). *Jugendherberge (Ostello San Francesco)* in Pisa-Tirennia, 15 km südwestlich, im Ortsteil Calambrone an der SS 224 Richtung Livorno, geöffnet vom 1. April bis 30. September, Busverbindungen mit Pisa und Livorno, Tel. 050/37442.

Ente Provinciale per il Turismo, Piazza del Duomo, Tel. 050/25335.

Verpflegung: Restaurants vom Feinsten:

»*Sergio*«; Sergio Lorenzi war Italiens Meisterkoch 1982; Lungarno Pacinotti. *Osteria del Violino,* Via La Tinta 25, bis zur gemütlichen *Trattoria da Bruno* (Via Luigi Bianchi 12, außerhalb der Porta Lucca) und zur *Universitätsmensa* (Via Martiri, 12.00 bis 14.00 Uhr).
Literatur: Reclams Kunstführer Italien, Band III/2. Philipp Reclam, Stuttgart.

27 Lucca: Aus Sümpfen geboren

Stadtrundgang: Porta Sant'Anna – Piazza Napoleone – Dom – Bastionen – Santa Maria Forisportam – Torre Guinigi – Piazza del Mercato – San Frediano – San Michele – Piazza Napoleone – Porta Sant'Anna.
Reine Gehzeit: 1¼ Stunden (ohne Besichtigungen).
Beste Jahreszeit: Frühsommer und Herbst; in den Sommerferien zeitweise starker Tourismus.

»Luk« bedeutet im Ligurisch-Etruskischen soviel wie Sumpf. An einem Übergang des Flusses Serchio stampfte das Imperium scheinbar entgegen aller Vernunft, jedoch erfahren in der Trockenlegung von Sumpfgebieten, während des späten 3. Jahrhunderts v. Chr. Lucca aus schwankendem Boden. Nach etruskischem Vorbild entstand die Kolonie lateinischen Rechts (ab 180 v. Chr.) im Schachbrettmuster – heute noch erkennbar – und bewehrt durch eine etwa 3,5 Kilometer lange, im Grundriß rechteckige Mauer. Mit der Absetzung des letzten weströmischen Kaisers 476 n. Chr. büßten die getätigten Kultivierungsmaßnahmen ihre Effektivität ein, bis Bischof Fredianus im 6. Jahrhundert, als Lucca den Ostgotensturm zurückschlug, die Eindeichung des Serchio erneuerte (und dafür sogar heiliggesprochen wurde). Lucca, 570 von den Langobarden zur Hauptstadt der Toskana erkoren, erblühte, bedingt durch seine Lage, an der Via Francigena, der Frankenstraße von der Langobarden-Metropole Pavia nach Rom, dem damals frequentiertesten Pilgerweg Europas. 1162 Beförderung zur Freien Reichsstadt unter Kaiser Barbarossa. Nun genügte der römische Kern den Ansprüchen nicht mehr, so daß zwischen 1206 und 1265 die Befestigungen ostwärts erweitert wurden. Ende des 15. Jahrhunderts erneute Ausdehnung, gleichfalls östlich und durch Mauern fundiert. Die Bedrohung durch das landhungrige Florenz wuchs. Dem Druck gehorchend, entschloß man sich (auch zwecks Arbeitsbeschaffung) 1490 zum Bau des äußeren Gürtels. Er dauerte fast zwei Jahrhunderte. Als Cosimo I. die Toskana ab 1537 barsch in einen Polizeistaat umkrempelte, konnte ihm einzig das oligarchisch regierte Lucca Paroli bieten.
Die Bastionen messen 4,2 Kilometer, an der Basis 30 Meter stark, mit zwölf Meter hohen, ziegelverkleideten Erdwällen, aus denen elf herzförmige Bastionen vorspringen. Es ist der besterhaltene Festungsring Italiens! Angreifer blickten in die Mündungen von 126 Kanonen. Was gegen Feinde konzipiert war, schützte Lucca auch vor anderen Heimsuchungen, nämlich 1802 vor dem verheerenden Serchio-Hochwasser. Die Provinzhauptstadt verdankt es ihren achtunggebietenden Verteidigungsanlagen, daß sie unbeschadet von den Zeitläufen das Bild der verschiedenen Epochen präsentieren kann.
»Passeggiata delle Mura« heißt der beliebte Rundspaziergang auf den Mauern im Schatten der mittlerweile zweiten Bepflanzung (Platanen). »Vor allem kommt dort zu Fuß oder in Kutschen die Blüte beider Geschlechter zusammen«, schrieb Goethe – nicht Johann Wolfgang, sondern dessen Vater Johann Caspar (1710–1782), von dem der Dichter seine Italienleidenschaft offenbar in die Wiege gelegt bekam. »Wir trafen am Abend des 14. Mai in Lucca ein und wurden am Stadttor aufgefordert, die Schußwaffen abzugeben, nicht aber die Stichwaffen«, erinnert sich Goethe senior. »Die Zahl der Einwohner läßt den Schluß zu, daß Lucca eine sehr fleißige Stadt ist...« Im 13. und 14. Jahrhundert stellte man Brokatstoffe und Blattgold her. Um 1500 klapperten 3000 Webstühle für Seidenstoffe. Obendrein flo-

Romantik trotz parkender Autos am Stadtgraben von Lucca.

rierten Kreditgeschäfte. Anfang des 17. Jahrhunderts entstanden Textil-, während des 19. Jahrhunderts frühindustrielle Tabak-Manufakturen, vor den Toren Papier- und Kartonagefabriken. Selbst heute bergen die Mauern moderne Betriebe. Fabio Perini zum Beispiel, ein Familienunternehmen, das Maschinen für die Verarbeitung von Altpapier herstellt, hat die Hälfte des Weltmarktes erobert. Die Gegend um Lucca produziert bestes Olivenöl. In der Altstadt leben rund 10000 *dentri*, zum Unterschied von den 78000 *fuori* außerhalb. Regiert wird Lucca von der »Democrazia Cristiana« mit mehr als 50 Prozent der Stimmen. Ein schwarzer Punkt in der roten Toskana! Doch sind die Kommunisten zweitstärkste, Fraktion. Ungeachtet parteipolitischer Abgrenzungen ist indes die historisch begründete Abneigung gegenüber Pisa. »Razza Pisana – figli di Puttana«, lästert ein gängiger Spruch: Die Pisaner seien Hurensöhne!

Stadtrundgang

Im Westen über die *Piazza Luigi Boccherini* und durch die 1910 errichtete *Porta Sant' Anna* (auch Porta Vittorio Emanuele II) in die Altstadt. Am Kriegerehrenmal des *Piazzale Verdi* rechts vorbei in die Via Vittorio Emanuele II. Bei Haus Nr. 13 (Bar Pieracci) rechts Abstecher zur ehemaligen, im 13. und 14. Jahrhundert erbauten Dominikanerkirche *San Romano*, der Grabstätte des Heiligen.
Die Südseite der Piazza Napoleone (auch Piazza Grande) nimmt der *Palazzo delle Province* ein, als Nachfolger des 1576 durch Blitzschlag abgebrannten Palazzo Ducale (Palazzo della Signoria).
Südöstlich schließt sich die *Piazza del Giglio* mit dem *Stadttheater* an. Von dort durch die Via del Duomo zur dreischiffigen Basilika *San Giovanni*. Sie diente, anstelle eines römischen Tempels der hl. Reparata geweiht, bis

1 San Romano, 2 Palazzo delle Province (Piazza Napoleone), 3 San Giovanni, 4 Dom, 5 Baluardo San Regolo, 6 Porta San Gervasio, 7 Santa Maria Forisportam, 8 Palazzo Guinigi, 9 Römisches Theater, 10 San Frediano, 11 Palazzo Pfanner, 12 San Michele, 13 Palazzo Pretorio, 14 Puccini-Geburtshaus

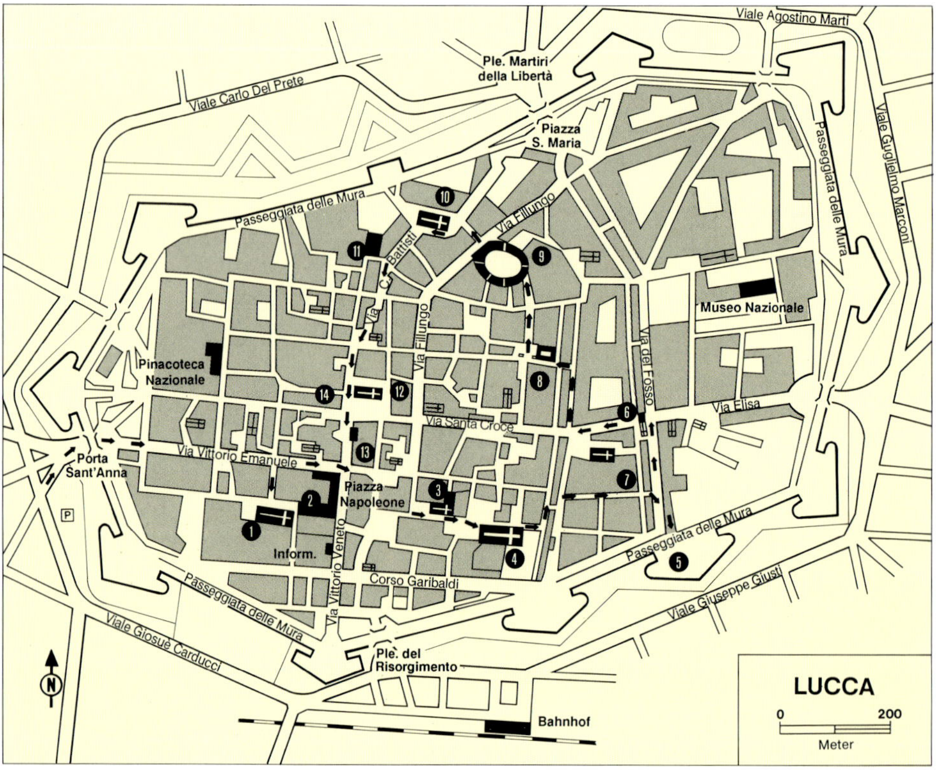

ins 8. Jahrhundert als Bischofskirche und birgt das Grab der Markgräfin Mathilda von Canossa-Toskana (1046–1115). Gegenüber von San Giovanni gibt es im Süßwarenladen eine Kuchen-Spezialität Luccas: den Buccellato.
Auf der *Piazza di San Martino* findet jeden dritten Sonntag ein schon traditioneller Antiquitätenmarkt statt; Lucca ist das Zentrum des Antiquitätenhandels weit und breit. Der Platz erfuhr seine Weiträumigkeit unter dem Territorialherrscher Paolo Guinigi. Er ließ 1411/12 Häuser abreißen, um die Wirkung des 69 Meter hohen Campanile aus dem 13. Jahrhundert zu verstärken, hauptsächlich aber zur Hervorhebung der Domfassade. Der dem hl. Martin geweihte *Dom* ist seit dem 8. Jahrhundert Bischofskirche. Von den ersten beiden Kirchen sind so gut wie keine Teile mehr erhalten. Ältester Architekturteil ist die über dem Portikus der Vorhalle 1204 fertiggestellte romanische Fassade, gegliedert in drei asymmetrische Arkaden, die sich in spielerischer Eleganz staffeln. Trotz fehlendem Giebelaufsatz wirkt der Anblick ästhetisch, bereichert von farbigen Effekten; vorher waren die Kirchenfassaden in Lucca schmucklos. Der lombardische Baumeister Guidetto da Como lehnte sich offensichtlich an pisanische Vorbilder (Dom) an, brachte aber als eigene Idee die Vorhalle mit. Sie darf als ein Parademuster romanischer Steinmetzkunst betrachtet werden. Vor allem als Entschädigung, wenn die Kirche geschlossen ist (12.00 bis 15.30 Uhr).
Die »Schatzkammer Luccas« birgt als größte Kostbarkeit in einer oktonalen Kapelle des linken Seitenschiffes den sogenannten *Volto Santo* (Heiliges Antlitz), laut einer Legende vom hl. Nikodemus aus libanesischem Zedernholz geschnitzt und in einem herrenlosen Boot anno 782 bei Luni angelandet. In der Tat ist das Heiligtum sicherlich orientalischer Herkunft, allerdings nicht vor dem 11. Jahrhundert. Ikonographisch interessant: die Tunika-Bekleidung des bärtigen Gekreuzigten.
An »Santa Croce« (Heilig-Geist-Fest, 13. September) zieht nach Einbruch der Dämmerung eine Lichterprozession von San Frediano zum Dom. Gebückte Pilger unter schweren Holzkreuzen. Der Volto Santo wird in einem

Seit 1989 kann nach der Restaurierung das prächtige Himmelfahrtsmosaik an der Fassade von San Frediano wieder bewundert werden. Es entstand um 1230.

Ochsenkarren von mittelalterlich Bekleideten gezogen.
Den Sarkophag der Ilaria del Carretto, zweite Gemahlin des Stadttyrannen Paolo Guinigi, schuf der Sieneser Bildhauer Jacopo della Quercia.
Weitere Meisterwerke: »Abendmahl« des Venezianers Tintoretto (um 1592) im dritten Seitenaltar rechts; im Altar der Sakristei »Madonna mit Heiligen« (Petrus und Clemens, Paulus und Sebastian), eine sogenannte »Sacra Conservazione« des Florentiners Domenico Ghirlandaio (zweite Hälfte des 15. Jahrhunderts); außerdem Arbeiten von Matteo Civitali, dem wichtigsten Bildhauer Luccas. Die »Cappella della Libertà« (links vom Presbyterium) erinnert an die Befreiung der Stadt 1369 von Pisa.
Anschließend am Dom links vorbei, den gelben Schildchen des Stadtrundganges folgen. Links in die Via dell' Arcivescovato. Kurz danach vor dem Antiquitätengeschäft rechts. Nun links 20 Meter durch die Via della Rosa,

dann rechts in die Via del Botanico. Sie stößt auf die Via del Fosso am alten Stadtgraben. Rechts sind es nur wenige Schritte zum *Baluardo San Regolo,* eine der Bastionen. In ihrem Bauch befanden sich Mannschaftsunterkünfte, Waffenmagazine, Kanonenpforten um einen Zentralraum gruppiert.

Links am Graben entlang zur *Porta San Gervasio* des zweiten, ab 1206 entstandenen Ringes, die ungewöhnliche, halbzylindrische Türme flankieren. Durch das Tor. Der Name *Santa Maria Forisportam* verrät, daß die Kirche außerhalb des römischen Gevierts erbaut wurde, um 1200, die Marmorfassade im romanisch-pisanischen Stil. Ihre Fundamente sind fast zwei Meter in den Boden gesunken. Der Platz davor war römischer Markt, woran die antike Säule erinnert. Rechts in die Via dell' Angelo, wenig später links in die Via San Andrea. Plötzlich sehen wir die Steineichen auf dem *Torre Guinigi,* ursprünglich wohl einer der etwa 130 mittelalterlichen Geschlechtertürme; er wurde mit dem romanisch-gotischen Palastbau um 1400 umgebaut.

Nach dem Turm rechts in die Via delle Chiavi d'Oro. Vor dem Halbrund etwa 10 Meter rechts zum Portal mit teilweise römischen Quadern und auf die *Piazza del Mercato* (Markt jeden Samstag von 8.00 bis 13.00 Uhr). Die Ellipse markiert das römische Amphitheater aus dem frühen 2. Jahrhundert n. Chr. »einst Schauplatz einer Spektakelindustrie auf wirklich viehischem Niveau« (Roland Günter). Umgeben ist der Platz von zwei- bis fünfgeschossigen, vielfarbigen mittelalterlichen Häusern auf der Basis der Zuschauerränge: ein einmaliger architektonischer Verband.

Der ovale Platz wird auf der gegenüberliegenden Seite durch eines der vier antiken Portale verlassen. Von der *Piazza degli Scarpellini* rechts in die noble *Via Fillungo.* Links zur *Chiesa San Frediano.* Seit den 1989 abgeschlossenen Restaurierungen leuchtet in der Fassade wieder das um 1230 gelegte, byzantinisch beeinflußte Himmelfahrtsmosaik. Es ist das einzige toskanische Fassadenmosaik außer San Miniato (Florenz)! Die ursprüngliche Fassade der 1147 von Papst Eugen III. geweihten Kirche stand auf der entgegengesetzten Seite. Das dreischiffige Innere ist geprägt durch die antiken Säulen. In der Augustinus-Kapelle erzählen Fresken, Hauptwerk (1508/09) des Bolognesen Amico Aspertini, Luccheser Stadtgeschichte: Eindeichung des Serchio durch den hl. Fredianus, den irischen angeblichen Kirchengründer im 6. Jahrhundert, sowie die Überführung des »Volto Santo« im Ochsenkarren von Luni nach Lucca.

Marmorintarsien und Phantasiereichtum der Steinmetzkunst machen die Fassade von San Michele zu einem der großartigsten Baudenkmäler in Lucca.

In Höhe des Campanile (12. Jahrhundert), dessen Fensterzahl nach oben hin von Geschoß zu Geschoß zunimmt, geht es links in die Via Cesare Battisti. Rechts in der Via degli Asili, etwas abseits, zeigt der 1667 erbaute *Palazzo Pfanner* eine Ausstellung von Kostümen des 18. bis 20. Jahrhunderts.

In der Via Cesare Battisti vorbei an *San Salvatore* (12. Jahrhundert) und einem markanten Turmhaus durch die Via Calderia auf die *Piazza San Michele,* bei den Römern Stätte des Forums. Das Denkmal zeigt Francesco Burlamacchi, Stadtoberhaupt von 1533 bis 1546.

San Michele, Bürgerkirche der Stadt, vervollständigt das Trio herausragender romanischer Sakralbauten. Wieder besticht sofort die weiße Marmorfassade, absolut dominierend, die eigentliche Größe des Langhauses vertuschend. Das Bauwerk wurde 1143 beschlossen, aber erst (wegen Geldmangel) im 14. Jahrhundert komplettiert.

In der nahen Via di Poggio (Nr. 9) erblickte Giacomo Puccini das Licht der Welt.

Unser Rundgang führt an der Loggia des *Palazzo Pretorio* vorbei durch die Via Vittorio Veneto zurück zur *Piazza Napoleone.*

Touristische Angaben

Lucca, Provinzhauptstadt, 88 000 Einwohner, Erzbischofssitz. Von Florenz 74 km, von Pisa 22 km, von Rom 348 km. Gute Bahn- und Busverbindungen; günstigste Bushaltestelle Piazzale Verdi. Ab der Autobahnausfahrt den Tafeln »Centro« folgen bis vor den Mauerring am Ende des Viale Giosuè Carducci, gegenüber der Esso-Tankstelle meist

freie Parkplätze (geduldet auf dem breiten Fußweg).
Gehzeit: 1 1/4 Stunden.
Unterkunft: Hotels, Gasthöfe. *Jugendherberge (Ostello Il Serchio)* im nördlichen Stadtteil Salicchi, Via del Brennero, 2 km vom Bahnhof (Bus 7), geöffnet vom 10. März bis 10. Oktober; Tel. 05 83/34 18 11. Campingplätze am Meer um Viareggio. Ufficio Turistico, Piazzale Verdi, Tel. 05 83/5 35 92; Fahrradverleih (10.00 bis 19.00 Uhr).
Verpflegung: Beliebtes Speiselokal: *Ristorante Buca di Sant' Antonio* (Via della Cervia 3), in einer ehemaligen Postkutschenstation. Billiger: *Trattoria da Leo* (bei der Piazza S. Michele); *Trattoria da Giulio* (Via S. Tommaso 29).
Sehenswürdigkeiten: Siehe Literatur.
Öffnungszeiten der Museen: *Museo Nazionale* in der Villa di Paolo Guinigi (Via della Quarquonia): 9.00 bis 19.00 an Werktagen, an Sonn- und Feiertagen von 9.00 bis 13.00 Uhr, Montag geschlossen; vom 1. Oktober bis 31. März von 9.00 bis 14.00 Uhr. – *Pinacoteca Nazionale,* Gemäldegalerie im Palazzo Mansi (Via Galli Tassi 43) aus dem 17. Jahrhundert: 9.00 bis 19.00 Uhr, am Montag von 14.00 bis 19.00 Uhr; geschlossen an Weihnachten, Neujahr und 1. Mai.
Literatur: Reclams Kunstführer Italien, Band III/2. Philipp Reclam, Stuttgart.

Apuanische Alpen

Die Apuanischen Alpen im Nordwesten der Toskana säumen in weitem Halbkreis gleich einer Marmorkrone die Sandstrände der Versilia und der Apuanischen Riviera. Das in deutschsprachigen Wandererkreisen unbekannte Gebirge kulminiert zwar unter 2000 m (im Monte Pisanino, 1946 m), weist aber gewaltige Stöcke, kühne Gipfel sowie stramme Wände auf. »Ja, die Apuanischen Alpen sind keine Apenninen, kein altes, müdes Gebirge, denen eine Riesenfaust die Spitzen in den Leib getrieben hat, nein, es sind Felsberge mit allen Finessen des Kalkgebirges«, lobte der weitgereiste Heinrich Steinitzer 1904 die Gruppe, und empfiehlt: »Wer in den Museen Roms und Firenzes, auf den Schlachtfeldern des Flirts an der Riviera noch nicht alle Lebenskraft gelassen hat, der sollte auf der Heimreise ihnen einen Besuch abstatten.« Mittlerweile hat der Club Alpino Italiano 730 Wegekilometer markiert!
Sie erstrecken sich in Ellipsenform von Nordosten, aus den Tälern des Magra und Aulella ansteigend, südostwärts bis fast an die Ränder der Stadt Lucca; im Nordosten begrenzt vom Serchio, im Südwesten vom tyrrhenischen Küstenstrich zwischen Viareggio und Carrara an den Pforten Liguriens. Längsausdehnung: 40 Kilometer, größte Breite 20 Kilometer, jeweils gemessen am Parco Naturale, der die bergsteigerisch interessanten Räume einschließt. Oberfläche: 1080 Quadratkilometer. Davon sind 776 Provinz Lucca, während die Provinz Massa-Carrara 304 Quadratkilometer besitzt. Von hier stammt hauptsächlich die Marmorproduktion Italiens. Marmor: ein körniges, kristallines, kohlensaures Kalkgestein, entstanden unter enormem Druck und hoher Temperatur – schneeweiß oder farbig gezeichnet durch Minerale, meist Eisen, Silicium, Graphit.
Marmor kleidet endgültige Dinge, sagte der Schriftsteller Corrado Alvaro (1895–1956). Michelangelo glaubte, daß in jedem Block schon das ungeschaffene Bildwerk enthalten sei. Marmor wurde zum Großartigsten geformt, was die Kunst zu schaffen vermochte. Marmor reißt ungeheure Krater in die Landschaft, gräßliche, blendende Wunden.
Außer der Marmorindustrie und dem damit zusammenhängenden anspruchsvollen Kunstgewerbe wird noch Landwirtschaft betrieben (im unmittelbaren Küstenbereich natürlich Fremdenverkehr): intensiver Olivenanbau und Mais. Oberhalb von Massa und Carrara wächst ein aromatischer, strohgelber, trockener DOC-Wein.
Die Berge überzieht bis weit hinauf dichte Vegetation, kaum Nadelwald, statt dessen zahlreiche Eichenarten und Kastanien, von 1000 Meter an vornehmlich Buchen, danach grasige Flanken, *paleo,* so die Einheimischen. Ab etwa 400 Meter bleiben die Dörfer zurück, unbeteiligt – und doch so nah – am eitlen Spiel des Badebetriebes.

Marmorbrüche im Hinterland der Ligurischen Riviera, am Südrand der Alpi Apuane.

28 Monte Nona, ein Wandergipfel in den Apuanischen Alpen

Unschwierige Tagestour. Trittsicherheit ratsam. Bei Nässe stellenweise unangenehm.
Reine Gehzeit: 2³/₄ Stunden (Aufstieg).
Beste Jahreszeit: Frühjahr bis Spätherbst.

Die Straße ist kurvenreich, die von Forte dei Marmi am Sonnenstrand der Versilia direkt ins Gebirge führt. Laster, beladen mit tonnenschweren Marmorblöcken, donnern zu Tal. Die Steinbrüche um Seravezza ließ Toskanas Großherzog Cosimo I. im 16. Jahrhundert ausbauen. Ab Ponte Stazzemese, dem Gemeindesitz, geht es hinauf in die Alta Versilia, nach Stazzema. Je näher das Dörfchen kommt, desto mulmiger wird mir zumute. Im Ortsteil Santa Anna haben deutsche Soldaten am 12. August 1944 einen Massenmord verübt, einen von vielen in der Toskana: 561 Einwohner – Kinder, Frauen, Alte. Die Bevölkerung erhielt für ihren Widerstand und die damit verbundenen Leiden unter deutscher Besatzung nach dem Krieg die Goldmedaille der Republik Italien. Ich versuche, die erdrückenden Gedanken zu verdrängen, lasse mich willig ablenken von den Gipfeln im Osten: Monte Procinto, Monte Nona, Monte Matanna in der Monte-Croce-Gruppe in den südöstlichen Apuanischen Alpen. Dafür bildet Stazzema den günstigsten Startplatz.

Der Wegverlauf

Von der *Piazza Umberto I* am Ende der Straße vorbei am 1738 erbauten *Torre dell' Orologio* (Medici-Wappen), dem Rest eines Palazzo, dem Gäßchen folgend durch den langgestreckten Ort. Die *Fontana di Carraia* wurde im 16. Jahrhundert gefaßt. Man passiert das Albergo Procinto und die Kirche *Madonna della Neve*. Am Ende des Schlauches ansteigen zur breiten Asphaltstraße. Links, nach 5 Minuten an einem einzeln stehenden Haus vorbei und die Straße rechts verlassen zum *Parkplatz*. Vom Ausgangspunkt 25 Minuten.
An der folgenden Gabel nicht halblinks auf breitem Weg, sondern halbrechts; Markierung 5. Mit schattigem Weg durch Laubwald. Anstiege wechseln sich ab mit ebenen Hangtraversen, was man angenehm empfindet. Beim Holzlagerplatz (25 Minuten nach dem Parkplatz) an der Gabelung halblinks. Zwischendurch stehen am Weg kleine *grotte,* Steinhäuschen. Nach insgesamt 80 Minuten spendet ein Brunnen frisches Quellwasser. Hier stößt man auf Markierungsnummer 121. Rechts unter den 200 Meter hohen Abstürzen des Monte Nona zum nahen *Rifugio Forte dei Marmi* (865 m). Von Stazzema 1¹/₂ Stunden.
Auf dem Herweg etwa 100 Meter zurück, gleich nach der Felshöhle halbrechts abbiegen, jetzt mit Markierung 5. Über unseren Köpfen bäumt sich die Südwestwand des Monte Nona auf – »Spielplatz« extremer Kletterer zu allen Jahreszeiten. Nördlich reckt sich der kühne Monte Procinto; westlich liegt Stazzema.
Ungefähr 10 Meter nach der Abzweigung beginnt eine felsige, drahtseilgesicherte, meist nasse, 100 Meter lange Traverse unter der Wand, ein Teilstück des *»Sentiero Aristide Bruni«*. Am Ende der Querung wendet sich die Route auf den Monte Procinto links (siehe Tour 29), während wir geradeaus den Farbzeichen folgen, in 20 Minuten zu einem riesigen Felstor. Davor rechts. Bald tritt der grasige, doppelgipfelige Monte Matanna ins Blickfeld. Nochmals 20 Minuten, und wir erreichen die Scharte *Callare di Matanna* (1139 m) im Hauptkamm der Apuanischen Alpen. Ein Leitungsmast stört die Idylle um das Kreuz. Jenseits, 100 Meter tiefer, versteckt sich im Wald das Albergo Alto Matanna. Im Südosten erweckt der markante Monte Piglione (1233 m) Aufmerksamkeit. Von der Hütte ³/₄ Stunden.
Aus der Scharte links (blaue Farbzeichen) auf dem Südgrat des Monte Nona, einem stumpfen Grasrücken.
Es folgt eine Zone grauer Schrattenkalkfelsen. Von der Vorgipfelkuppe etwas luftig, aber unschwierig hinüber zur Eisenkonstruktion

Die Einsattelung Callare di Matanna am Aufstieg vom Rifugio Forte dei Marmi. Im Hintergrund der Monte Nona.

Das Bergdorf Stazzema mit dem kegelförmigen Monte Procinto und dem massigen Stock des Monte Nona.

des mannshohen, 1982 aufgestellten Kreuzes am Gipfel des *Monte Nona* (1297 m). Umfassend die Rundschau. Mit bloßem Auge ist das Kreuz auf dem Monte Procinto zu erkennen, auch das auf dem benachbarten Monte Matanna im Süden. Zum Strand sind es genau 13 Kilometer Luftlinie. Wasser und Himmel verschwimmen ineinander im dunstigen Blau. Man fühlt sich höher, als es die Gipfelquote ausdrückt!

Touristische Angaben

Talort: Stazzema (443 m), Provinz Lucca, 250 Einwohner. Busverbindungen (außer Sonn- und Feiertage) mit Forte dei Marmi, Viareggio und Seravezza. Parkraum auf der Piazza Umberto I. Zweigt man in der Linkskurve vor Stazzema rechts ab, erreicht man einen höhergelegenen Parkplatz am Beginn des eigentlichen Hüttenweges, der sich in diesem Falle um 25 Minuten verkürzt.
Unterkunft und Verpflegung: *Albergo Procinto,* Tel. 0584/78004. Lebensmittelgeschäft.
Zwischenstation: *Rifugio Forte dei Marmi* (865 m) auf der Alpe della Grotta, CAI, 52 Schlafplätze, bewirtschaftet vom 15. Juni bis 15. September. Meldestelle des »Soccorso alpino« (Bergrettung), Tel. 0584/78051. Tel. des Hüttenwirtes Tommasi in Stazzema 0584/78264.
Gehzeit: 2¾ Stunden (Aufstieg).
Sehenswürdigkeit: Am Ortsanfang von Stazzema romanische Kirche Santa Maria Assunta (Himmelfahrt). Im 13. Jahrhundert Verlängerung des Mittelschiffes, seit 1751 Pfarrkirche. Romanische Skulpturen an Fassade und Rückseite. Altar und Kassettendecke stammen aus der ersten Hälfte des 17. Jahrhun-

derts, ebenfalls das Matteo Rosselli zugeschriebene Bild »Mariä Himmelfahrt«. Beim Taufbecken soll es sich um das älteste, in der Toskana erhaltene, aus langobardischer Epoche handeln.
Karte: Carta dei Sentieri e Rifugi 1 : 25 000, Alpi Apuane. Edizioni Multigraphic, Florenz.
Literatur: Montagna/Nerli/Sabbadini, Alpi Apuane. Guida dei Monti d' Italia, Band 57. CAI und TCI, Mailand 1979.

29 Monte Procinto: Via ferrata und Eldorado für Sportkletterer

Gesicherter Klettersteig. Trittsicherheit und Schwindelfreiheit notwendig; Selbstsicherung.
Reine Gehzeit: 1 Stunde (Aufstieg ab Hütte), 2½ Stunden von Stazzema.
Beste Jahreszeit: Frühjahr bis Herbst.

Der klobige, kantige, nahezu runde und botanisch außergewöhnlich interessante Felsturm des Monte Procinto (1174 m) östlich von Stazzema stellt zweifellos den eigenwilligsten Berg der Apuanischen Alpen dar. Vom Sockel bis zur Spitze 181 Meter hoch, von der Basis 281 Meter. Ergänzt wird das Unikum durch die *bimbi* (kleine Kinder), westlich vorgeschobene Gratzacken.
Am eindrucksvollsten ist die Ansicht vom Rifugio Forte dei Marmi auf der Südseite. Das blitzsaubere, kanzelartig postierte Schutzhaus in landschaftlich prächtiger Szenerie wurde am 15. Mai 1976 neu geweiht durch die besitzende CAI-Sektion Forte dei Marmi. An Wochenenden wimmelt es von Sportkletterern. Im Aufenthaltsraum liegt eine Mappe mit den mehr als drei Dutzend skizzierten Routen in sämtlichen Schwierigkeitsbereichen, die den Turm wie ein Spinnennetz überziehen. Die erste touristische Ersteigung erfolgte am 17. November 1879: Aristide Bruni und C. Dinelli ließen sich von den Bergführern Efisio Vangelista und dessen Onkel Giuseppe Vangelista sowie dem Führeranwärter Angelo Bertozzi durch die Südwand leiten. Damit bestimmten sie den Verlauf des 1893 von der CAI-Sektion Fiorentina mit Hilfe von 265 aus dem Fels gehauenen Stufen trassierten, teils mit Leitern versehenen Klettersteiges. Für die Begehung der 380 Meter langen Anlage mußte »Eintritt« bezahlt werden!
Der Monte Procinto war Auftakt für die klettertechnische Erschließung der Alpi Apuane. Einen weiteren Meilenstein brachte die Durchsteigung der 110 Meter hohen Ostwand am 3. Oktober 1937 durch die Brüder S. und V. Ceragioli: erstmals Schwierigkeitsgrad V+ in den Apuanischen Alpen. Heute sind am Monte Procinto VII und VIII aktuell!

Der Wegverlauf

Vom *Rifugio Forte dei Marmi* auf dem Hüttenweg etwa 100 Meter zurück. Dann halbrechts abbiegen (Markierung 5). Nun beginnt der *Sentiero Aristide Bruni* über 1,2 Kilometer auf den Monte Procinto. Am Ende der etwa 100 Meter langen, felsigen, meist nassen, drahtseilgesicherten Querung wird der breite Weg (zum Monte Nona) beim Markierungsfelsblock links verlassen. Der Pfad ist streckenweise ausgewaschen. Linkshaltend unter der Monte-Nona-Südwestwand, an-

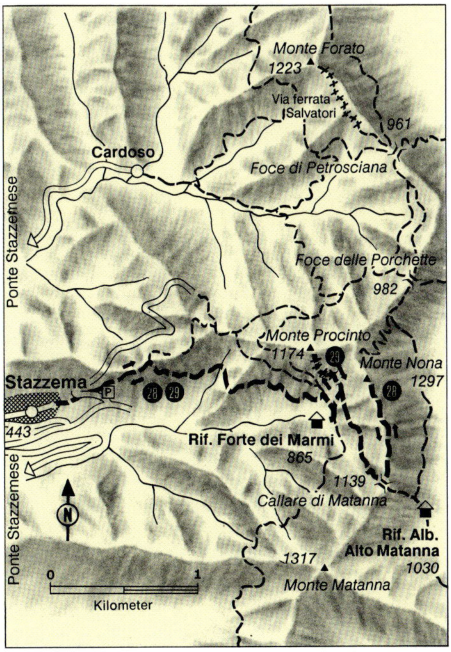

schließend durch Blockwerk in die *Foce del Procinto* (1000 m); von der Hütte ½ Stunde.
Der schmale Felsspalt wird auf einem Holzsteg überschritten. Die 1967 eroberte Südostkante des Monte Procinto schnellt 100 Meter empor. Linkshaltend im schattigen Hang schräg ansteigen in 5 Minuten zum *Einstieg*. Eine Tafel erklärt die Sicherungstechnik auf Klettersteigen, sogar in Deutsch.
Entweder links mit der Drahtseilvariante, oder rechts davon (leichter) die 1954 angebrachte Eisenleiter nehmen. Jetzt kann die Route nicht mehr verfehlt werden, Stufe für Stufe. Bald schräg links durch den senkrechten Absturz und in einer Schluchtrinne hoch zum bewachsenen *»giardino«*. Abschließend rechtshaltend zum Kreuz auf dem Gipfel.

Touristische Angaben

Siehe Tour 28.
Gehzeit: 2½ Stunden von Stazzema.
Tip: *Via ferrata Salvatori,* anregender Klettersteig auf den Monte Forato (1223 m) nördlich des Monte Procinto: Vom Rifugio Forte dei Marmi etwa 3 Stunden über die Foce di Petrosciana.

30 Pizzo d'Uccello: Das Matterhorn der Apuanischen Alpen

Bis vor den Gipfelaufbau unschwierige Wanderung. Am Süd-Südostgrat leichte Kletterei (I+) in festem, griffigem Fels; markiert.
Reine Gehzeit: 2½ Stunden (Aufstieg).
Beste Jahreszeit: Frühsommer bis Herbst.

Matterhorn der Apuanischen Alpen! Der Vergleich scheint mir etwas weit hergeholt für den »Berg des Vogels« in den nordwestlichen Alpi Apuane. Indes gehört er zu den eindrucksvollsten Massiven der Gruppe – mit dem benachbarten Monte Pisanino, dem Monte Sagro und der Pania della Croce.

Die Südabstürze des Monte Procinto, betrachtet vom Normalanstieg zum Monte Nona.

Pizzo d'Uccello (1781 m) und Monte Pisanino sind auch die dominierenden Häupter in der zerklüfteten, schrofigen Arena des hintersten Valle di Gramolazzo. Dort steht das Rifugio Guido Donegani an staubiger Marmorstraße. Nordwestlich gipfelt der Pizzo d'Uccello. Erstbesteiger war 1883 der große Alpenpionier Francis Fox Tuckett aus Bristol, angeregt von den Artikeln seines Landsmannes Freshfield 1876 im »Alpine Journal«. Von der Hütte ist der Berg nur andeutungsweise auszumachen. Und was man sieht, wirkt mickrig. Hingegen scheinen die Nordabstürze alles ringsum zu erdrücken: fast 700 Meter hoch, mehr als jede Wand zum Beispiel im namhaften Felsrevier Wilder Kaiser, höher als die berühmten Nordwände der Drei Zinnen in den Dolomiten, gespickt mit anspruchsvollen, schwierigen Routen. Die »Via Classica«, eröffnet am 2. Oktober 1940 durch die Mailänder Nino Oppio und Serafino Colnaghi, gilt bei italienischen Felsgehern als eines der erstrebenswertesten Ziele. Kletterlänge rund 850 Meter, Schwierigkeit bis V+.
Der »Normalweg« geht den Gipfel von Süden an, entrückt dem zeitweise infernalischen Lärm der weiträumigen Marmorbrüche. Droben, auf dem Gipfel, ist die Welt noch in Ordnung.

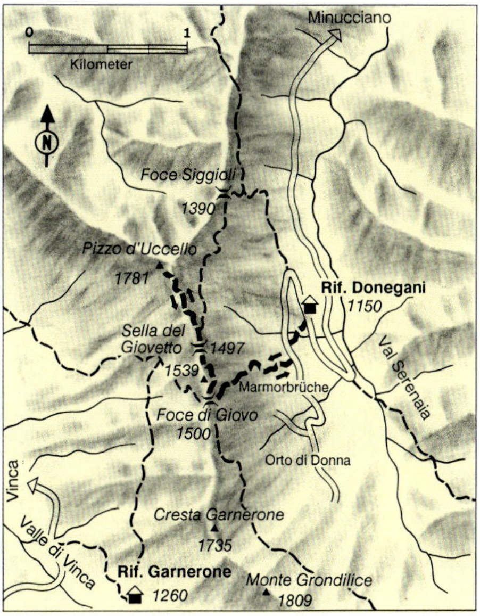

Der Wegverlauf

Auf der gegenüberliegenden Straßenseite des *Rifugio Donegani* vertrauen wir uns den beschilderten Pfaden 37 und 186 an. Ein felsiger Steig leitet in guten 5 Minuten hoch zur Straße.

Links in den *Marmorbruch*, dem das alte Rifugio Donegani weichen mußte.

Nach 100 Metern (links ein gemauerter Turm), geht es rechts zu zwei Schuppen. Rechts davon dirigieren uns wieder Farbzeichen auf steinigem Weg. Vorsicht: Drähte in Kopfhöhe! Bergan zu einem ebenen Plätzchen; rote Farbtupfer an den Marmorblökken. Schwach rechtshaltend (kümmerliche Steigspuren, herumliegender Drahtverhau) durch Laubwald. Etwa 5 Minuten später, am oberen Rand der Laubbäume, links zu einem Geröllfeld und zur geschotterten Werkstraße. Von der Hütte 1/2 Stunde.

Die Werkstraße schräg rechts queren und mit einem Fahrweg in 5 Minuten hinauf zu einem Querweg. Links, kurz danach halbrechts, nach 20 Metern spitzwinklig links. Bald stößt man erneut auf Farbzeichen beziehungsweise auf einen befestigten Weg des uralten Überganges ins Valle di Vinca. Das

Das Rifugio Donegani ist der günstigste Ausgangspunkt für die Besteigung des Pizzo d'Uccello in den nordwestlichen Apuanischen Alpen.

Der Pizzo d'Uccello von der Foce di Giovo. Aus dem Sattel vor dem Gipfelaufschwung verläuft die übliche Route.

Labyrinth der Marmorbrüche gibt uns frei. Ein Wiesenweglein mündet in die *Foce di Giovo* (1500 m). Die breite Einsattelung im apuanischen Hauptkamm, südlich des Pizzo d'Uccello, rechtfertigt schon allein den Aufstieg. Östlich thront der Monte Pisanino. Im Südosten das Halbrund Pizzo Maggiore – Monte Cavallo – Monte Contrario – Monte Grondilice mit der anschließenden Cresta Garnerone. Südwestlich der imponierende Monte Sagro. Nordwestlich die roten Ziegeldächer von Vinca. Ab der Hütte knapp 1 Stunde.

Aus dem Sattel rechtshaltend, den Aufschwung Punkt 1539 rechts umgehen, sicher geführt von blauen Markierungen auf felsigem Steig. Der nächsten Erhebung weicht man ebenfalls rechts aus. Vom Markierungsstein 10 Minuten nach der Foce di Giovo gerade weiter, abermals eine Kuppe umgehen, in die *Sella del Giovetto* (1497 m) am Ansatz des Gipfelaufbaues.

Die blauen Farbkleckse der CAI-Sektion Lucca könnten deutlicher nicht sein! Allerdings bleibt die rechts abzweigende Variante »Cresta Capradossa« (schwieriger) unbeachtet. Einige Minuten später beginnt die Kraxelei in einer kurzen, kaminähnlichen Rinne. Eisen-

fester Kalk – Bierhenkelgriffe! Wir zwängen uns durch einen abdrängenden Einriß: die Schlüsselstelle. Genußvolles Klimmen in gestuftem Fels. Ehe man sich umsieht, ist der südöstliche Vorgipfel gewonnen – im »Katzensprung« der höchste Punkt erreicht.
Abstieg: Wie Aufstieg, das heißt im Marmorbruch am besten der Straße durch den Bruch folgen.
Die in der Karte eingezeichnete Wegnummer 181 ab der Sella del Giovetto zur Foce Siggioli und von dort mit Wegnummer 187 zur Hütte weist etwa 20 Minuten nach der Sella del Giovetto eine heikle, ausgesetzte Felsquerung auf.

Touristische Angaben

Ausgangspunkt: Rifugio Guido Donegani (1150 m), CAI, zwischen Tannen versteckt, südöstlich des Pizzo d'Uccello, ca. 50 Schlafplätze, 1953 erbaut, geöffnet vom ersten Mai-Sonntag bis Mitte November. Tel. 0583/610085.
Zufahrt am besten von der Autobahn La Spezia – Parma ab Ausfahrt Aulla über Gassano – Casola – Minucciano; 1 km hinter Minucciano, gleich nach dem Tunnel rechts ab (Tafel) zur 6 km entfernten Hütte; von der Autobahn 38,5 km. Von Lucca 86 km (Serchiotal/Garfagnana bis Piazza, dann links ab über den Stausee Lago di Gramolazzo und vor dem Tunnel links).
Gehzeit: 2½ Stunden (Aufstieg).
Karte: Carta dei Sentieri e Rifugi 1:25000, Alpi Apuane. Ediz. Multigraphic, Florenz.
Literatur: Montagna/Nerli/Sabbadini, Alpi Apuane. Guida dei Monti d'Italia, Band 57. Club Alpino Italiano und Touring Club Italiano, Mailand 1979.

Im Karstgebiet der Apuanischen Alpen nordwestlich von Lucca wurde eine der schönsten Höhlen Italiens für Besucher erschlossen. Hier die »Sala del Ciondolo« (Saal mit dem Anhänger) in der Grotta del Vento.

31 Grotta del Vento – Höhle des Windes

Einmalig in Italien

> Besichtigung im Rahmen von Führungen. Warme Kleidung ratsam!
> *Reine Gehzeit:* Entsprechend den jeweiligen Rundgängen: 1 Stunde, 2 Stunden oder 3 Stunden.
> *Beste Jahreszeit:* Gemäß den Öffnungszeiten; an Sonn- und Feiertagen oftmals starker Andrang, ebenso im Ferienmonat August.

In einem entlegenen, wildromantischen Winkel der Garfagnana (Serchiotal nördlich von Lucca) gähnt in den Apuanischen Alpen die Pforte zur Unterwelt – bis 137 Meter tief, verzweigt auf etwa 3,5 Kilometer, seit 1967 zugänglich, aber erst 1982 vollständig erschlossen. Ein märchenhaftes Reich! Traumhaft-phantastisch beleuchtet, wodurch der schneeweiße Tropfstein strömend wirkt, scheinbar transparent.

Für die Speläologie (Höhlenforschung) ist die Grotta del Vento eines der aufschlußreichsten Beispiele Europas. Touristisch gebürt ihr der erste Rang in Westeuropa, auch im Hinblick auf die Dauer (3 Stunden) des längsten Rundganges. Auf bequemen Steiganlagen kann man die Entwicklungsphasen beobachten, von Gesteinsrissen, den Ursprüngen des Systems, bis zu schaurigen Klüften. Stalaktiten und Stalagmiten kommen in vielen Varianten vor: Erstere sind hängende, zapfenähnliche Gebilde. Sie werden häufig gestützt von Stalagmiten, die durch auftropfendes kalkhaltiges Wasser allmählich nach oben greifen. Wasser, an der Erdoberfläche hier Mangelware, belebt das unterirdische Szenarium in Form von Bächen, Kaskaden, Siphonen, dunklen Seen und Überläufen, ein Beweis ständigen Wachstumes. Daraus läßt sich die gegenüber »toten« Höhlen stärkere Leuchtkraft und das intensivere Farbenspiel erklären. Das Führungspersonal vermittelt dem Besucher bei konstant 10,7 Grad plus die Charakteristiken und Attraktionen der Grotta del Vento, auch in deutscher Sprache.

Erster Rundgang: Verläuft größtenteils entlang einer waagrechten Galerie, vorbei an einem unergründlichen Siphon mit kristallklaren Seen, durch eine Anzahl vielfarbiger Räume bis an den Rand eines Abgrundes. Dauer: 1 Stunde. Führungszeiten: 10.00, 11.00, 12.00, 15.00, 16.00, 17.00 Uhr.

Zweiter Rundgang: Schließt den ersten mit ein und führt von dessen Ende durch eindrucksvolle Erosionszonen, erreicht einen Flußlauf und folgt ihm bis zum letzten Siphon. Der Rückweg zeigt eine elliptische

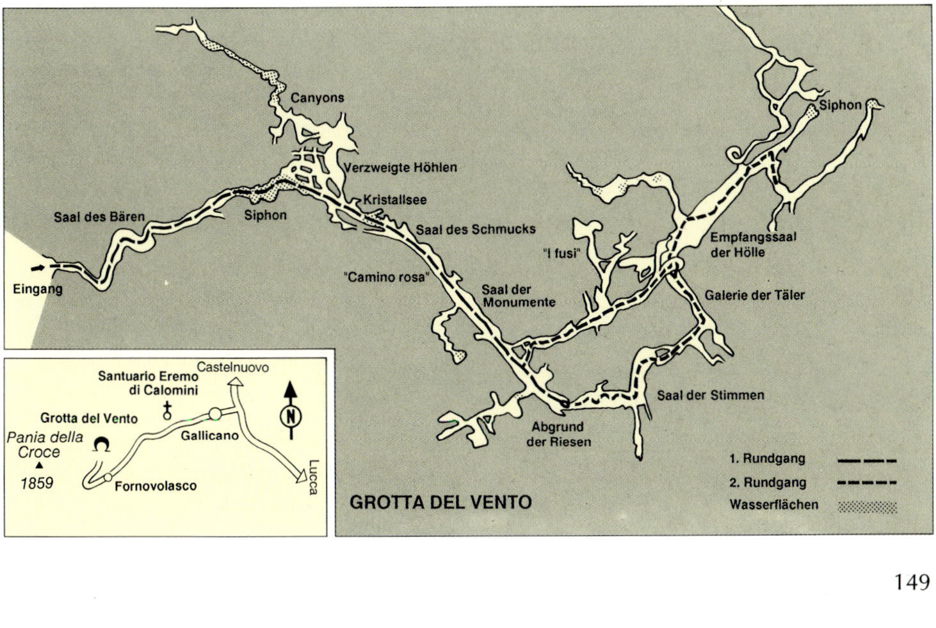

Der schneeweiße Tropfstein wirkt in der Beleuchtung fast transparent.

Galerie mit sandreichen Mineralienformationen. Dauer: 2 Stunden. Führungszeiten: 11.00, 15.00, 16.00, 17.00 Uhr.

Vierter Rundgang: Gesamtbesichtigung. Dauer: 3 Stunden. Führungszeiten: 10.00 und 14.00 Uhr.

Nach Voranmeldung und ausschließlich für Gruppen von wenigstens 20 Personen können ganzjährig außerdem der dritte Rundgang (1¼ Stunden) oder der fünfte Rundgang (2 Stunden) vereinbart werden; Tel. 0583/763084 bzw. 763068.

Täglich geöffnet vom 1. April bis 30. September und vom 15. Oktober bis 31. März.

Touristische Angaben

Die Zufahrtsstraße (12 km) zweigt in Gallicano (37,7 km von Lucca) auf dem orographisch rechten Ufer des Serchio, südwestwärts ab in die Apuanischen Alpen; Beschilderung: »Grotta del Vento.« Vorbei am Lago di Trombacco durch das streckenweise felsgesäumte Turritetal, über das Dörfchen Fornovolasco (480 m, nach 9,3 km) zu den Parkplätzen etwas unterhalb des Einganges (627 m); Eintrittskarten, Imbiß-Halle.

Gehzeit: Je nach Länge des Rundgangs.

Unterkunft und Verpflegung: Gasthöfe an der Talstraße zur Höhle; siehe auch bei Sehenswürdigkeit. Hotels im Serchiotal, u.a. in Barga (La Pergola, Villa Libano).

Sehenswürdigkeit: Von der Straße zur Grotta del Vento zweigt 3,4 km hinter Gallicano rechts die Auffahrt (1,2 km) zum *Santuario Eremo di Calomini* (360 m) ab. Es ist einzigartig in der gesamten Toskana: marianisches Heiligtum und Wallfahrt seit dem 11. Jahrhundert unter einer 50 m hohen, überhängenden Felswand. Bei der neuen Kirche handelt es sich um einen Zentralbau des 18. Jahrhunderts, der im Hauptaltar die verehrte

Muttergottes birgt. Die alte Kirche samt Sakristei, angeblich im Jahre 637 entstanden, befinden sich in Felshöhlen, ebenso die rußgeschwärzte einstige Klosterküche sowie die Zellen der Mönche. Die Zellen wurden 1988 zu Fremdenzimmern umgebaut; außerdem vermietet der Franziskanerpater Maurizio (Tel. 0583/767003) noch drei Ferienwohnungen am Eingang des Klosterbezirkes. Das Restaurant ist im Juli und August an Wochenenden geöffnet. An der Talstraße unweit der Abzweigung das *»Ristorante Le Crocette«*: Es bietet traditionelle Spezialitäten der Garfagnana (z. B. Brotsuppe in Holzschüsseln).
Karte: Carta dei Sentieri e Rifugi 1:25000, Alpi Apuane. Edizioni Multigraphic, Florenz.

32 Isola di Capraia: Wandern über einen Vulkan

Unschwierige Wanderung.
Reine Gehzeit: 2½ Stunden Aufstieg zum Monte Arpagna.
Rückweg 2 Stunden.
Beste Jahreszeit: Am schönsten im Mai und Anfang Juni, während der Macchiablüte.

Capraia liegt Korsika näher als dem Festland: Von Cap Corse gerade 17 Seemeilen (31 km), während Piombino 55 km, Livorno 64 km und Elba 37 km entfernt sind. Die Griechen nannten das Eiland »Aegilon megas« (Ort der Ziegen), die Römer in abgeleiteter Form »Capraria«. Von deren Anwesenheit zeugt die Villa neben der Chiesa dell'Assunta beim Hafen. Im 15. Jahrhundert gehörte Capraia der korsischen Familie de Mari. Nach kurzem genuesischen Intermezzo schlug es Napoleon zu Frankreich (1802–1815), danach wurde die Insel dem Großherzogtum Toskana einverleibt und mit diesem 1860 dem Königreich Italien.
Die Insel ist nach Elba und Giglio mit 19,26 qkm Fläche die drittgrößte des toskanischen Archipels, die einzige vulkanischen Ursprungs. Vor sechs Millionen Jahren bildete Capraia einen Vulkankegel. Davon rührt die gebirgige Struktur her. Sie weist im Westen fast 500 Meter hohe Felsabbrüche auf, zu deren Füßen paradiesische Buchten träumen. Dort werden gelegentlich Robben beobachtet, Mönchseehunde, einst gefürchtet von den Thunfischern, weil sie ihre Netze beschädigten. Die macchiabedeckte Ostflanke neigt sich nur sanft, ziseliert von *Vadi,* kleinen Bachläufen, zum Meer hin. Vor fünf Millionen Jahren rauchte noch ein niederer Schlot an der Südspitze; deshalb die rötlichen, stufenähnlichen Felsen der Cala Rossa. Ungefähr vor 50000 Jahren war Capraia ein Element des Festlandes. Das änderte die abklingende Würm-Eiszeit.
Als Italien 1873 im nördlichen Drittel eine Strafkolonie schuf, geschah dies mit Billigung der Insulaner, denn der Justizvollzug garantierte Wasserversorgung, elektrisches Licht sowie Erwerbsmöglichkeiten zur kargen Landwirtschaft und dem Fischfang. Seit der Auflösung des Gefängnisses im September 1986 wünscht man sich Tourismus. Im Sommer kommt das Trinkwasser in Tankschiffen von Livorno. Niederschlagsreichste Jahreszeit ist übrigens der Herbst. Durch die »Cooperativa Parco naturale« entstanden Wanderwege ins Innere des in seiner Atmosphäre unvergleichlichen Eilandes.

Der Wegverlauf

Links neben der *Chiesa San Nicola* steht auf einem Wegweiser: »Il Piano«, »Laghetto«, »Semaforo«. Wir wenden uns südwestwärts. Rechts sieht man den Monte Castello, den höchsten Gipfel (445 m) von Capraia. An der Weggabel halbrechts auf dem breiten Weg. Rechter Hand stand die im 17. Jahrhundert geweihte Kirche San Rocco. Ferienhäuser passieren. Links hat die Erosion interessante Waben aus den mächtigen Felsen geschabt. Bald taucht links der dreieckige Monte Campanile (294 m) auf. Die Route benützt nun einen natursteinfundierten Damm.
Nach insgesamt etwa ¼ Stunde lohnender Abstecher: An der zweiten Weggabel geradeaus 50 Meter, bei der nächsten Teilung halblinks nochmals 50 Meter, dann an der Gabelung erneut links in wenigen Minuten durch Macchia zur aufgelassenen Kirche *San Stefano.* Hierher flohen im frühen 5. Jahrhun-

dert fromme Eremiten vom Festland, wissen wir vom spätrömischen Reiseschriftsteller Rutilius Namatianus. Das erste Gotteshaus wurde um 800 n. Chr. von Sarazenen zerstört. Der romanische Bau mit charakteristischer Apsis wird ins 10. und 12. Jahrhundert datiert. Die Örtlichkeit heißt »Il Piano«. Macchia verschlingt zunehmend die Terrassenkulturen der landwirtschaftlichen Gefangenenkolonie.

Zurück in 5 Minuten zur Abzweigung vom breiten Hauptweg, auf dem man die Tour halbrechts fortsetzt, abermals auf künstlich geschaffenem Damm, etwas später durch meterhohe, farndurchsetzte Macchia. Im Frühling blüht neben zahlreichen Pflanzen der strauchartige Erdbeerbaum: Blätter grün, Blüten weiß, Mitte Juni die Früchte rot, also in den Farben Italiens!

Etwa 1 Stunde nach dem Ausgangspunkt ist auf einen Stein mit weißer Farbe *»Al Laghetto«* gepinselt. Diese Abzweigung gilt nicht für unser Vorhaben! Der befestigte Weg setzt 5 Minuten später zur ersten Serpentine an. Gleich danach rechts die *»Fontanella«* (281 m), die im Sommer austrocknet. Etwa 10 Minuten hernach zeigt sich die Kuppe des Monte Pontica (426 m), dessen Ostflanke der militärische Saumpfad durchmißt, herrliche Ausblicke bietend. Wir traversieren den von Wabenfelsen gezierten Südostrücken (367 m) des Berges. Schöner Rastplatz angesichts des Monte Arpagna. Rechtshaltend durch die mit plattigen Felsen gepanzerte Monte-Pontica-Südostflanke. Eine dunkle Zornnatter verschwindet blitzschnell in der Garigue.

Wir erreichen einen verfallenen *Bauernhof (»Abitazione«)*, auch *»Alloggio del Capo«* genannt, das heißt Unterkunft des Vorgesetzten der italienischen Soldaten, die während des Weltkrieges von der Signalstation *(»Semaforo«)* auf dem Gipfel den Schiffsverkehr in der Wasserstraße zwischen Korsika und Capraia kontrollierten. Nicht aus der Zisterne trinken! Vom Ausgangspunkt 2 Stunden.

Die Route wendet sich nach links. Der Bergrücken wird schmal, so daß man »zwei Meere« sieht. Am Ansatz des Gipfelaufschwunges bleibt die *Casa Colombaia* (346 m) – *»Alloggio dei Marini«* –, früher ebenfalls militärische Unterkunft (Mannschaftsgrade), links liegen. Schwach rechts halten. In der Tiefe schimmert die Cala del Vetriolo, eine der wunderschönen Buchten entlang der Westküste. In die Nordflanke, schließlich von Osten auf den *Monte Arpagna* (411 m), den zweithöchsten Gipfel auf Capraia. Wäre nicht die grandiose Rundumschau bis Korsika, würde der verrostete Wellblechschuppen samt betonierter Umgebung zu sofortiger Umkehr verleiten!

Ungeachtet dessen genießen wir den Augenblick. Das Meer läßt uns seine elementare Größe spüren. Königsraben krächzen in ruhigem Flug. Zwischendurch helle Schreie von Silbermöwen (Korsika-Möwen), die auf der Südspitze einen ihrer letzten Brutplätze im Mittelmeerraum haben. Insgesamt sind 39 Vogelarten an den Klippenküsten registriert worden, die dort nisten oder überwintern wie der Kormoran. Auf der südlichsten Landzunge sieht man den 1516 postierten Torre dello Zenobito; links davon die Cala Rossa. Dorthin führt zwar ein schmaler Pfad, der Rückweg verlangt jedoch 329 Höhenmeter Anstieg!

Abstieg: Etwa 35 Minuten nach dem Gipfel verläßt man den Herweg in einer schwachen Rechtskurve: links mit Pfadspuren. Aus der Einsattelung links prächtiger Tiefblick zur Isola dei Gabbiani (Möweninsel) beziehungsweise Isola la Peraiola, wegen ihrer birnenähnlichen Form.

Leicht rechtshaltend im Osthang des Monte delle Cancelle (365 m) und abwärts. Jenseits erkennt man den Verlauf der Aufstiegsroute zum »Laghetto« aus der flachen Einsattelung, in die wir gelangen. Dieser Abstecher (hin und zurück ½ Stunde) beginnt bei den zwei kleinen Steinmännern. Der ovale, etwa 140 Meter lange, 50 Meter breite See – einziger der toskanischen Inselwelt – ruht in einem Vulkankrater (365 m). Im Frühjahr leuchten an seinem Ufer die weißen Blüten des Was-

Oben: Capraia: Die Hafenbucht mit der Kirche und dem ehemaligen Kloster San Antonio; links hinter den Bäumen der Torre del Porto.

Unten: Aufstieg zum Monte Arpagna, dem zweithöchsten Berg der Insel Capraia. Im Hintergrund die Ortschaft Capraia Paese und das Meer.

ser-Hahnenfußes. Baumerika begleitet den Weg.
Läßt man dieses »Zuckerl« unbeachtet, geht es aus der Einsattelung rechts (östlich) auf Macchiapfaden in 1/4 Stunde zum vertrauten Herweg, auf dem es noch 3/4 Stunden zum Ausgangspunkt sind.

Touristische Angaben

Isola di Capraia, etwa 350 Einwohner, westlich von Populonia, Provinz Livorno, Bestandteil der »Communità Montana dell'Elba e Capraia«. Fährschiffverbindungen (Linea A 1) der TOREMAR zwischen Mitte Juni und Ende September täglich ab Livorno (Dienstag und Freitag Zwischenhalt Gorgona, Stand 1991); Fahrzeit 2½ bzw. 3¾ Stunden. Auskünfte und Fahrplan: Direzione TOREMAR, Via Calfati 6, 57123 Livorno, Tel. 0586/896372. Auf der Insel ist das Auto überflüssig! Camping »Le Sughere« beim Hafen, Tel. 0586/905066.
Die Schiffsroute von Livorno führt an der Sträflingsinsel Gorgona vorbei, auf der 200 Häftlinge sowie Wärter mit ihren Familien leben. Sie ist seit Mai 1991 für Touristen zugänglich.

Blick von Capraia Paese in das Innere der »Ziegeninsel«, der drittgrößten im toskanischen Archipel. Sie ist als einzige vulkanischen Ursprungs.

Ausgangsort: Capraia Paese (65 m), einziger Ort der Insel. Vom Hafen 1,2 km, regelmäßige Busverbindungen. Bushaltestelle auf der Piazza Milano vor der 1759 erbauten Chiesa San Nicola. Dort beginnt die Wanderung.
Gehzeit: Etwa 4½ Stunden.
Unterkunft und Verpflegung: Der Autor hat sich im *Albergo-Residence Il Saracino* wohlgefühlt (Tel. 0586/905018, 905048 oder 905062), geschlossen vom 1. November bis 15. Dezember sowie vom 15. Januar bis 29. Februar; beim Abendessen in der *Spaghetteria Il Corsaro,* Via L. Cibo 6.
Sehenswürdigkeiten: Festung San Giorgio, im 11. Jahrhundert von Pisanern gegründet, im 16. Jahrhundert unter Genua vollendet; baufälliger Zustand, keine Innenbesichtigung. Kirche und Kloster San Antonio wurden 1661 von Franziskanern errichtet, 1873 bis 1986 Gefängnis, nicht zugänglich. Torre del Porto, Hafen-Wachturm von 1516.
Bademöglichkeiten: An der Südostecke der Festung San Giorgio leitet ein Pfad hinab in die Cala di San Francesco, unterhalb der Torretta del Bagno aus dem 15./16. Jahrhundert. Vom Torre del Porto führt ein Weglein zu hafenseitigen Badeplätzen.
Karte: IGM-Karte (Istituto geografico militare) 1 : 25000, Blatt 126, IV-NO (Nordwest).
Spezialliteratur: Barsotti/Lambertini, Isola di Capraia. Pacini Editore, Ospedaletto. Im Lebensmittelgeschäft erhältlich.
Die ausgezeichneten Wegeskizzen in der Broschüre machen die IGM-Karte entbehrlich.

33 Isola del Giglio: Granitberge im Meer

Unschwierige Rundwanderung.
Reine Gehzeit: 4½ bis 5 Stunden.
Beste Jahreszeit: Am schönsten Mai und Anfang Juni während der Macchiablüte.

Giglio ist nur einen Möwenflug vom Monte Argentario entfernt, rund 15 Kilometer, schwach südwestlich, eine knappe Schiffsstunde. Mildes Klima – selbst im Sommer kaum einmal über 25 Grad – erleichtert nicht allein das Wandern, sondern begünstigt auch den Weinanbau. »Ansonaco« heißt der bernsteinfarbene Tropfen aus der Ansonica-Rebe: duftend, weich und trocken, empfohlen zu Fischsuppe, aber auch als Trunk, wie ihn die Gigliesen aus dem eigenen Fäßchen oder an der Bar pflegen. Den »Ansonaco« schätzten schon die Römer auf *»Igilium«,* das der einflußreichen Politiker- und Bankiersfamilie Ahenobarbus gehörte.
Wo die Landschaft nicht felsig ist und frei von charakteristischer Mittelmeermacchia aus Zistrosen, Schneeheide, Meerginster, Mastix und Myrten, bilden Oliven-, Kastanien-, Feigen-, Kirsch- und Maulbeerbäume, Schirmpinien, Steineichen und immergrüne westmediterrane Korkeichen den Bewuchs. Früher, im 5. Jahrhundert, sah die Vegetation

anders aus: So erzählt der spätrömische Dichter Rutilius Namatianus noch von »bewaldeten Höhen«.

In der Fauna sind die aus Sardinien »eingewanderten« Mufflons erwähnenswert, Marder, etliche Fledermausarten, für den Küchenzettel Wildkaninchen, ein typisches Gericht. Überdies registrierte die »Lega Italiana Protezione Uccelli« (Vogelschutzbund) 47 nistende Vogelarten. Als einzige Schlange kennt man die ungiftige, ab dem dritten Lebensjahr fast schwarze Zornnatter *(Coluber viridiflavus)*, wegen ihrer Geschwindigkeit auch »Pfeilnatter«, von den Einheimischen *»Biacco«* genannt. Die Weibchen werden bis 1,80 Meter lang.

Im Grunde genommen stellt Giglio einen kompakten Gebirgsstock dar, der vor Jahrmillionen teilweise im Meer untertauchte. Über Wasser blieb ein 8,7 Kilometer langes, bis 4 Kilometer breites Eiland mit einem Küstensaum von 28 Kilometern zurück. Giglio ist nach Elba die zweitgrößte Insel des südtoskanischen Archipels, sowohl im Ausmaß der Oberfläche (21,2 qkm) wie einwohnermäßig (ca. 1700) als auch auf den Tourismus bezogen, der 1965 angekurbelt wurde.

Jungsteinzeitliche Funde zeugen davon, daß Seefahrer bereits vor 7000 Jahren gelandet sind. Die Anwesenheit der Etrusker gilt als sicher, obwohl ihre Spuren fehlen. Bodenschätze birgt die Insel keine, außer ein wenig Pyrit (Eisenkies). Und der Granitabbau mußte Ende der fünfziger Jahre wegen Unrentabilität beendet werden.

Die Vergangenheit von Giglio war von Invasoren bestimmt: Freibeuter aus Nordafrika, im Mittelalter die Aldobrandeschi, Perugia, Pisa, Genua, Florenz; 1446 durch Alfonso d'Aragon besetzt. Er siedelte, um weitere Entvölkerung zu verhindern, 50 neapolitanische Familien an. 1554 verschleppten türkische Piraten rund 700 Einwohner, beinahe die Hälfte der Bevölkerung, in die Sklaverei. In solcher Ohnmacht begrüßte Giglio 1558 das Medici-Wappen am Stadttor beziehungswei-

Bei der Durchquerung der Isola del Giglio von Norden nach Südosten im Herzen der Insel.

Tiefblick auf Campese in der nordwestlichen Bucht der Insel Giglio, die als schönster Badeplatz des Eilands gilt.

se das Großherzogtum Toskana als Schutzherrin. Die Verteidigungsanlagen wurden verstärkt. Und am 18. November 1799 konnte sogar der Angriff von 2000 tunesischen Seeräubern abgeschmettert werden, freilich nicht zuletzt mit Hilfe einer Armreliquie von San Mamiliano... Das dankbare Volk bewahrt sie in San Pietro Apostolo, denn der Heilige (Bischof zu Palermo), dessen Tat an den Jahrestagen gefeiert wird, gilt als Schutzpatron von Castello.
Invasoren unserer Zeit sind alljährlich mehr als 15000 Badeurlauber, unter ihnen eine große Zahl Tauchsportler in den malerischen Felsbuchten. Die Masse konzentriert sich auf den Sandstrand von Campese. Mittlerweile ist der Zustrom an die Grenzen der Belastbarkeit gestoßen. Ab Freitagnachmittag überschwemmen zusätzlich noch Ausflügler, meist Römer, die Insel. Von diesen Ergüssen spürt man jedoch beim Wandern überhaupt nichts. Und anschließend auch nur dann etwas, wenn wir ausgerechnet zum Sonntagabend hin, wenn die Fähren nach Porto Santo Stefano aus den Reelings zu platzen scheinen, die Rückfahrt antreten!

Der Wegverlauf

Vom Gefallenenehrenmal in *Giglio Castello* südwärts auf der Straße bergan, rechts an der Carabinieristation vorbei und danach halblinks die Straße verlassen, dem Weg folgen. Hübscher Rückblick auf Castello sowie Tiefblicke in die Bucht von Campese. Nach einem Flachstück unter Pinien erneut bergan. Nach insgesamt etwa 25 Minuten an der Wegeteilung linkshaltend zum linken Zaun des Wasserbunkers. Erste großartige Aussicht auf Porto Giglio, den Monte Argentario, süd-

östlich die Insel Giannutri, nordwestlich Elba.

Über den felsbesetzten Hang auf den *Poggio della Chiusa* (487 m), eine weitläufige Kuppe mit runden Felsbrocken. Von Castello ½ Stunde. Halblinks abwärts, jetzt hinaus zu einer herrlichen Felskanzel. Etwa 20 Schritte vor der Kanzel liegt rechts ein interessanter Schalenstein, erkenntlich an der »Blutrinne«.

Von der Kanzel rechts (südwestlich) absteigen, zunächst auf schwach ausgetretenem Pfad, an der Felsgruppe vorbei und entlang an Holzpfählen eines ehemaligen Zaunes. An seiner Ecke kurz rechts, dann links weglos durch stachelige niedere Macchia zum Müllplatz, der rechts passiert wird. Im Vorblick haben wir den höchsten Gipfel auf Giglio: den *Poggio della Pagana* (496 m).

Wenig später linkshaltend dem vorerst noch breiten Weg folgen über Felsplatten. Aufgelassene Steinbrüche bleiben zurück. Der Weg führt durch die herbe Duftwolke der Macchia. Obwohl die Spur schmaler wird, kann sie nicht verfehlt werden im farbigen Blütenbeet. So hohe, gelbe Margeriten habe ich noch nirgendwo gesehen. Es ist Mitte Mai! Man erreicht einen breiten Sattel (386 m) zwischen Castellucci und Poggio Terneli, der sich links aufschwingt. Von Castello 1¼ Stunden.

Rechts des Pfades eine Gruppe mit Schalensteinen. Gleich nach diesen Steinen (Schrottpatronen, Gerümpel) gabelt sich der Weg. An dieser Stelle halbrechts. Aus der Macchia springen Heuschrecken auf. Ungezählte Eidechsen huschen ins Gestrüpp. Etwa ¼ Stunde hinter der Gabelung wird das Weglein grasig. Steinmäuerchen begleiten uns. Und abermals ¼ Stunde später steht rechts, etwas unterhalb, eine runde Hirtenhütte. An der folgenden Teilung (Punkt 276 der IGM-Karte) rechts halten! Dann wieder problemlos, in 10 Minuten zu einem Olivengarten. Hernach taucht der Leuchtturm *(Faro)* auf. Links von einer stattlichen Ansammlung von Feigenkakteen (Opuntien) befindet sich ein Winzerunterstand. Rebkulturen erwarten uns, an denen es links vorbeigeht. Dann Artischokkenfelder. Den nächsten Rebgarten rechts passieren. Am Ende des Maschendrahtzaunes rechts weiter, noch 200 Meter zum Querweg. Auf ihm links in 10 Minuten hinunter zum *Faro* (72 m). Bei der folgenden Gabelung rechts, dann links. Die Landzunge schnürt sich zusammen, links die Cala di Saracinesa, rechts die Schizzatoiobucht. Dann sind wir an der Südspitze Giglios, der *Punta del Capel Rosso* (31 m). Von Castello 2¾ bis 3 Stunden.

Auf dem Herweg zurück und geradeaus zu einem Parkplatz (20 Minuten). Anschließend spazieren wir gemütlich über die selten befahrene Panoramastraße, mäßig bergauf. Am Straßenrand sonnt sich eine Zornnatter. Etwa 2 Stunden nach dem Abgang bei der Südspitze treffen wir wieder, zuletzt am hübsch gelegenen »Ristorante Il Castello« vorbei, am Ausgangsort ein. In der Bar an der rechten Seite des Platzes eine kühle »Halbe«, würziges italienisches Faßbier. Vorsaison, ein Donnerstag, Markttag. Die Händler räumen ihre Stände ab. Einheimische stehen plaudernd und gestikulierend herum. Nur sie, das heißt die etwa 800 Einwohner von Castello, seien die wahren Gigliesi, lasse ich mich belehren. Ein eigenwilliges Völkchen, stets freundlich – sofern man das auch ist. Wir sitzen im Freien, der Rücken verschwitzt von den Rucksäcken, plötzlich fröstelnd, obwohl die Sonne brennt. Der »*ponente*« weht.

Touristische Angaben

Isola del Giglio, rund 1700 Einwohner, Provinz Grosseto. Von Grosseto 53 km, von Florenz 193 km, von Rom 162 km bis Porto Santo Stefano. Von diesem Hafen auf der Halbinsel Monte Argentario besteht mehrmals täglich Fährverbindung durch zwei Gesellschaften: TOREMAR (staatlich) und Società Maregiglio di Navigazione. Autos sind auf der Insel überflüssig! Die Ortschaften Giglio Porto, Castello und Campese sind durch Buslinien verbunden.
Ausgangsort: Giglio Castello (405 m), nordwestlich von Giglio Porto im Inselinnern. Regelmäßige Busverbindung mit Giglio Porto. Die Wanderung beginnt auf dem Platz südlich vom Ort, außerhalb der Altstadt. Dort Bushaltestelle und Informationsbüro.
Gehzeit: 4½ bis 5 Stunden.

Ausgangspunkt der Wanderung durch die Insel Giglio ist Giglio Castello, ein Dorf im Inselinnern.

Unterkunft: Sechs Hotels mit zusammen 450 Betten. Camping *Baia del Sole* in Campese, auch Bungalows; Tel. 05 64/80 40 36. Information: Porto, Via Umberto 44, Tel. 05 64/ 80 92 65.
Verpflegung: Läden und Restaurants in Giglio Castello. In Porto *Pizzeria La Gigliese,* nachmittags ofenfrische Hand-Pizzas.
Sehenswürdigkeiten: Mittelalterliches Stadtbild in Castello. Vom Kirchplatz schöne Aussicht; daneben die türmebesetzte Stadtmauer, an der man stückweise noch den Wehrgang begehen kann. Auf dem höchsten Punkt die Rocca Aldobrandesca, ursprünglich von Pisa erbaut, später erweitert und verstärkt: rechteckiger Kernbau mit starker Mantelmauer; an drei Seiten die Vorburg.
Karte: IGM-Karte 1 : 25 000, Blatt 142, III-SO.
Literatur: Marco Lambertini, Isola del Giglio. Erhältlich in Porto Santo Stefano und Porto Giglio. Mit genauen Kartenskizzen.

34 Isola di Giannutri: Ein vergessenes Eiland

Unschwierige Wanderung.
Reine Gehzeit: 1½ Stunden.
Beste Jahreszeit: Am schönsten im Mai und Anfang Juni, wenn die Macchia blüht. Allerdings besteht frühestens ab 15. Juni Schiffsverbindung mit Giglio.

Schon die Überfahrt vermittelt nachhaltige Eindrücke, denn das Schifflein umkreist Giannutri, ehe es in der Cala Maestra an der Nordwestküste ankert. Diese Runde offenbart die kontrastreichen Gesichter der kleinsten Insel (Oberfläche 2,6 qkm) im toskanischen Archipel, ihre gigantischen *grottoni,* tiefe Klüfte in 100 Meter hohen Felsabstürzen sowie die flachen, mancherorts karstigen Landstriche, wo der ewige Südwestwind für die *rasura* der Macchia sorgt. Im Inneren der Halbmondsichel, die Giannutri bildet, dümpeln Yachten und Segler vor der Bucht von Spalmatoia, einem winzigen bebauten Fleck. Mit diesen Häusern verdiente der römische Fürst Ruffo della Scaletta in den fünfziger Jahren ein Vermögen. Ihm gehörte nämlich Giannutri größtenteils. Seine Landsleute der Antike, die steinreichen Ahenobarbus, hatten während des ersten Jahrhunderts v. Chr. als Inseleigentümer an der Cala Maestra eine großräumige Villa errichtet und in der Bucht eine Fischzucht angelegt. Als »Robinson« ging Gualtiero Adami, Mitstreiter des Freiheitskämpfers Garibaldi, in die Geschichte ein. Er lebte auf der Insel fast 40 Jahre, pflanzte Reben und Oliven und starb 1922 in der Einsamkeit.

Korinthische Säulen als letzte Zeugnisse von Schönheit und Pracht der »Villa Romana« auf Giannutri, unweit der Schiffsanlegestelle.

Bei den Griechen hieß das Eiland »Artemisia«. Rom setzte die Göttinnen-Tradition fort mit dem Namen »Dianum«. Aus »Dianum« soll sich Giannutri entwickelt haben. Von den 249 Kilometern Küstensaum der Toskana entfallen lediglich 11 Kilometer auf Giannutri. Länge zwischen Nord- und Südzipfel 2,9 Kilometer Luftlinie. Position: 12 Kilometer südlich des Monte Argentario, 16 Kilometer südöstlich von Giglio, in Höhe der geheimnisumwitterten Isola di Montecristo (44 km westlich gelegen), die als Naturreservat nicht betreten werden darf durch Individualwanderer.

Der Wegverlauf

Vom Anlegesteg zur nahen *Taverna Gran Duca* in einem Gewölbe der antiken Villa. Rechts dem breiten Weg folgend in 5 Minuten hinauf zum flachen Kamm der hier etwas mehr als 600 Meter breiten Insel. Vor dem Sportplatz rechts. An der Wegegabel etliche Minuten später halblinks. Schwach südöstlich sieht man erstmals den Poggio Capel Rosso, unser »alpines« Ziel. Links ergibt sich ein Blick in die Cala dello Spalmatoio. Geradeaus, links an den verfallenen Gebäuden von Vigna Vecchia (18 m) vorbei. Wir sind auf der Taille der Insel, der schmalsten Stelle: 380 Meter. Nun mäßiger Gegenanstieg mit breitem, macchiagesäumten Weg. Die Luft ist erfüllt vom Kreischen ungezählter Möwen, die unten auf den ostseitigen Klippen nisten. Nach insgesamt ½ Stunde führt die

Auf dem Poggio Capel Rosso, dem höchsten Punkt der Insel Giannutri. Rechts die Cala dello Spalmatoio.

Route über eine sanft gewölbte Kuppe rechts vom Poggio Capel Rosso. Geradeaus in 5 Minuten zum *Faro* (Leuchtturm). Einige Schritte rechts davon erregende Tiefblicke in die wunderbare Bucht der *grottoni*. Nicht zu weit an die Ränder vortreten! Ab Anlegesteg 35 Minuten.

Vom Leuchtturm auf dem bekannten Weg zurück. Nach 100 Metern zweigt halbrechts ein Stichweg ab, hinunter zu einem verschwiegenen Badeplätzchen (10 Minuten). Wir laufen geradeaus. Nach 5 Minuten verbreitert sich der Weg an der rechten Seite. Beim kleinen, vom Autor gehäuften Steinmann schwenken wir rechts weglos in die niedere Macchia ein und gewinnen in 5 Minuten durch Gestrüpp den *Poggio Capel Rosso* (88 m) mit einem turmähnlichen Häuschen und einem betonierten Unterstand aus der Zeit des Zweiten Weltkrieges. Vom Poggio überschaut man die gesamte Insel, sieht Giglio und den Monte Argentario. Insgesamt ¾ Stunden.

Der restliche Rückweg ist mittlerweile vertraut. Geht man beim Fußballfeld rechts abwärts, besteht 5 Minuten später Badegelegenheit an einem schmalen, felsigen Strandstreifen der Spalmatoiobucht.

Touristische Angaben

Isola di Giannutri, gehört zur Gemeinde Giglio, Provinz Grosseto. Schiffsverbindungen der Privatlinie »Società Maregiglio di Navigazione« von Porto Santo Stefano und Isola del Giglio (siehe Tour 33). Offiziell zwischen 15. Juni und 15. September, meist aber erst ab 1. Juli, ab Giglio: Dienstag, Donnerstag, Samstag 9.45 Uhr, Ankunft 11.15 Uhr, Rückfahrt 15.30 Uhr. Auskünfte an den Billettschaltern in Porto Santo Stefano (Tel. 0564/81 29 20) sowie auf Giglio (Tel. 0564/80 92 38 oder 80 93 09).
Gehzeit: 1½ Stunden.
Sehenswürdigkeit: Hinter der *Taverna Gran Duca* beim Schiffsanleger erklärt eine Tafel: »Villa Romana.« Neben Mauerresten, Gewölben und Mosaikböden stehen noch drei mit korinthischen Kapitellen gezierte Säulen.
Karte: IGM-Karte 1 : 25 000, Blatt 142, III-SO (Südwest).
Literatur: Italo Baggiossi, Giannutri. L'isola dei gabbiani. Editoriale Olimpia, Florenz. Erhältlich in einschlägigen Geschäften in Porto Santo Stefano.

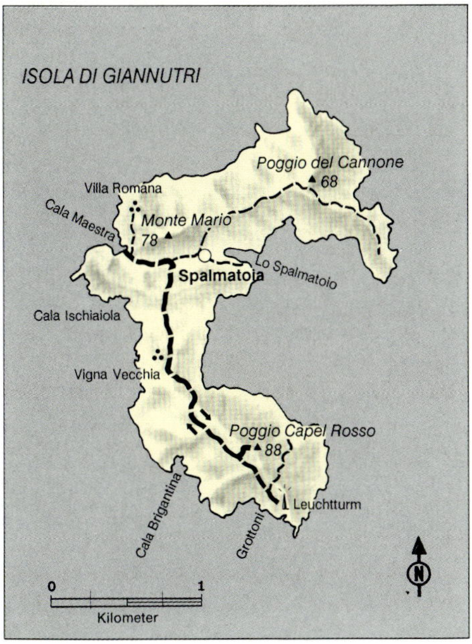

Die Insel Elba

Elba – undenkbar ohne Napoleon? Diese weitverbreitete Klischeevorstellung bedarf einer Korrektur. Elba überzeugt allein als maritimes Natur- und Wanderparadies. Napoleon – Inseleigner 1814/15 – ist sozusagen ein Maskottchen, zumal seine dortigen 9 Monate und 22 Tage gesamtgeschichtlich nur einen Wimpernschlag bedeuten. Dennoch wird der Kaiser als Magnet geschätzt und sein Mythos werbewirksam präsentiert. Indes bräuchte man im Selbstbewußtsein der Überfülle landschaftlicher Reize keinesfalls einen Okkupanten zum Aushängeschild. Elba wurde einfach zu oft erobert und besetzt, angefangen im 6. Jahrhundert durch Langobarden, die Blutbäder anrichteten, zuletzt am 17. Juni 1944 (nach deutschem Überfall) unter der französischen Trikolore von Senegalesen und Marokkanern, die fast ebenso wüteten wie türkische Seeräuber 500 Jahre vorher. »Leider gestatteten die Kommandanten (französische Offiziere; Anm. d. Verf.) den farbigen Truppen 24 Stunden freien Ausgang, die diese zu Vandalismen jeden Ausmaßes nutzten, deren Auswirkungen wir hier nicht abdrucken können«, klagt Mario Ferrari, seit 1982 Leiter des Planungsbüros der »Comunità Montana dell' Elba e Capraia«. Seine Institution publizierte 1987 einen brauchbaren Wanderführer, ließ dazu eine Karte im Maßstab 1 : 25 000 anfertigen und engagierte sich auch im Markierungswesen. Allerdings dürfen Wegenetz und Markierungen, mit Ausnahme um den Monte Capanne, vorläufig nicht an alpinen Gegebenheiten gemessen werden. Nach meinen Erfahrungen (1990/91) sind keineswegs alle im Kartenwerk offerierten Wanderrouten an Ort und Stelle existent.
Das gilt auch für die »Grande Traversata Elbana« (GTE) über beiläufig 60 Kilometer von der Nordspitze zur Westküste. Ein erster, bedeutsamer Schritt ist aber getan, und ein Zu-

Folgende Abbildung:
Blick vom Monte Perone auf die Nordküste Mittel- und Ostelbas.

Der Hafen von Portoferraio, der Hauptstadt Elbas. Links die 1548 unter Cosimo I. de' Medici erbaute sternförmige Festung Stella mit einem Leuchtturm. Jenseits der Bucht von Portoferraio die Berge des nordöstlichen Inselteiles.

viel des Guten schadet ohnehin der Ursprünglichkeit.

Wissenswerte Fakten über die nach Sizilien und Sardinien größte italienische Insel, das populärste Eiland der Toskana: 224,6 Quadratkilometer Oberfläche, 147 Kilometer Küstenlänge mit zahlreichen (ca. 50) Badestränden, in der Maximalausdehnung 27 Kilometer lang, rund 29000 Einwohner (acht Gemeinden), davon 11500 in der Hauptstadt Portoferraio, Provinz Livorno. Im äußersten Norden zehn Kilometer vom Festland entfernt. Annähernd 250 Kilometer geteerte und asphaltierte Straßen. Rund 200 Hotelbetriebe und Pensionen, 28 Campingplätze. 1991 etwa 2,5 Millionen Übernachtungsgäste plus 80000 Tagesausflügler: 50 Prozent Italiener, u. a. 20 Prozent Deutsche. Mittlere Jahrestemperatur 15,7 Grad, im Sommer durchschnittlich 22,7 Grad (Höchstwerte um 31 Grad), winters 9,7 Grad. Wassertemperaturen: Mai 20,2 Grad, August 27,3 Grad, Oktober 23,1 Grad. Von dem in den Prospekten versprochenen immerblauen Himmel kann jedoch keine Rede sein! Wohl gibt es 168 Sonnentage im Jahr, denen allerdings 109 vollständig bedeckte sowie 88 wechselnd bewölkte Tage gegenüberstehen. Regenfälle beschränken sich vorwiegend auf die Monate Februar und März, sind aber im Frühjahr keine Seltenheit, hauptsächlich nordseitig am Monte Capanne, dem niederschlagsreichsten Gebiet.

Geologisch und topographisch weist Elba drei unterschiedliche Teile auf, auch in puncto Vegetation. Im Osten herrschen enorme Mengen eisenhaltigen Kalkgesteins vor; Erhebungen bis 516 Meter (Cima del Monte). Der Eisenerztagebau, durch Etrusker im 7./6. Jahrhundert v. Chr. eingeleitet und mit archaischer Technologie intensiv betrieben, wurde 1982 eingestellt. Zuletzt erzeugten 500 Mann jährlich 400000 Tonnen Erz für die Hüttenwerke in Piombino. Die Halden sind ein Dorado für Mineraliensammler: 150 Arten birgt Elba, darunter den nur hier vorkommenden kristallinen, braunschwarzen Ilvait. Das Mineralogische Museum im Rat-

haus von Rio Marina zeigt 700 Muster (9.00–12.00, 15.00–18.00 Uhr; sonntags 9.00–12.00 Uhr).
Zentralelba besteht aus Flyschsedimentschichten (Sandstein, Kalk, Mergel), welche Hunderte von Metern auf vulkanischem, grobporphyrischem Granit lagern; Erhebungen bis 379 Meter (Monte Tambone).
Westelba wird durch die gewaltige Granithaube des Monte Capanne, mit 1018 Metern höchster Berg der Insel, und seiner Trabanten geprägt. Übrigens entstand der Elbagranit gleichzeitig zur Anhebung der Alpen und des Apennin, vor schätzungsweise 65 Millionen Jahren im Erdzeitalter des Tertiär. Älteste Spuren menschlicher Anwesenheit (Werkzeuge) reichen 50000 Jahre zurück. Damals war Elba mit dem Festland verbunden, was sich etwa 5000 bis 4000 v. Chr. änderte.
Heutzutage trägt die Badesaison zu gewissen »Verwässerungen« bei, ohne daß die Insel teneriffaähnliche Verhältnisse und Zustände fördert. Beim Augustansturm reicht der eigene Fischfang nicht mehr aus. Tiefgekühltes wird importiert. Trotzdem schmeckt der *Cacciucco* (Suppe aus verschiedenen Fischarten) köstlich, der schwarze Reis mit Tintenfischen, Spaghetti mit Langustenfleisch oder Fisch. Hausgemachte *dolci* gibt es für jeden Geschmack: *»Schiaccia«, »Corollo«, »Schiacciunta«, »Schiaccia pasquale.«* Aufmerksamkeit ist bei den Weinen – rot, weiß, rosé – geboten. Allein die Bezeichnung »Imbottigliata dal viticoltore« garantiert elbanische Erzeugerabfüllung. Alles andere sind zwar auf Elba abgefüllte, jedoch in der Herkunft undefinierbare Weine!

Touristische Angaben

Die schnellste Fährverbindung nach Elba besteht ab Piombino (161 km von Florenz, 100 km von Pisa, 82 km ab Livorno, 77 km von Grosseto) mit den Gesellschaften TOREMAR (staatlich) und NAVARMA. Die Fahrzeit beträgt eine Stunde. Die Anbindung an die Eisenbahn ist gut (Bahnhof im Hafen von Piombino); auf Elba gibt es regelmäßige Busverbindungen zwischen den Orten, die Mitnahme des Autos ist trotzdem empfehlenswert. In der Hauptsaison sollte man für den PKW unbedingt vorher buchen, entweder über ein Reisebüro oder direkt: TOREMAR: Piombino, Tel. 0565/311000, NAVAMAR: Piombino, Tel. 0565/33031. Die TOREMAR fährt auch von Livorno (6 Stunden) über Capraia nach Elba: vom 16. Juni bis 30. September montags Abfahrt 8.30 Uhr, übrige Zeit Mittwoch 13.00 Uhr. Die Schiffe ab Piombino verkehren fast jede Stunde. Touristische Auskunft, Tel. 0565/92671: Azienda Autonoma di Soggiorno, I-57037 Portoferraio, Calata Italia 16.
Karte: Kompass-Wanderkarte 1:30000, Blatt 650 (Isola d'Elba), mit Stadtplan von Portoferraio 1:5000 und Umgebungskarte 1:75000. Auf der Insel sind auch gute neue italienische Karten erhältlich.
Literatur: Mario Ferrari/Renato Giombini. Großer Wanderführer von Elba, Capraia und Montecristo. Editrice Azzura, Florenz. Auch in gutsortierten deutschen Buchhandlungen erhältlich. Beigelegt topographische Karte 1:25000.
Almut und Frank Rother, Elba. Landschaftsführer mit Wanderungen. Du Mont, Köln, 8. Auflage 1989. – Oliver Renzler, Elba. Ausführliche Beschreibung einer Insel-Durchquerung (6 Tage). In: »Bergsteiger«, 12/90.

35 Volterraio, die unbesiegte Burg

Leichte Wanderung. Trittsicherheit ratsam.
Reine Gehzeit: 25 Minuten Aufstieg.
Beste Jahreszeit: Am schönsten im Mai und Anfang Juni (Macchiablüte) sowie im Herbst. Im Sommer sehr heiß.

Während des Steigens spüre ich den *libeccio*, den kalten Südwest. Er nimmt an Heftigkeit zu, segelt schwere, dunkle Wolkenballen heran. Empfindliche Kühle auf der luftigen Felsklippe von Volterraio. Im Gemäuer ein unheimliches Heulen und Winseln – oder nur in meiner Phantasie? Die Sage erzählt nämlich, bei Sturm erfülle das Stöhnen jener Piraten den Burghof, die im Kerker verhungerten, als Strafe dafür, daß sie Elbaner lebendigen Leibes verbrannt hatten. Ich

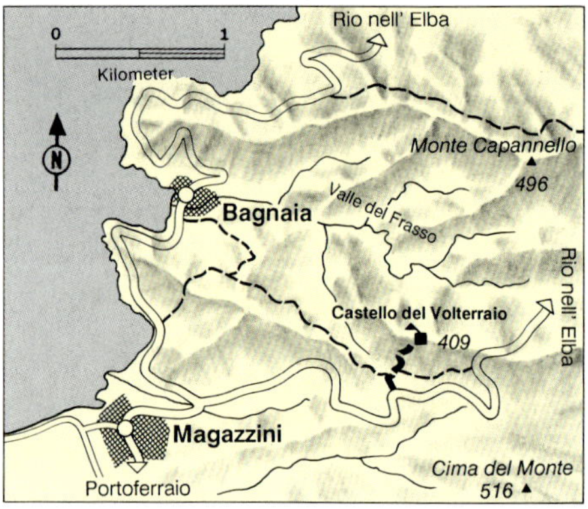

drücke mich in eine schützende Ecke der feuchten Kapelle. Offenbar friert es auch die Vipern, vor denen gewarnt wird. Am Bergfried bröckelt Gestein ab. Vom runden Scharwachtürmchen der Südwestecke guckt man über die Bucht von Portoferraio, 400 Meter tiefer. Dort waren einst die Feinde gelandet: Araber, Tunesier, zügellose Freibeuterhorden, 1543/44 türkische Streitkräfte unter ihrem Ersten Admiral, Chaireddin. Er plünderte und verwüstete Elba, doch der Volterraio widerstand allen Angreifern, gerüstet mit acht Katapulten, einer Kanone, vier Gewehren und zwei Dutzend Bogen.

Näherten sich fremde Schiffe, entzündete die Besatzung lodernde Signalfeuer, die nordostwärts (Torre del Giove – Isola Palmaiola) nach Piombino übersprangen und Verstärkung alarmierten, aber auch die Elbaner rechtzeitig warnten. Das Bollwerk des 15. Jahrhunderts ging aus einem Turm hervor, 1284 von Pisa errichtet, das den Erzabbau von Rio Marina reaktiviert hatte, aber noch im selben Jahr in der Seeschlacht gegen Genua vor Livorno »unterging«. Basiert die Anlage auf etruskischen Fundamenten? Hängt der Name mit Volterra zusammen? Spielten Römer hier eine Rolle?

Genießen wir die geheimnisumwitterte Vergangenheit!

Der Wegverlauf

Im Sinne der Auffahrt wird die Asphaltstraße gegenüber der oberen Parkbucht links verlassen. Tafel: »Castello del Volterraio.« Wenige Minuten später teilen sich die Weglein im Gestrüpp. Links durch Macchia. An der nächsten Gabelung folgt man dem rechten Pfad. Nach insgesamt 10 Minuten links halten über eine von Menschenhand bearbeitete Felsrampe. Erstmals begegnet uns das den Burgkegel bildende Radiolaritgestein. Wir passieren die dem Fels entwachsenden, ursprünglich von Türmchen besetzten Mauern eines Vorwerkes. Halblinks zu einer teilweise verfallenen Kapelle mit Aussichtsplatz. Von der Kapelle rechts (östlich). Das Weglein windet sich durch niederes Gesträuch, aus dem zartweiße Blütendolden des Asphodill leuchten. Abschließend im freien Hang über gebankten Radiolaritfels, von Flechten überzogen, zum Treppenaufgang der ehemaligen Zugbrücke. In der Kluft zwischen Rampe und Eingang – unter zwei »Pechnasen« – hochkraxeln (ca. 2,5 m) und mittels Spreizschritt von links nach rechts in die Ruine *Volterraio* (409 m). Links neben der Kapelle mündet ein unterirdischer Gang, durch den man ebenfalls in die Burg gelangt (Taschenlampe!). Rechts von der Kapelle stand der zweigeschossige Palas. Bei der kreisrunden Zisterne führen Steinstufen empor zum streckenweise noch erhaltenen Wehrgang beziehungsweise zur Plattform beim Scharwachtürmchen. Nebenbei bemerkt: Napoleon war auch schon hier!

Touristische Angaben

Ausgangspunkt: Verfallene Gebäude an der Straße Magazzini – Rio nell' Elba; 1,7 km nach der Abzweigung von der Küstenstraße (südöstlich von Portoferraio). Von Portoferraio 11,5 km, von Rio nell' Elba 5,5 km. Die Straße von Portoferraio führt an der »Villa romana delle Grotte« (links, Parkplätze) vorbei, den 1964 bis 1968 freigelegten Resten einer römischen Villa des unter Kaiser Hadrian (117–138 n. Chr.) eingesetzten Präfekten Publius Acilius Attianus.
Gehzeit: 3/4 Stunde.
Hinweis: Bei dieser Gelegenheit kann auch der Torre del Giove (Tour 36) erwandert werden.

Auf steilem Felskegel bewachte der Volterraio einst die Bucht von Portoferraio, der Hauptstadt von Elba.

36 Torre del Giove, Wachturm und Burg

Unschwieriger, schattiger Spaziergang.
Reine Gehzeit: 40 Minuten hin und zurück.
Beste Jahreszeit: Frühling und Herbst.

Schon bei der Überfahrt von Piombino zeigt sich der Torre del Giove im Südwesten, den Bergwäldern des nördlichen Teils der Insel entragend. Die Einheimischen nennen ihn *»Forte del Giogo«*, das heißt »Fort am Joch«, oberhalb des Sattels La Parata der zur Hälfte asphaltierten ehemaligen Militärstraße (Via della Parata) zwischen Rio nell' Elba und Cavo. Es ist eine einsame, verlorene Landschaft, weil der Verkehr über die Küstenstraße rollt.
Der Torre del Giove, 1459 errichtet, stellt eine Burg im Miniaturformat dar und ist Bestandteil des Befestigungssystems, das Jacopo II. d'Appiani im 15. Jahrhundert anlegen ließ, als er Marciana Alta und Volterraio wehrhaft ausbaute. Die Appiani waren 1392 mittels Mord in Pisa an die Macht gelangt, verschacherten die Stadt 1398 an Mailand, behielten aber die Herrschaft über Piombino, Pianosa, Montecristo und Elba, das sie rücksichtslos ausbeuteten, weshalb sich die Lebensbedingungen der Elbaner verschlechterten. Zudem waren sie nicht in der Lage, die Insel vor Überfällen zu schützen. 1553 zerstörten Türken unter ihrem Flottenchef Dragut den Torre del Giove. 1700 gab ihm der spanische Kommandant von Porto Longone (heute Porto Azzurro) den Rest.

Der Wegverlauf

Vom Parkplatz östlich, rechts an einer Ruine vorbei zu einem kleinen Platz. Geradeaus durch Mischwald und dschungelähnliches Gestrüpp in 5 Minuten zu einem etwas breiteren Querweg. Die Stelle für den Rückweg merken!
Rechts weiter bergan. Von einer Felskanzel schöne Aussicht nordwestlich zum Monte Grosso, dem Standort einer Signalstation. Vom Parkplatz 1/4 Stunde.
Nun wieder auf schmaler Spur im dichten Steineichenwald, in knapp 10 Minuten zum *Torre del Giove* (352 m) als Krönung eines mächtigen Felssockels, dreiseitig von einem Graben umrahmt. Rechts führt ein Pfad ins Innere. Es ist meterhoch angefüllt mit geborstenem Mauerwerk. Ursprünglich betrat man die Anlage ein Stück weiter links, wo am Torturm die Aussparungen für die Zugbrücke erkennbar sind. Vom Parkplatz etwa 25 Minuten.

Vom Santuario di Santa Catarina (nördlich von Rio nell'Elba) zeigt sich im Nordosten der Torre del Giove.

Touristische Angaben

Augangspunkt: La Parata (242 m), 3,5 km von Rio nell' Elba, 6,5 km von Cavo.
Gehzeit: 40 Minuten.
Sehenswert: An der Straße von Rio nell' Elba nach La Parata, 2 km nach dem Friedhof, am Ansatz einer Linkskurve, zweigt rechts ein Fahrweg ab. Kurz danach rechts eine Parkbucht. Auf dem Fahrweg 30 Schritte, dann halblinks ab, rechts zu einer Mauer, etwas bergan und durch dornenreiche Macchia zum Ruinengrundriß der romanischen Kirche *San Quirico*, einst Gotteshaus der im 8. Jahrhundert durch Festlandeinwanderer gegründeten Ortschaft Grassera. Sie wurde 1534 von türkischen Piraten dem Erdboden gleichgemacht; Überlebende kamen in die Sklaverei, konnten aber schon ein Jahr später von

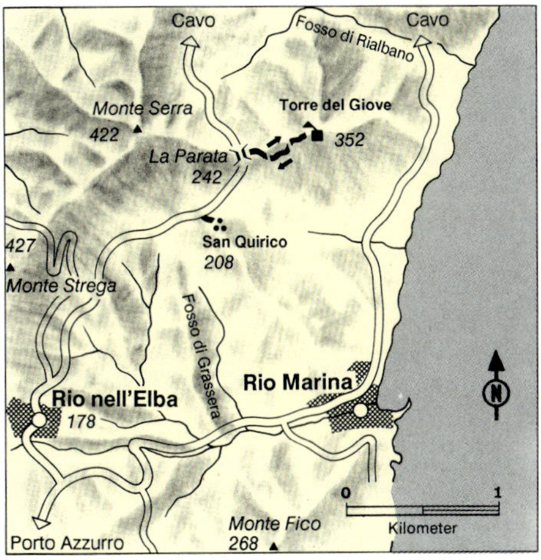

Nach der Wanderung zum Torre del Giove lohnt sich ein Abstecher nach Rio Marina (Mineralogisches Museum) an der Ostküste Elbas.

Kaiser Karl V. in Tunis, das die Türken erobert hatten, befreit werden. Grassera breitete sich hauptsächlich jenseits der Straße aus. **Hinweis:** Bei dieser Gelegenheit kann auch der Volterraio (Tour 35) erwandert werden.

37 Monte Calamita heißt Magnetberg

Unschwierige Rundwanderung.
Reine Gehzeit: 3 bis 3¼ Stunden.
Beste Jahreszeit: Am schönsten im Mai und Anfang Juni (Macchiablüte) sowie im Herbst.

Der Monte Calamita liegt auf der südöstlichen Halbinsel Elbas. Die stellenweise fünf Kilometer breite Landzunge schiebt sich von ihrem »Hals« zwischen dem Golf von Porto Azzurro und Golfo Stella, sieben Kilometer meerwärts, über die Glimmerschieferkuppe des Monte Calamita (413 m) bis zur äußersten Spitze. Den reichen Baumwuchs in höheren Lagen verdankt das Terrain den Aufforstungen nach 1945: Arizona- und Macrocarpa-Zypressen, mehrheitlich Aleppo-, Heim-, Strand- und Canariensis-Pinien. Das Schotterstraßennetz ist bedingt durch die Eisenerzstätten.

Calamita heißt Magnet, aber auch Unglück. Beides bezeichnet die Situation, denn die bei Calamita, Ginepro und Sassi Neri vorkommenden, im Tagebau gewonnenen Magneteisenerze lassen die Kompasse vorbeifahrender Schiffe verrückt spielen, sagt man, weshalb im Nebel schon manches an der Steilküste zerschellte. Allerdings dürfte die Überlieferung, der Magnetit habe früher die Nägel aus den Planken gezogen, der Sage angehören! In jedem Falle hat Eisenerz der Halbinsel seinen Stempel aufgedrückt, bis der italienische Staatskonzern »Italsider« den Abbau 1982/83 einstellte.

Die Bergleute wohnten in Capoliveri, dem römischen »Caput liberum«, damals wahrscheinlich ein Asylantenquartier, das freie Bewegungsmöglichkeit sicherte. Heute ist es ein malerisches Städtchen, Mittelpunkt der viertgrößten (39,1 qkm) und jüngsten Gemeinde Elbas: 1906 durch Gebietsabtrennungen von Porto Azzurro (seinerzeit Porto Longo) gegründet. Unter Napoleon verweigerten die Einwohner als einzige Insulaner die Sondersteuer für den Luxus des Korsen in Portoferraio. Als der Krösus mit Geiselnahmen reagierte, fügten sie sich schweren Herzens. Obwohl in Capoliveri heidnisch-christliche Kultriten (z. B. »Riunione dei Battenti«) und sogar die *vendetta*, die Blutrache, bis in die fünfziger Jahre, dem Beginn des Tourismus, überlebten, weist es seit den sechziger Jahren neben Porto Azzuro den intensivsten urbanen Zuwachs auf, vornehmlich an der Westküste.

Der Wegverlauf

An der Ostseite des Platzes vor dem neuen *Rathaus (municipio)* folgen wir der braunen Tafel »Escursione panoramica«. Bei der Gabelung rechts, steil bergan, etwa 5 Minuten. Im Nordwesten sind die Sendemasten auf dem Monte Capanne zu sehen. Am Ende des zementierten Fahrweges, gleich nach einem Eisengittertor, geht es links ab. Kurz danach geradeaus auf schmalem, teils stark überwachsenem Pfad zwischen Trockensteinmäuerchen und gelbem Besenginster in 10 Minuten zu einem Fahrweg. Wo er sich gabelt, halbrechts und weiter ansteigen. Nach insgesamt ½ Stunde ist die größte Steigung bewältigt. Vorne erscheinen etliche Häuser.

Lebhafte Atmosphäre kennzeichnet das altertümliche Städtchen Capoliveri am Ausgangspunkt der Wanderung um den Monte Calamita.

Abraumhalden der Erzmine am Monte Calamita, wo seit den Zeiten der Etrusker bis vor kurzem ein sehr gehaltvolles Eisenerz abgebaut und in Piombino verhüttet wurde.

Entlang einer Reihe vierzigjähriger Pinien zur Wegkreuzung am Monte-Calamita-Aufschwung. Wir vertrauen uns dem rechten Fahrweg an und genießen von hier die wunderbare Aussicht. Südwestlich erkennt man direkt vor der Küste die Isole Gemini, wörtlich übersetzt »Zwillingsinseln«, die größere 42 Meter hoch, die kleine 25 Meter. Rechts davon die Cala dell' Innamorata, die »Bucht der Verliebten«. Dort soll sich ein Mädchen namens Maria vor 450 Jahren von den Klippen gestürzt haben, nachdem sie Augenzeugin geworden war, wie türkische Piraten ihren Bräutigam Lorenzo ermordeten ...

Bei klarem Wetter sieht man südwestlich, 30 Kilometer entfernt, die flachen Umrisse der Sträflingsinsel Pianosa, wo 700 Schwerverbrecher ihre Strafen verbüßen. Südlich (44 km) das konische Profil von Montecristo. Der rechts abzweigende Weg zur Innamorata bleibt unbeachtet. Von Capoliveri 1 Stunde.

Südwärts neigen sich terrassenförmig die rötlich-braunen Abraumhalden von Calamita. Links unseres Weges verläuft der Maschendrahtzaun des militärischen Flugsicherungsgeländes: Es dient der Kontrolle des gesamten Luftverkehrs nach Nordeuropa und Nordamerika.

An der Straßenteilung rechts. Der *»mezzogiorno«* trägt Wortfetzen und Musik von der Fattoria Ripalte (Restaurant, Reitplatz, Ferienwohnungen) herüber. Beim gelben Feuerlöschteich für Hubschrauber erreichen wir den Treffpunkt mehrerer Fahrwege. Von Capoliveri 1 ½ Stunden.

Links weiter mit dem Fahrweg. Der Baumwuchs wird dichter. Neben der *Forstdiensthütte Rifugio Madonna Assunta* steht ein kleiner Marien-Bildstock. Eben dahin, vorläufig ohne Ausblick. Aber schon 20 Minuten später öffnet sich ein Blick zum Festland, 10 Minuten hernach über den Golf von Porto Azzurro – azurblau, wie aus dem Prospekt.

An dieser Stelle verlassen wir den Fahrweg rechts: persönlicher Vorschlag einer lohnen-

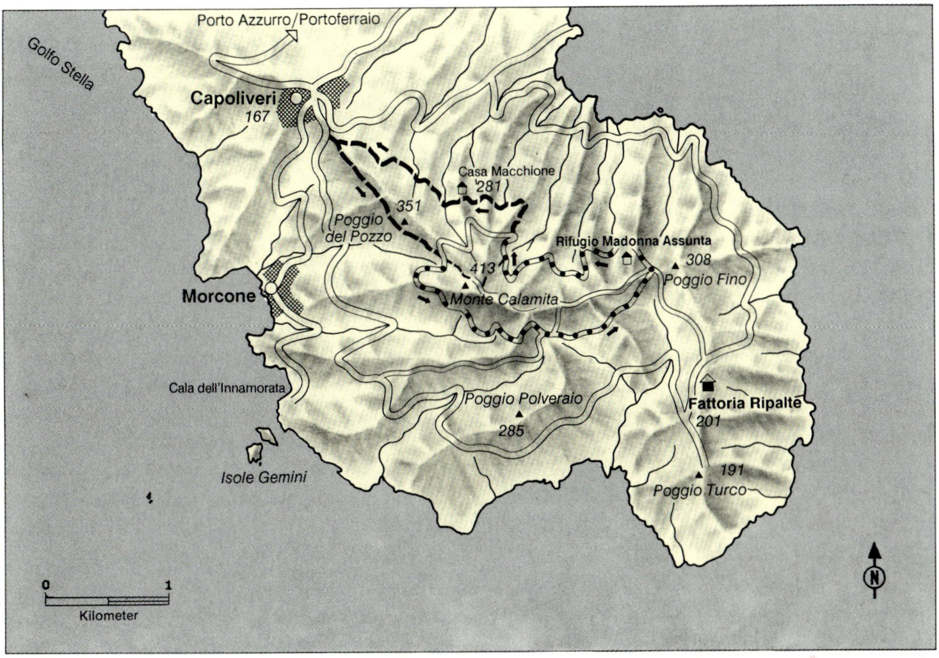

den Variante! Über die Brandschneise steil abwärts – am rechten oder linken Rand – etwa 5 Minuten. Bei der Tafel *Divieto di Caccia* (Jagdverbot) biegt man links in die nächste Brandschneise ein, kurz ansteigend. Erneut prächtige Blicke auf Porto Azzurro; bald taucht Capoliveri ins Blickfeld. Nach 5 Minuten nehmen wir halblinks den Jägerpfad und gelangen in 10 Minuten zu einem breiten Weg. Raumhafte Rundumschau. Krönender Abschluß! Jetzt kann die Route nicht mehr verfehlt werden. Rechts, etwas abseits, verfällt die Casa Macchione. Endgültig abwärts, die ersten Weingärten passierend, nach *Capoliveri*.

Touristische Angaben

Ausgangsort: Capoliveri (167 m), 2540 Einwohner. Von Porto Azzurro 6 km, von Portoferraio 17,5 km. Gute Busverbindungen. Bushaltestelle am Südrand der Altstadt, auf dem Platz vor dem neuen Rathaus, bei dem auch die Wanderung beginnt.
Gehzeit: 3 bis 3¼ Stunden.
Unterkunft: Mehrere Hotels und Pensionen in Capoliveri und Umgebung, auch Privatquartiere.
Verpflegung: Viele Restaurants und Imbißstuben in Capoliveri. Zu empfehlen: *Il Chiasso* in einer Seitenstraße der Via Roma (Hinweisschild), teuer, aber exzellent. Und für bayerische Biergenießer: In der Birreria am Beginn der Via Roma (Nr. 2) gibt es dunkles Hefeweißbier. Tip zum Einkaufen: *Fattoria Mola* in der Ebene zwischen Porto Azzurro und Capoliveri: biologisches Gemüse, Obst, Trauben, Oliven, Öl, Wein, typische Wurst- und Fleischwaren. Verkauf 8.00 bis 10.00, 17.00 bis 20.00 Uhr, außerdem Ferienwohnungen. Am Donnerstag in Capoliveri Wochenmarkt von 8.00 bis 13.00 Uhr.
Sehenswürdigkeiten: *Via Roma* als Rückgrat des Bergstädtchens, von der beiderseits schmale Gäßchen *(Vicoli)* abzweigen. Am Ende der Via Roma (Piazzetta Marconi) hübscher Aussichtsplatz. Pfarrkirche *Santa Maria Assunta* im Stil der Bettelorden des 15. Jahrhunderts, 1988/89 restauriert. Ursprüngliche Pfarrkirche war *San Michele* (nordwestlich unterhalb des Städtchens an der Auffahrtsstraße; Hinweisschild) aus der ersten Hälfte des 12. Jahrhunderts, Anfang des 14. Jahrhunderts reichste Kirche Elbas, 1544 von Türken zerstört; beachtenswerte erhaltene Apsis.

38 Monte Capanne, höchster Gipfel auf Elba

> Unschwierige Rundwanderung. Am Gipfel kann es auch im Sommer empfindlich kühl sein.
> *Reine Gehzeit:* 4 bis 4¼ Stunden. Bei Benützung der Seilbahn knapp 2 Stunden kürzer (weitgehend im Abstieg).
> *Beste Jahreszeit:* Am schönsten im Mai und Anfang Juni, wenn die Macchia blüht, sowie im Herbst.

Zum Westen hin erfährt die Wildheit der elbanischen Landschaft eine gewaltige Steigerung. Dort thronen nämlich die höchsten Berge. Es sind imposante Granitstöcke, in den Südflanken steiler und ungebändigter als gen Norden, beiderseits aber in den tieferen Lagen von Reben bewachsen. Herr im Hause ist der massige Monte Capanne (1018 m). Seine breitgelagerte Gestalt kommt auf der Fahrt von Marciana Alta nach Poggio, einem Teilstück der wunderschönen Westküstenstraße, besonders zur Geltung.
Der »Höchste« mußte wie so viele andere seines Ranges modernen Tribut bezahlen, hier in Form einer Seilbahn sowie einem Wald von Rundfunkantennen und Parabolschirmen auf dem Gipfel. Derartiges trübt bei Naturfreunden zunächst einmal übermäßiges Verlangen, wird aber in diesem Falle nur punktuell als störend empfunden, denn der zweite Abschnitt unserer Wanderung vermittelt ungetrübte Eindrücke.
Die zehn, vom Club Alpino Italiano (Sektion Livorno) 1982 markierten Wege im Gebiet des Monte Capanne sind in tadellosem Zustand, erfordern wegen der Geröll- und Blocksteinhalden jedoch festes Schuhwerk. Vorsicht: Vom Gipfel führen Markierungen (00) sowohl südöstlich ins Filicaie-Joch sowie westlich zum Tavolagipfel, allerdings in Blockkletterei (Schwierigkeitsgrad I+); bei Nässe sehr rutschig!

Der Wegverlauf

Von der *Piazza XX Settembre* (Leon's Bar) über Steinstufen hinauf zur kleinen *Piazza Umberto I.* Hier links halten durch die Via delle Cataste und zur Autostraße. Jetzt aber nicht jenseits den rot-weißen Farbzeichen folgen (direkte Route), sondern auf der Straße rechts. Im Vorblick erscheinen die Gipfel La Galera und La Tavola. Ungefähr 5 Minuten später geht es nach dem Friedhof halblinks. Tafel: »Oratorio di San Cerbone.« Ein Stückchen auf der Straße weiter kann man die Trinkflasche am Hahn der *Fonte Napoleone* mit »Acqua di Napoleone« füllen, einem Mineralwasser, das Napoleon bei seinem chronischen Blasenleiden geholfen haben soll.
Auf breitem Weg ansteigen. Die Schranke passieren, von Lärchen und Kastanien begleitet zum Kirchlein *San Cerbone* (531 m). Der Heilige, Bischof von Populonia (siehe Tour 22), war vor den Langobarden im Jahre 572 vom Festland in die Waldeinsamkeit geflüchtet und lebte bis zu seinem Tode 573 (oder 575) in einer Höhle. Das Oratorium im Schatten hoher Bäume, ein hübsches Plätzchen, entstand 1421 unter Jacopo II. d'Appiano, seinerzeit Herr von Elba. Von Poggio 35 Minuten.
Etwa 20 Meter zurück. Auf der kleinen Lichtung halbrechts mit dem bezeichneten, von Ginster fast zugewachsenen Weg Nr. 1. Nach 5 Minuten ein Bächlein überschreiten. Herrlicher Ausblick über die Bucht von Marciana Marina. Durch Mischwaldgürtel und Macchia. Poggio wird sichtbar. Zunehmend steiler im Laubwald. An der Wegegabel geradeaus (Farbzeichen), streckenweise stiegenähnlich. Wir kreuzen einen Querweg und gelangen in die Mulde des *Val Grande.*
Ungefähr ½ Stunde nach San Cerbone erreicht man einen ehemaligen Unterschlupf der Ziegenhirten. Es ist prähistorische Architektur: flache Steine wurden mörtellos zu einer falschen Kuppel geschichtet. An dieser Stelle mündet die Direktroute (Weg 2) ab Poggio.

Oben: Marciana Alta mit dem Stock des Monte Capanne und den Funkanlagen auf seinem Gipfel. Der Aufstieg verläuft über den Rücken links. Rechts schließen sich die Gipfel La Galera, La Tavola und Monte di Cole an.

Unten: Der Monte Capanne ist mit 1018 Metern der höchste Berg der Insel Elba. Ausblick vom Gipfel in nordwestlicher Richtung über die Ortschaft Marciana Alta zum Meer.

Altertümliche Treppengasse in dem malerischen Bergdorf Poggio auf Elba, dem Ausgangsort für die Besteigung des Monte Capanne.

Rechts über den Nordostrücken des Monte Capanne. Einige Minuten später zweigt der für den Rückweg wichtige Pfad halblinks ab (Weg 5). Unser Aufstieg bleibt jedoch am Rücken. Blühende Baumheide. Und schon tritt das Häuschen der Bergstation ins Blickfeld: 20 Minuten sind es noch zur Aussichtsveranda.

Dort trennen uns von der Spitze nur mehr etwa 10 Minuten. Dann hocken wir auf dem höchsten der beiden Gipfelfelsblöcke, den die Technik unangetastet ließ. Von Poggio 1¾ Stunden.

Rückweg: In etwa 25 Minuten hinunter zur erwähnten, spitzwinkeligen Rechtsabzweigung oberhalb des Hirtenhüttchens. Jetzt beginnt der Genußspaziergang. Die ersten Tuffelsen in verwitterter Wabenstruktur begegnen uns. Der Steig durchmißt eine Zone vom Regenwasser freigelegter Felsplatten am Auslauf eines mächtigen Plattenschusses.

Leichter Anstieg. Beim Markierungsfelsblock führt Weg 8 halbrechts hoch (über die Filicaie nach Seccheto an der Südküste). Wir bleiben auf Weg 5, steigen in Schleifen ab, anschließend die dichtbewachsenen Hänge des hintersten Val della Nivera queren zu dem mit Felsblöcken besetzten Nordostrücken des Monte Malo. Vom Gipfel 1 Stunde. Linkshaltend (nordöstlich) am und auf dem stumpfen Kamm, streckenweise weglos. Um die erste Blockanhäufung rechts herum, um die zweite links. Es handelt sich um eine sogenannte »Felsburg«, eine geologische Eigenart Elbas. Die »Wollsäcke«, ellipsenförmige übereinandergelagerte Granitblöcke, entstanden nicht durch die Kraft von Riesen beziehungsweise oberflächige Verwitterung, sondern durch Erosion unter einer Vegetationsdecke, von der nichts mehr zu sehen ist. An der folgenden Einzäunung links vorbei. Der betonierte Hubschrauberlandeplatz dient der Waldbrandbekämpfung. Abwärts auf breitem Weg, schwach linkshaltend, durch eine Senke und über die letzte Kuppe zur Straße (ca. 600 m); schattige Rastplätze. Vom Gipfel 1½ Stunden, insgesamt 3¼ Stunden. Abschließend auf der asphaltierten Straße (4 km) in 50 Minuten zurück nach *Poggio*. Kartenskizze zur Tour siehe S. 183.

Touristische Angaben

Ausgangsort: Poggio (330 m), Ortsteil der Gemeinde Marciana, malerisches Bergdorf in kanzelartiger Lage nordöstlich des Monte Capanne. Von Marciana Marina 8,8 km, von Portoferraio 22 km. Busverbindungen. Parkplätze beim Spezialitäten-Restaurant »Publius« an der Straße. Zwischen Poggio (3 km) und Marciana Alta (0,5 km) befindet sich die Talstation des Liftes zum Monte Capanne. Offizielle Betriebszeiten: 1. Mai bis Ende September 10.00 bis 12.00 Uhr, 14.30 bis 17.00 Uhr; Juli und August bis 18.30 Uhr (fährt nur bei entsprechendem Publikumsandrang).

Gehzeit: 4 bis 4¼ Stunden. Bei Benützung der Seilbahn 2 Stunden kürzer.

Unterkunft und Verpflegung: Pension Monte Capanne. Aussichtsreiches *Ristorante Publius*. Bar. Einkehr an der Bergstation des Liftes möglich, wenn dieser in Betrieb ist.

Sehenswürdigkeiten: Verwinkeltes, mittelalterliches Stadtbild. Die Via della Mura entspricht der einstigen Wehrmauer. Die mittelalterliche Straße kam von Nordwesten hoch und mündete bei der Piazza del Pesce. Wehrkirche San Niccolò, ursprünglich aus dem 8. Jahrhundert. Chiesa di San Difendente, geweiht im 16. Jahrhundert.

39 Madonna del Monte

Wo Napoleon seine Geliebte traf

> Unschwieriger Spaziergang.
> *Reine Gehzeit:* Hin und zurück 1¼ Stunden.
> *Beste Jahreszeit:* Am schönsten im Mai und Anfang Juni, wenn die Macchia blüht, sonst im Herbst.

»Napoleon I., der Weltreiche eroberte und Könige zu seinen Vasallen machte, der nicht durch Waffengewalt, sondern durch den ruthenischen Frost besiegt wurde, wohnte in dieser für ihn zu einem Palast umgewandelten Eremitage vom 23. August bis 5. September 1814«, tönt heroisch die Gedenktafel an der Eremitage von Madonna del Monte, westlich des Bergstädtchens Marciana Alta – ohne zu erwähnen, daß sich der Kaiser am 1. September 1814 mit der Mutter seines ersten Sohnes, der polnischen Gräfin Maria Walewska, traf. Die Tafel an der Kirche erinnert daran, daß die Franzosen 1799 nach der Besetzung der Toskana auf Elba gelandet waren, aber schon nach vier Wochen vertrieben wurden. Vorläufig! Im Frieden von Amiens (1802) kam die Insel zu Frankreich.

Die Walewska und der vierjährige Alexandre (später fünf Jahre französischer Außenminister) mußten damals überstürzt abreisen, denn Napoleon befürchtete die Ankunft seiner, ihm 1810 durch Metternich verkuppelten Gemahlin Marie-Luise. Die Kaiserin blieb jedoch der Insel fern und vergnügte sich – wiederum hatte Metternich seine Finger im Spiel – mit dem staufischen Reichsgrafen Adam Albert von Neipperg (der sie nach dem Tode Napoleons 1821 heiratete). Gegen Abend des 26. Februar 1815 verließ Napoleon das Exil. Waterloo wartete...

Madonna del Monte, genau gesagt der Platz auf dem Nordsporn des Monte Giove, dürfte bereits in vorchristlicher Zeit als Kultstätte gedient haben. Die Kirche entstand 1595. Sie ist das populärste Heiligtum der Insulaner. An Mariä Himmelfahrt (15. August) strömen Hunderte von Wallfahrern zum verehrten

Frühling bei der Wallfahrtsstätte Madonna del Monte im Westen der Insel Elba, nordwestlich des Monte Capanne.

Marciana Alta, Zentrum der drittgrößten elbanischen Gemeinde und idealer Ausgangsort für Bergwanderungen im Westteil Elbas, staffelt sich unterhalb des Monte Capanne am Hang hoch.

Marienbild, der Madonna vom Berge. Kleinere Wallfahrten finden während der ersten Maitage statt.

Der Wegverlauf

Am östlichen Ende der langgestreckten *Piazza Umberto I* empfängt uns die *Porta Medicea* neben der Pfarrkirche *Santa Caterina*. Durch die Pforte, über Steinstufen hinauf zur *Piazza del Cantone*. An ihrer rechten Seite weiter bergan über Stufen, gegenüber von Haus Nr. 18 links etliche Stufen empor, dann rechts in die Via del Pretorio. Wegweiser: »Fortezza Pisana.« Es folgt das Kirchlein *San Liborio* aus dem 14. Jahrhundert. Davor befindet sich links das *Archäologische Museum*; geöffnet vom 1. Juni bis 30. September 9.00 bis 12.00 Uhr, 16.00 bis 19.00 Uhr, übrige Zeit von 9.00 bis 12.00 Uhr.
An San Liborio rechts vorbei zu der im 12. Jahrhundert von Pisa – von 1138 bis 1284 Souverän auf Elba – errichteten *Burg*. Vom Ausgangspunkt 10 Minuten.
Rechts zum *Parkplatz*. Mit der Straße 100 Meter abwärts. Halblinks (rechts mündet der direkte Zugang) zweigt dann der steingepflasterte Kreuzweg ab. Von der Anhöhe halblinks den Stationen folgen. *Madonna del Monte* (627 m) wird erst im letzten Augenblick sichtbar; schattige Rastplätze. Das aus den drei Brunnen des 1698 angebauten Halbrundes fließende Quellwasser gilt als eines der besten auf ganz Elba. Von Marciana Alta 3/4 Stunden.
Zwischen Eremitage und Kirche durch, dann rechts vorbei an Wabenfelsen der Wegspur durch die Macchia folgend, hinaus zu gigantischen, ungeheuer verwitterten Granitblökken, von der Natur geformt und gestaltet vor rund 200000 Jahren. Zwischen dem sogenannten »Adler« und einem Fels daneben gelangt man zur prächtigsten Aussichtskanzel weit und breit. Von der Kirche 5 Minuten.
Kartenskizze zur Tour siehe S. 183.

Touristische Angaben

Ausgangsort: Marciana Alta (350 m), Zentrum der drittgrößten (45,8 qkm) elbanischen Gemeinde, zu der 14 Fraktionen mit insgesamt 2300 Einwohnern gehören; älteste,

kontinuierlich bewohnte Stadt der Insel, römischen Ursprungs, im 15. und 16. Jahrhundert unter den Appiani die Hauptstadt Elbas, 1553 durch den türkischen Flottenkommandanten Dragut schwer heimgesucht. Von Portoferraio 25,5 km, von Porto Azzurro 37 km. Busverbindungen. Geparkt wird am besten an der Straße im unteren Ortsteil oder bei der Burg (Beschilderung: »Museo Archeologico«), wohin die Zufahrtsstraße an der westlichen Ortseinfahrt abzweigt.
Gehzeit: 1 1/4 Stunden.
Unterkunft und Verpflegung: Hotels und Restaurants sowie Läden in Marciana Alta.

40 Quer durch die Insel Elba: Von Marciana Alta nach Chiessi

Unschwierige Wanderung.
Reine Gehzeit: 4 Stunden.
Beste Jahreszeit: Am schönsten im Mai und Anfang Juni sowie im Herbst.

Früher, als die Straße an der Westküste noch nicht trassiert war – bis in die sechziger Jahre – führte der Weg übers Gebirge. Ab Marciana Alta 12 Kilometer nach Chiessi beziehungsweise Pomonte oder umgekehrt. Madonna del Monte erfüllte neben der Wallfahrt auch den Zweck, ein Ort der Kommunikation zu sein. Man traf Verwandte und Freunde, schloß Bekanntschaften, zuweilen lernten sich auch Braut und Bräutigam kennen. Dieser »Urweg« vermittelt die schönste Panoramawanderung auf Westelba.

Der Wegverlauf

Von *Marciana Alta* wie bei Tour 39 geschildert in 3/4 Stunden zum Heiligtum *Madonna del Monte* (630 m). Anschließend noch 200 Meter in Richtung der pittoresken Felsen. An der Gabelung halblinks dem breiten Weg folgen. Auftakt des genußvollen Schlenderns! Ginster blüht in leuchtendem Gelb. Die Hänge sind mit Felsplatten überzogen. Unten die märchenhafte Bucht von Capo San Andrea, wo der Vater des Dichters Victor Hugo 1802 mit einer Kanone Piraten vertrieb. Er diente im Range eines Majors als Inselgouverneur; Victor Hugo wuchs mit seinen beiden Geschwistern im heutigen Rathaus von Portoferraio auf.
Nahezu eben in 1/4 Stunde zum Westrücken *(Serraventosa)* des »Jupiterberges«, wie der Monte Giove heißt. Rechts draußen stehen natursteingefügte Hirtenhüttchen sowie ein ummauerter Ziegenstall.
Linkshaltend um den Rücken herum. An klaren Tagen ist südwestlich Korsika zu sehen. In leichtem Gefälle durch die Südwestflanken des Monte Giove in die weitläufige Mulde im hintersten Teil des Kerbtales Uviale dei Patresi. Jenseits ist der Gegenanstieg zu erkennen. Etwa 1/4 Stunde nach dem Rücken nimmt uns ein schattiges Kastanienwäldchen auf. An einem der Bäume ein Marterl *(tabernacolo)* der hl. Theresia. Nun wird der Weg schmal und überwachsen. Ein Bächlein überqueren, das Ende einer Bergsturzhalde traversieren. Wenig später beginnt die Steigung auf dem mit Felsplatten »gepflasterten« Weg. An der Küste erscheinen die Häuser von Patresi sowie der Leuchtturm von Punta Polveraia. Ungefähr 25 Minuten dauert der Anstieg zum aussichtsreichen Rücken *Il Troppolo* (ca. 700 m). Von Marciana Alta 2 Stunden. Nach 5 Minuten die nächste Geländeecke. Der ausgewitterte Fels gleicht einem Geierschnabel oder einem Elefantenschädel, je

Zistrosen, Ginster und Lavendel bilden die immergrüne wohlriechende Macchia auf Elba.

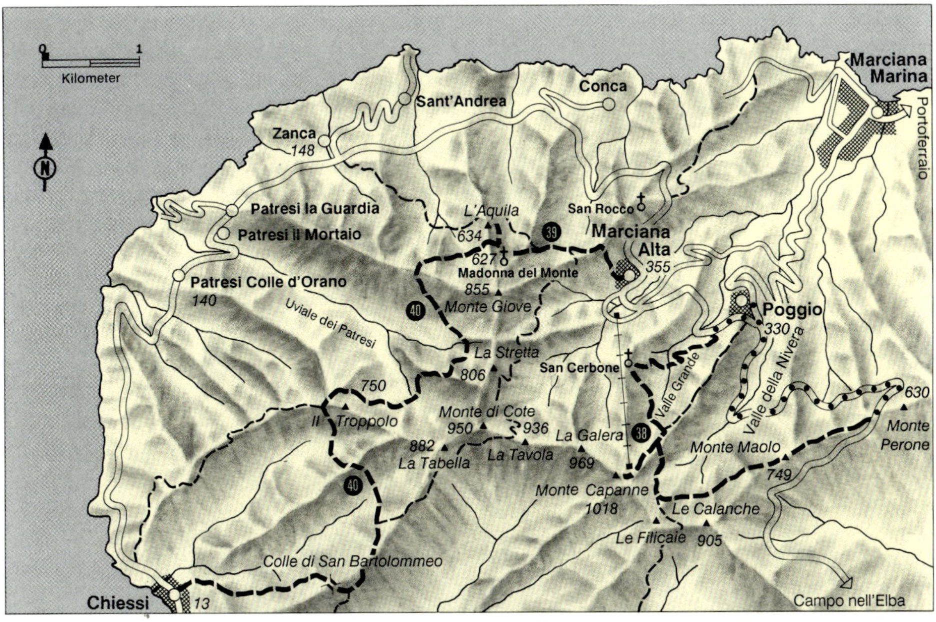

nach Perspektive. Dann nicht rechts abwärts, sondern linkshaltend (Markierung 3). Mit einem Schlag ändert sich die Vegetation. Jetzt bewegen wir uns durch die Garigue, eine Pflanzengemeinschaft duftender, kleiner Zwergsträucher, selten höher als 50 Zentimeter, eine Unterart der Macchia.

Eben dahin. Chiessi wird sichtbar. Der schwarze Plastikschlauch einer Wasserleitung hilft bei der Orientierung, denn die Spur ist streckenweise vollkommen überwachsen. Etwas tiefer breiten sich an den Hängen Weinterrassen aus. Im Vorblick: Monte San Bartolommeo (links) und Cima di San Bartolommeo. Etwa 40 Minuten nach dem Troppolo zweigt links Weg Nr. 10 ab. Er leitet – 400 Höhenmeter bewältigend – in die Nordflanke und mündet bei der IV. Kreuzwegstation in den Weg Marciana – Madonna del Monte.

An der Gabelung (576 m) laufen wir geradeaus weiter, überschreiten die flachen Rücken von La Terra und gelangen in die Flanken des weltverlorenen *Valle di Pomonte*. Die Ortschaft Pomonte zeigt sich. Unsere Spur führt schwach rechtshaltend in den *Colle di San Bartolommeo* (ca. 500 m) vor dem Aufschwung der Cima di San Bartolommeo. Jenseits absteigen. Nach 5 Minuten liegt rechts des Weges eine ungewöhnliche Felsschale. Der Pfad schlängelt sich durch aufgelassene Weinberge. Hin und wieder rote Farbkleckse auf Steinen. Dann ist das Rebgelände kultiviert. Hier wachsen hauptsächlich Weißweine; vereinzelt Feigen. Ein Gecko sonnt sich am Fels; drei Arten davon soll es auf Elba geben, sie landeten mit Piratenschiffen vor 500 Jahren und wurden hier heimisch. Die obersten Häuser von *Chiessi* (13 m). Unser Weg endet bei der Bushaltestelle.

Bei der Inseldurchquerung von Marciana Alta über Madonna del Monte nach Chiessi.

Touristische Angaben

Ausgangsort: Marciana Alta (350 m), siehe Tour 39.
Zielort: Chiessi (13 m). Bushaltestelle beim Ristorante Aurora. Billett in der 50 Meter entfernten Bar L'Olivo. Busverbindungen nach Marciana Alta; vom 1. März bis 15. Juni letzter Bus werktags um 15.15 Uhr, an Sonn- und Feiertagen um 17.15 Uhr.
Gehzeit: 4 Stunden.
Unterkunft und Verpflegung: In Marciana Alta siehe Tour 39. In Chiessi Pensionen und Restaurants sowie Läden.

Anhang

Weitwanderwege

Grande Escursione Appenninica (GEA)

425 Kilometer über den emilianisch-toskanischen Apennin, streckenweise in alpinen Regionen. Ausgangspunkt Ost-West-Richtung): Bocca Trabaria an der Staatsstraße 73 zwischen Sansepolcro und Urbino an der Südostgrenze der Toskana, zu den Marken bzw. Umbrien hin. Endpunkt: Passo dei Due Santi im Nordwesten, westlich von Pontremoli an der ligurischen Grenze.

1. Etappe: Bocca Trabaria – Pian della Capanne; 5 Stunden.
2. Etappe: Pian della Capanne – Pieve S. Stefano; 4¾ Stunden.
3. Etappe: Pieve S. Stefano – Chiusi della Verna; 7¾ Stunden.
4. Etappe: Chiusi della Verna – Badia Prataglia; 7½ Stunden.
5. Etappe: Badia Prataglia – Camaldoli; 3¾ Stunden.
6. Etappe: Camaldoli – Rifugio La Burraia; 5½ Stunden.
7. Etappe: Rifugio La Burraia – Castagno d'Andrea; 4 Stunden.
8. Etappe: Castagno d'Andrea – Passo del Muraglione; 5½ Stunden.
9. Etappe: Passo del Muraglione – Casaglia; 7¼ Stunden.
10. Etappe: Casaglia – Badia di Moscheta; 6½ Stunden.
11. Etappe: Badia di Moscheta – Monte di Fò; 8 Stunden.
12. Etappe: Monte di Fò – Montepiano Risubbiani; 4½ Stunden.
13. Etappe: Montepiano Risubbiani – Cascina di Spedaletto; 10 Stunden.
14. Etappe: Cascina di Spedaletto – Pracchia; 4¾ Stunden.
15. Etappe: Pracchia – Lago Scaffaiolo; 7½.Stunden.
16. Etappe: Lago Scaffaiolo – Abetone; 6½ Stunden.
17. Etappe: Abetone – Lago Santo Modenese; 7½ Stunden.
18. Etappe: Lago Santo Modenese – S. Pellegrino in Alpe; 6¼ Stunden.
19. Etappe: S. Pellegrino in Alpe – Rifugio Battisti; 5¾ Stunden.
20. Etappe: Rifugio Battisti – Passo del Cerreto; 8 Stunden.
21. Etappe: Passo del Cerreto – Lago di Monte Acuto; 4 Stunden.
22. Etappe: Lago di Monte Acuto – Prato Spilla; 3¼ Stunden.
23. Etappe: Prato Spilla – Lago Santo Parmense; 6¾ Stunden.
24. Etappe: Lago Santo Parmense – Passo della Cisa; 7¼ Stunden.
25. Etappe: Passo della Cisa – Passo dei Due Santi; 8½ Stunden.

Führer: *Alfonso Bietolino/Gianfranco Bracci: Grande Escursione Appenninica.* Edizioni Tamari, Bologna 1985. Dem Buch ist eine sehr gute Kartenbeilage (mit eingezeichnetem Routenverlauf) beigelegt. Erhältlich u. a. in 50131 Florenz, Buchhandlung Geographica, Via Cimatori 16; in 40137 Bologna, Libreria Alpina, Via C. Coronedi-Berti 4, nur Versandbuchhandlung, Tel. 051/345715. In dem deutschen Führer von Joachim Deumling sind die einzelnen Etappen des GEA aufgeführt (siehe unter weiterführende Literatur).
Auskünfte: Gruppo Trekking Firenze, Piazza San Gervasio 12, I-50131 Firenze, Tel. 055/585320 oder 446017.

Garfagnana Trekkingtour (GT)

Zehntägige Rundwanderung, teilweise in hochalpinem Gelände, durch die Garfagnana und die Apuanischen Alpen nordwestlich von Lucca. Ausgangsort: Castelnuovo di Garfagnana, 50 Kilometer von Lucca an der Staatsstraße 445.

1. Etappe: Castelnuovo di Garfagnana – Rifugio Rossi; 7 Stunden.
2. Etappe: Rifugio Rossi – Capricchia; 7 Stunden.
3. Etappe: Capricchia – Campocatino; 5 bzw. 8 Stunden.

Chiessi liegt an der Küste im Westteil von Elba und wird vom Tourismus kaum berührt. Dahinter der Monte di San Bartolommeo.

4. Etappe: Campocatino – Rifugio Donegani; 5 Stunden.
5. Etappe: Rifugio Donegani – Agliano; 4 Stunden.
6. Etappe: Agliano – Monte Argegna; 5 Stunden.
7. Etappe: Monte Argegna – Capanne di Sillano; 7 Stunden.
8. Etappe: Capanne di Sillano – Rifugio La Foce; 6 Stunden.
9. Etappe: Rifugio La Foce – S. Pellegrino in Alpe; 7 Stunden.
10. Etappe: S. Pellegrino in Alpe – Castelnuovo di Garfagnana; 5 Stunden.

Führer: *Garfagnana Trekking,* mit einer Karte 1:30000. Edizioni Tamari, Bologna 1986. Erhältlich in der Buchhandlung (Libreria) in Castelnuovo di Garfagnana oder über Versandbuchhandlung Libreria Alpina, I-40137 Bologna, Via C. Coronedi-Berti 4, Tel. 051/345715. Auskünfte: Azienda Autonoma di Soggiorno, I-55032 Castelnuovo di Garfagnana, Tel. 0583/62268 (in der Burg) oder Kommunalverwaltung, Via Vittorio Emanuele, Tel. 0583/65169.

Grande Traversata Elbana (GTE)

Rund 60 Kilometer von Nordosten (Capo Castello) in Längsrichtung durch die Insel zur West- bzw. Südwestküste. Streckenweise weglos und nicht markiert; Zelt mitnehmen. Führer: *Renato Giombini/Mario Ferrari: Großer Wanderführer über Elba.* Editrice Azzurra, Firenze 1987. Beigelegt Wanderkarte 1:25000 mit eingezeichnetem Routenverlauf.

Trekkingtouren

Der Gruppo Trekking Firenze, I-50131 Firenze, Piazza San Gervasio 12, Tel. 055/585320 oder 446017, organisiert und veranstaltet für Gruppen von 8 bis 15 Personen folgende Touren:
Tour 1: Sulle orme di San Francesco: 14 Tage.
Tour 2: Foreste Casentinesi: 3 Tage.
Tour 3: Speciale Cultura: 3 Tage.
Tour 4: Racchette da neve: 3 Tage.
Tour 5: Trekking Elba: 6 Tage.
Tour 6: Trekking Etruschi: 4 Tage.

Diesbezügliche Auskünfte auch über Da Verrazzano Viaggi e Turismo, I-50144 Firenze, Via Galliano 58, Tel. 055/350934.

Progetto Ambiente, 50032 Borgo San Lorenzo, Piazza Dante 29, Tel. 055/8459037, veranstaltet Wanderungen in den Mugello und gibt Informationen für Weitwanderungen.

Nützliche Informationen

Autobahn: Mautpflichtig. Praktisch ist die VIA-Card (Maut-Scheckkarte) zu 50000 oder 90000 Lire. Erhältlich beim ADAC.
Banken: Öffnungszeiten Montag bis Freitag 8.30 bis 13.30 , 14.45 bis 15.45 Uhr.
Benzin: Ermäßigte Benzingutscheine (inklusive Autobahn-Maut) beim ADAC. Diesel etwa 30 Prozent billiger als Super. Bleifreie Tankstellen: »Benzina senza Piombo«.
Club Alpino Italiano: Florenz, Via del Proconsolo 10, geöffnet werktags 18.00 bis 19.30 Uhr.
Deutschsprachiger ADAC-Notrufdienst: Rom, Tel. 06/4 44 04 04.
ENIT, Staatliches italienisches Fremdenverkehrsamt: Goethestraße 20, 8000 München 2, Tel. 089/530369. U. a. kostenlose Broschüre »Toskana – ein kleiner Wegweiser«.
Geschäfte: Meist von 13.00 bis 16.00 Uhr geschlossen.
Konsulate: Deutsche Honorarkonsulate in Florenz (Borgo SS. Apostoli 22, Tel. 055/294722) und Livorno (Via S. Francesco 17, Tel. 0586/38008).
Krankenschein: Internationaler Krankenschein gültig, wird jedoch erfahrungsgemäß von den Ärzten abgelehnt. Reise-Krankenversicherung abschließen.
Notruf: 113.
Pannenhilfe: 116 (Automobile Club d'Italia, ACI).
Tankstellen: Außer an Autobahnen gewöhnlich 12.30 bis 15.00 Uhr geschlossen; an Wochenenden Bereitschaftsdienste.
Telefon: Vorwahl nach Deutschland 0049, Ortsnummer ohne die erste 0; Österreich 0043, Schweiz 0041. Gespräche von öffentlichen Zellen mit Telefonmünzen (»gettoni« à 200 Lire), mit Geldmünzen oder Telefon-

karten (3000, 6000, 9000 Lire). In Bars etc. »telefono a scatti« (mit Zähler). Verbilligte Tarife 22.00 bis 8.00 Uhr sowie Sonn- und Feiertage. Vorwahl von Deutschland nach Italien: 00 39 ohne erste 0 der Ortskennzahl.

Tempo: Richtet sich nach dem Hubraum, z. B. über 1100 ccm außerorts 90, Autobahn 130. Pkw mit Anhänger 80 bzw. 100 km/h.

Versicherungskarte: Grüne Versicherungskarte Pflicht. Zeitlich begrenzte Vollkaskoversicherung ratsam.

Wanderkarten: Florenz: *Buchhandlung Geografica,* Via Cimatori 16r (Gäßchen nördlich des Palazzo Vecchio). *Libreria Stella Alpina,* Via delle Panche 35r, *Libreria Il Viaggio,* Via Ghibellina 117r. – Siena: *Libreria Ticci,* Via delle Terme 5/7. – Die meisten IGM-Blätter sind veraltet. Bei den Touren genügen die Wegeskizzen und Beschreibungen im Buch.

Durchschnittliche Lufttemperaturen der gängigen Reisemonate:

April	18,6 Grad
Mai	21,4 Grad
Juni	26,8 Grad
Juli	27,7 Grad
August	29,5 Grad
September	25,3 Grad
Oktober	20,1 Grad

Weiterführende Literatur

(Außer den jeweils unter »Literatur« in den »Touristischen Angaben« erwähnten Publikationen)

Anderson, Burt: Italiens Weine. Hallwag Verlag, Bern 1983

Aprile, Renato: Die Etrusker. Verlag Freies Geistesleben, Stuttgart 1979

Arrighini/Pratesi: A piedi in Toscana. Band I und II. Edizioni Iter, Rom 1987 und 1989

Beer, Gavin de: Hannibal. Ein Leben gegen Rom. Wilhelm Heyne Verlag, München 1970

Bengtson, Hermann: Römische Geschichte. Verlag C. H. Beck, München 1985

Boitani/Cataldi: Die Städte der Etrusker. Verlag Herder, Freiburg/Breisgau 1974

Brion, Marcel: Die Medici. Wilhelm Heyne Verlag, München 1970

Cristofani, Mauro: Die Etrusker. Belser Verlag, Stuttgart 1985

Deumling, Joachim: Toskana. Wander- und Kulturführer. Nelles Verlag, München 1988 (mit Beschreibung der einzelnen Etappen der GEA)

Döbbelin, H. J.: Kulinarische Streifzüge durch die Toskana. Stürtz Verlag, Würzburg 1989

Fink, Humbert: Eine Reise durch Toskana, Umbrien und die Marken. Süddeutscher Verlag, München 1985

GEO-Special Toskana. Verlag Gruner und Jahr, Hamburg 1984

Goethe, Johann Caspar: Reise durch Italien im Jahre 1740. Deutscher Taschenbuchverlag, München 1986

Grant, Michael: Rätselhafte Etrusker. Pawlak Verlagsgesellschaft, Herrsching 1981

Gröteke, Wilhelm: Etruskerland. Kunst- und Reiseführer. W. Kohlhammer Verlag, Stuttgart 1973

Günter, Roland: Toskana. Ein Reisehandbuch. Anabas-Verlag, Gießen 1986 (gründlichste deutschsprachige sozialkritische Abhandlung)

Hausch/Reinirkens: Die Küche der Toskana. Land und Menschen. Mit Restaurant- und Weingutempfehlungen. Hädecke Verlag, Weil der Stadt 1989

Hess/Mertz: Toskana. Bruckmann Verlag, München 1991

Der Italien-Brockhaus. Italien von A bis Z. Brockhaus Verlag, Mannheim 1983

Kadereit, Michael: Toskana. Umbrien. Rowohlt Taschenbuch Verlag, Reinbek 1990 (aufschlußreiche Hintergrundinformationen)

Keller, Harald: Die Kunstlandschaften Italiens. 2 Bände. Prestel Verlag, München 1980

Keller, Werner: Die Etrusker. Lösung eines Rätsels. Gondrom Verlag, Bindlach 1988

Livius, Titus: Römische Geschichte. Der Zweite Punische Krieg. Philipp Reclam Verlag, Stuttgart 1981

Mehling, Marianne (Hrsg.): Knaurs Kulturführer in Farbe. Florenz und Toskana. Droemer Knaur, München 1983

Meuth/Neuner-Duttenhofer: Toskana. Küche, Land und Leute. Droemer Knaur, München 1989

Nenzel, Nana Claudia: Toscana. Reihe »Richtig reisen«. DuMont Buchverlag, Köln 1988

Passerini, Lucio: Auf den Spuren der Etrusker durch Italien. Droemersche Verlagsanstalt, München 1987

Peterich, Eckart: Italien. Band I. Prestel Verlag, München 1979

Rother, Almut und Frank: Elba. Ferieninsel im Tyrrhenischen Meer. DuMont Buchverlag, Köln 1987 (mit 10 Wandervorschlägen)

Serpell, Christopher und Jeanne: Elba und die toskanischen Inseln. Kunst- und Reiseführer. W. Kohlhammer Verlag, Stuttgart 1981

Steingräber, Stefan: Etruskische Wandmalerei. Belser Verlag, Stuttgart 1987

Stützer, Herbert Alexander: Die Etrusker und ihre Welt. DuMont Buchverlag, Köln 1985

Touring Club Italiano: Toskana – Umbrien – Marken. Kümmerly + Frey Verlag, Bern 1985

Vasari, Giorgio: Lebensläufe der berühmtesten Maler, Bildhauer und Architekten. Manesse-Verlag, Zürich 1975

Veronelli, Luigi: Restaurants in Italien. Verlag Kammerer & Unverzagt, Hamburg. Erscheint jährlich neu

Zimmermanns, Klaus: Toscana. Das Hügelland und die historischen Stadtzentren. DuMont Buchverlag, Köln 1989

Register

Die gerade stehenden Ziffern verweisen auf die Textseiten, die *kursiven* auf die Seiten mit den Abbildungen.

Bildnachweis

Gunda Amberg, Gröbenzell: 24, 27, 29
Emmanuela De Nora, Mailand/Athen/Paris: 7, 8, 17, 67, 133, 136, 160
Marcus Dumler, Augsburg: 70
Helmut Dumler, Augsburg: 11, 13, 15, 32, 35, 53, 55, 56, 59, 61, 63, 75, 77, 79, 90/91, 95, 99, 100, 103, 107, 110, 113, 114, 120, 125, 127, 130, 141, 142, 144, 146, 147, 153 (oben und unten), 154, 156, 157, 159, 162, 177 (oben und unten), 181, 182
Hubertus J. Eder, Gräfelfing: 80, 82, 85, 116, 135
Elisabeth Fuchs-Hauffen, Überlingen: 49, 122, 124, Innenklappe oben
Herbert Hartmann, München: 2/3, 47, 64, 139
Bildarchiv Huber, Garmisch-Partenkirchen: 21, 73, 105, 119, Einband Vorderseite, Innenklappe unten
Mainbild Frankfurt/Main (Gorny): Einband Rückseite oben
Marie Luise Oertel, Odenthal-Glöbusch: 112, 178
Frank Rother, Bergisch Gladbach: 164/165, 166, 169, 170, 172, 173, 174, 179, 180, 184
C. L. Schmitt, München: Einband Rückseite unten
Werner Stuhler, Hergensweiler: 18, 23, 41, 44, 51
Vittorio, Mario, Marco Verole Bozello (Direzione Grotta del Vento): 148, 150
Camilla Zimmermanns, Pullach: 37, 69
Klaus Zimmermanns, Pullach: 42.

Die Tourenskizzen und die Übersichtskarte zeichnete Eugen E. Hüsler, Dietramszell.